일본고대국가의
왕권과 외교

朴 昔 順

景仁文化社

책을 펴내며

야마토(大和) 조정의 정치적 수장이 일본의 국정총람자가 되고, 덴노(天皇)로서 그 지위가 법적으로 확립된 것은 7세기 후반 이후 율령제(律令制)의 확립과정에서였다. 그 후 덴노는 일본사 안에 계속적으로 존립해 왔다. 일본이라는 나라의 존립과 함께.

이것은 일본사에 관심있는 사람에게 있어서는 상식적인 지식일 것이다. 그런데 우리가 보통 일본의 덴노(天皇) 또는 덴노제(天皇制)를 거론하게 되면 머리에 떠올리는 것은 近代 이후에 창출된 덴노(제)의 문제인 것 같다. 즉 현실을 살아가는 우리의 문제의식이 투영된 덴노(제)의 모습이다. 그러나 필자가 이 책을 통해 다루려 하는 것은 前近代 시기, 즉 古代 일본의 덴노를 둘러싼 문제이다. 그리고 고대의 덴노(제)는 근대 이후와는 그 모습이 크게 다르다는 점을 우선 지적해 두고 싶다.

역사 연구의 자세를 계유(戒喩)하는 말 가운데에는 "현대인의 눈으로 보지말고, 그 시대 사람들의 사유세계로 뛰어들라"는 암묵의 경고가 있다. 고대사 연구가 현실의 문제의식을 토대로 이루어진다는 대전제는 결코 무시할 수 없겠지만, 古代의 진상은 현실과 분리될 때, 분리할 수 있을 때 그 참모습이 보이게 되는 것인지도 모른다.

일본의 역사전개에 있어 古代의 덴노(제)는 어떤 의의를 지니는 문제인가? 이 책을 통해 필자가 강조하였듯이, 무엇보다 고대일본에 있어 중요한 것은 王(天皇)權의 형성과 그 기반에 관련된 일본 국내사적 의미의 문제가 될 것이다. 王(天皇)統의 형성과 그의 정당성·권위의 획득의 문제, 그리고 이를 바탕으로 하는 '중앙(권)'의 형성과 유지, 그리고 더 나아가 이를 기점으로 하는 '국가 영역'의 형성과 발전의 문제라고 볼 수 있다. 이 책에서 다루는 '외교'라는 소재는 그러한 王(天皇)과 王을 중심으로 하는 일본고대국가 전개과정의 특성을 밝혀 볼 수 있는 窓口로 선택한 것이다. 즉 8세기 이후의 일본고대국가의 외교는 단지 대외적 차원이 아니라, 일본 국내 王(天皇)權의 안정화와 이를 바탕으로 하는 律令기구의 운영, 인적·물적 이동의 파악과 장악 등의 문제와 밀접한 관련성을 가지고 있었다고 할 수 있다. 古代의 일본이라는 시간과 공간, 그리고 그곳에서 영위된 역사적 상황의 특성을 검토하는데 이 테마는 충분한 가치가 있으리라 생각한다.

그런 의미에서 이 책 전체에서는 일본의 王者 '天皇'의 용어를 '덴노'로 발음하기로 한다. '덴노'는 고대 일본의 역사전개 상황 속에서 태어나고, 고대국가 일본의 성격을 해명할 수 있는 특수·고유명사이며, 이 점을 우리는 먼저 인식해 둘 필요가 있기 때문이다. 그리고 또 하나, 이 책은 주로 일본측의 사료를 바탕으로 하여 일본사의 성격을 규명하고자 한 것이므로, 한반도 여러 나라 또는 중국 등으로부터 일본으로 간 것을 '渡日'이 아닌, '來日'로 표기하기로 한다. 이는 어디까지나 일본조정측이 중심이 되어 파악하고 남겨둔 역사기록에 근거한다는 의미이다. 즉 당시 일본으로 간(온) 사람들의 의지와 입장을 강조하고 밝히는 '渡日'이 아니라, 일본측이 각종의 외래인들의 '來日'상황을 어떠한 각도에서 파악하고, 분류하며, 조치하였는가 하는 점에 주목하는 시선을 잊지 않기 위해서이다.

필자는 귀국하여 몇 군데의 대학에서 강의를 하던 중, 일본사를 포함한 일본에 대한 인식이나 지식의 폭이 과거 필자의 학생시절과 비교하여 그다지 달라지지 않았다는 사실을 깨닫고 의외라고 느낀 적이 있다. 문화개방이라는 시대변화에도 불구하고, 학생들의 고정된 일본(사)에 대한 인식과 이의 형성에 많은 영향을 끼친 것은 일본과의 역사적 경험과 이에 대한 교육일 것이다. 그러나 사실 무엇보다도 중요한 것은 일본(사)에 대한 정확한 지식의 부재가 가장 커다란 요인인 듯 싶었다. 또한 일본의 역사를 일 국의 역사로서 먼저 객관적으로 이해하기가 곤란하고, 잠재적으로 계속하여 우리와의 우열관계가 의식된다는 느낌도 부정할 수 없었다. 한국 측에는 남아있지 않지만 일본의 역사서에 쓰여 있는 신라-일본간의 외교기사 등을 소개했을 때에는(자세한 것은 이 책 본문을 참조해 주실 것) 학생들의 의문이 크게 쏟아졌다. 학생들의 말을 종합하자면, "일본측에 유리한 기사"에는 거부감을 느끼며, 그것의 역사적 사실성을 신뢰하기 어렵다는 것이다.

물론 일본은 우리에게 있어 그 어느 나라보다도 특수한 관계에 있었던 나라이다. 학생들의 민감한 반응은 그러한 특수한 역사적 관계를 가졌던 나라에 대한 경계심의 표현이며, 역사 교과서 기술 등의 문제가 존재하는 현실로 볼 때 그것은 오히려 자연스러운 것인지도 모르겠다. 그러나 일본의 역사기록의 진위여부를 따지기 이전에, 일부의 허위·날조와는 다른 검증받은 기록들이 다수 존재하며, 그것을 토대로 일본에서는 자국사에 대한 연구와 교육이 이루어진다는 사실을 우리는 먼저 알아야 한다. 그에 대한 비판이나 진위성 논의도 그러한 객관적 지식의 습득 위에서 이루어져야 하는 것이며, 그로써 한국-일본간의 '우열'이 아닌 합리적인 관계의 모색도 가능한 것이라고 할 수 있다. 마찬가지로 한국에서 필요로 하는 일본사 연구는 결국 한일관계사의 연구, 눈앞의 현실적 관심도를 충족시켜주는 부분에 대한 연구라고 하는 틀도 뛰어 넘어야 할 것이다.

수업 후에 역사에 대한 새로운 시각을 얻었다는 일부 학생들의 메일이, 필자로 하여금 용기를 주고 더욱더 자각하게 하였다.

사실 아직 부족하기만 한 필자의 연구를 한편의 책으로 내놓을 결심을 하게 한 것은 이렇게 학생들과 약 3년 간에 걸쳐 수업을 해 본

이후의 일이었다. 이 책의 내용은 필자의 약 10년 간의 도쿄대학 대학원시절의 연구관심을 바탕으로 하여, 귀국 후에 이를 심도 있게 발전시키고 재해석을 시도한 것이다. 그 가운데 몇 편은 이미 학술잡지를 통해 발표한 적이 있으나, 이 책에서는 그 내용을 그대로 싣지 않고 한층 더 고민하여 일부는 가필 수정하였다. 필자의 일본고대사 연구경력은 십 몇 년 정도에 불과하지만, 적어도 그 햇수 분의 성과만큼은 한국의 일본사에 대한 지식의 형성에 일각의 보탬이 되고 싶다는 염원을 담았다.

일본에서의 유학생활은, 방대한 史料群과 더불어 거대한 산같이 쌓여져 있는 선행연구와의 끝없는 싸움이었다. 지칠 줄 모르고 쏟아지는 연구서와의 전쟁이었다. 지나치게 세분화되고 치밀한 고증중심의 고대사 연구는, 방대한 선행연구의 파도 속에서 살아남는 자에게만 그것을 연구할 자격이 허여되었다. 일본의 역사학계는, 중국 등의 동양사 연구도, 서양사 연구도 아닌 자국사 연구분야에서 최고의 전성기를 맞고 있다. 이에 비해 우리의 일본사 지식은 아직은 너무 짧은 것 같다. 여기서 필자는 이것을 감히 지적하려는 것이 아니라, 우리는 시작이라는 점을 강조하려는 것이다. 좀 더 일본, 일본사에 대해 알아보자는 것이다. 우리 조상과, 우리와, 우리 후손의 평생의 이웃이니, 제대로 알아야 하지 않겠는가?

마지막으로 필자에게 연구자로서의 길을 열어주고 도와주신 분들께 이 자리를 빌어 감사의 말씀을 올리고 싶다.

일본사 강의를 통해 필자로 하여금 일본사 연구자의 길로 가게 인도해 주셨던 박영재 교수님, 필자의 유학 길을 열어주시고 지도해 주신 김현구 교수님, 유학생활 중에 따스한 위로와 관심을 주셨던 황원구 교수님, 최선홍 교수님, 김유철 교수님, 하일식 교수님, 도쿄대학 대학원에서 필자의 연구생 시절과 석사과정을 지도해 주신 笹山春生 先生, 그리고 석사와 박사의 학업생활을 지도해 주시고, 활발하고 적극적인 연구자의 모습을 가르쳐 주신 佐藤信 先生, 평소의 연구지도와 논문 심사를 도와주신 石上英一 先生, 村井章介 先生, 吉田光男 先生, 연구자의 정열을 가르쳐 주신 義江彰夫 先生, 필자의 외로운 연구생 시절부터 같이 사료를 읽어주며 연구를 도와주었던 鐘江宏之 先輩, 그리고 春名宏昭 先輩, 榎本淳一 先輩, 大隅淸陽 先輩, 佐伯俊源 先輩, 山下信一郎 先輩, 小倉慈司 先輩, 古尾谷知浩 先輩, 三谷芳幸 先輩, 澁谷啓一 先輩, 須原祥二, 三上喜孝, 石田實洋, 飯田剛彦 모두 일본사 연구의 길을 가장 직접적으로 가깝게 도와준 분들이다.

일본에서 필자에게 가족과 같은 따스한 사랑을 주었던 中富基夫씨와 그 부인과 아이들, 田淵義久씨와 그 부인 洋子씨와 玉緖씨, 三橋廣夫씨와 그 부인 ひさ子씨, 그리고 책이 나오도록 격려해 주신 윤영수 교수님, 일본사 연구자로서 항상 깨어있도록 고무시켜 주시는 이계황 교수님, 그 모든 분께 감사 드린다. 또한 본서의 출판을 흔쾌히 허락해 주신 景仁文化社 한정희 사장님과 편집부 여러분께도 진심으로 감사 드린다.

끝으로 딸의 선택을 지켜봐 주신 부모님, 며느리의 부족함을 자애롭게 돌보아 주시는 시부모님께 감사 올린다. 그리고 언제나 용기와 위로를 주는 남편과 보물 주현, 가현에게도 고맙다는 말을 전하고 싶다.

2002년 8월에

저자 박 석 순(昭玫) 씀

목 차

【알아두기】

1. 이 책 전체에 걸쳐 史料의 인용 및 이에 대한 필자의 한국어 해석
   에는 「 」, 해석의 보충에는 ( )를 이용하였다.
2. 사료에 의거한 고유명사의 한자는 원전의 표기를 존중하였다.
3. 선행의 諸說에 대한 인용은 " " 안에 묶었다.
4. 필자에 의한 강조는 ' '를 이용하였다.
5. 이 책 전체에서 이용한 참고사료는 다음과 같다.
   『新訂增補國史大系22 令義解』, 東京, 吉川弘文館, 1987
   『新訂增補國史大系23・24 令集解』, 東京, 吉川弘文館, 1943・1955
   『新訂增補國史大系25 類聚三代格』, 東京, 吉川弘文館, 1990
   『新訂增補國史大系26 延喜式』, 東京, 吉川弘文館, 1937
   『日本思想大系3 律令』, 東京, 岩波書店, 1976
   『新訂增補國史大系1 上・下 日本書紀』, 東京, 吉川弘文館, 1966・
   1967
   『新訂增補國史大系2 前・後 續日本紀』, 東京, 吉川弘文館, 1968・
   1969
   『新訂增補國史大系3 日本後紀』, 東京, 吉川弘文館, 1980
   『新訂增補國史大系3 續日本後紀』, 東京, 吉川弘文館, 1980
   『新訂增補國史大系3 文德天皇實錄』, 東京, 吉川弘文館, 1980
   『新訂增補國史大系4 日本三代實錄』, 東京, 吉川弘文館, 1966
   『新訂增補國史大系5・6 類聚國史』, 東京, 吉川弘文館, 1965
   『新訂增補國史大系10・11 日本紀略』, 東京, 吉川弘文館, 1965

『新日本古典大系12·13·14·15·16 續日本紀』, 東京, 岩波書店, 1989·1990·1992·1995·1998

『譯註 歷代高僧碑文 新羅篇』李智冠篇,韓國佛敎 金石文 譯註 卷1, 서울, 伽山文庫, 1993

『三國史記』李丙燾 譯註, 서울, 乙酉文化社, 1986

『唐令拾遺』仁井田陞著, 東京大學出版會, 1933

『唐律疏議』(『譯註日本律令』二, 律本文編, 上卷, 律令研究會編), 東京堂出版, 1975,

『通典』校點本, 中華書局, 1988

『大唐六典』近衛家熙校訂本, 廣池學園出版部, 1973

『大唐開元禮』(附 大唐郊祀錄), 古典研究會, 北京, 汲古書院, 1972

『唐會要』歷代會要叢書, 上海, 上海古籍出版社, 1991

『新唐書』, 北京, 中華書局, 1975

서 장

　이 책은 8~9세기의 '일본고대국가의 왕권(王權)[1]과 외교'에 대한 고찰을 그 과제로 한다.

　그를 위해 먼저 '일본'·'일본고대국가'·'일본고대국가의 왕권'·'일본고대국가의 외교'라는 몇 가지 명제를 중심으로 하여, 일본학계에 대한 필자의 문제제기와 더불어 본 연구의 의의를 제시해 보고자 한다.

역사연구 대상으로서의 '일본'

　최근 일본의 고대사학계에서는 "동아시아문화권의 일원으로서의 일본"에 주목하면서, 그 가운데서 동아시아 각 국(특히 중국)과 일본과의 상호비교를 통해 "일본적 특성"을 주장하려는 연구가 활발하다. 이 같이 일본의 역사를 동아시아세계 속에서 구체적으로 파악하려고 한 연구방향의 선구적 역할로는 물론 1950년대 이래의 이시모다 쇼(石母田正)의 "世界帝國主義論"의 발전, "東夷의 小帝國論"의

---

[1]　일본 古代의 王權의 정의에 대해서는 예컨대 ① 王의 권력, ② 王을 王으로 하는 구조·제도, ③ 시대를 지배하는 者·集團의 권력(荒木敏夫,「王權論の現在-日本古代を中心として」『歷史評論』564, 1997年 참조)으로 정리하는 견해를 참고(그밖에도 王權의 정의에 대해서는 大平聰,「日本古代王權繼承試論」『歷史評論』429, 1986 참조).

영향에 주목하지 않을 수 없다. 또한 1960년대에는 동아시아 고대의
국제관계를 제국주의나 책봉체제론으로 분석한 "동아시아 세계론",
"冊封體制論"[니시지마 사다오(西嶋定生)] 등이 전개되었다. 1980년대
에는 신진 연구자층에 의해 이러한 고대 제국주의론의 모순이 지적
되는 가운데에서도 역시 명맥을 이어 일본국가에 대한 "帝國主義 國
家論"[이시까미 에이치(石上英一)]이 제창되었고, 이러한 연구의 시점
은 오늘날에 이르기까지 일본의 자국사 연구에 커다란 하나의 흐름
을 형성하고 있다(a). 한편에서는 80년대 후반 이후 책봉체제론 등
을 비판적으로 재검토하고 동아시아 각 나라의 역사적 개성과 주체
적 발전을 인정하는 문제가 제기된 것(기또 기요아끼라(鬼頭淸明))도
사실이다(b). 따라서 일본의 역사적 위상에 대해 살펴보고자 할 때
는 먼저, 이 같은 두 가지의 연구의 흐름 속에 부딪히게 된다.

그런데 우리가 어떤 나라와 어떤 시대의 역사상을 이해하고자 할
때는 무엇보다도 먼저, 그 같은 역사상은 그것을 제창한 시대와 무
관하지 않다는 점을 기초적으로 이해해 둘 필요가 있다. 예컨대 "石
母田正의 東夷의 小帝國論도 美帝國 시대의 산물"이라는 지적이 이
미 있으며,2) 일본고대의 奈良時代(710~784년)는 근대에 발견된 역
사상이며, 또한 遣唐使 편중의 고대일본의 대외사도 근대일본의 구
미와의 접촉에 의해 표징된 역사라는 지적3)은 이 점을 잘 말해 주
고 있다.

그 중에서 (a)와 같은 견해에 대해서는, 동아시아 諸國의 국제적
위치이나 상호관계를 염두에 두고, 국제적 계기의 중요성과 대륙의
동향과의 밀접한 관련 속에서 일본사의 발전·전개 과정을 분석하

---

2) 鬼頭淸明, 『日本古代國家の形成と東アジア』 總說, 校倉書房, 1976년.
3) 李成市, 『東アジアの王權と交易－正倉院の寶物が來たもうひとつの道』, 靑木
書店, 1997, 12쪽.

여 했다는 점에 그 의의를 찾을 수 있다. 그러나 이런 연구들은 한결같이 당시의 동아시아 세계를 隋唐帝國을 기축으로 보고 있으며, 일본과 한반도 諸國을 주변지역으로 설정하는 중국 중심적 시각을 근본적으로 극복하지 못하고, 그 위에서 일본고대국가를 또 하나의 "帝國"으로 설명하고 있다는 문제점이 있다. 그에 비해 (b)와 같이 동아시아 諸國, 특히 중국에 대한 주변 여러 나라의 주체적 발전을 인정하려는 견해는 바람직하다고 생각된다. 그러나 나라 각각의 역사적 개성이나 개성적인 역사발전 과정이라는 것도 사실은, 하나의 균질화된 역사적 세계의 보편적인 요소와의 비교에 의해서만이 선명하게 인식된다고 하는 점은 부정하기 어려울 것이다. 따라서 어떤 한 나라의 역사를 이야기할 때, 세계보편과 자국개성의 양자를 분리하여 어느 한쪽만을 강조하는 것은 위험하다고 볼 수 있다.

이러한 의미에서 필자는 동아시아 諸國과의 "상호관계"를 강하게 인식하였고, 그러면서도 그 속에서 "자국의 발전"을 꾀하여 가지 않을 수 없었던 일본—특히 8~9세기의 고대의 일본을, 역사연구의 대상으로 삼아, 이 같은 문제의 해결에 접근해 보고자 한 것이다.

'일본고대국가'를 논하는 방법에 대해

일본의 고대사 학계에서는 최근 율령법 연구를 통해 고대의 중국과 일본을 비교검토하고, 일본이 중국으로부터 율령을 도입했음에도 불구하고 그 율령을 일본고대국가의 현실에 맞게 "일본식"으로 편찬했다는 사료적 근거를 찾아내고 논증하는 식의, 이른바 "일본의 독자성" 찾기 작업이 한창이다.

이러한 연구의 경향에 대해 특히 문제점으로 지적하고 싶은 것은,

예컨대 중국으로부터 유입된 율령법의 규제, 理想의 원칙을 일본고
대국가의 "보편"으로 설명하려는 현상에 대해서이다. 그러한 경향의
하나가, 일본고대의 국가이념이나 국제의식을 설명할 때, 중국율령
법의 이상을 "일본고대율령국가"[4]의 실제 인식으로 적용하려 한다
는 점이다. 이에 따라 일본고대국가에 관한 서술로는, 주변 타국을
"蕃國"視하고, "付庸國"으로 설명한다든지, 그것을 당시의 실제 역
사상으로 제시하는 것을 볼 수 있다. 또한 일본고대국가 내부에 대
해서도 "일본형 중화사상"에 의한 "化外人" "化內人"이라는 개념을
사용해 열도 내의 渡來人이나 북방의 에미시(蝦夷) 등에 대해 "異民
族의 문제"로서 논하고, 차별의 문제를 설명하는 것을 볼 수 있다.

이같은 현상에 대해서는 우선, 인식의 형성에 반영되는 개념의
사용구분이라는 면에서, 역사서술에 대한 책임의식의 문제를 생각
하지 않을 수 없다. 역사가가 제시하고 사용하는 개념에 의해 '역사
적 사실'이 설명된다는 것, 따라서 보다 바람직한 '역사적 가치판
단'을 기대하기 위해서는 역사가의 자세가 고려되어야 하는 것이기
때문이다.

이 책에서는 중국적 개념을 그대로 일본고대국가의 인식체계를
나타내는 용어로 해석하는 일본학계의 문제점을 구체적으로 지적하
고, 일본이 도입한 율령의 용어가 당시의 일본에서는 어떠한 의미로
사용되었는가, 즉 고대국가 일본의 현상을 설명할 수 있는 일본적

---

4) "율령국가"라는 개념은, 일본의 역사학자가 일본사를 설명하기 위해 생각해
   낸 개념이다. 隋唐帝國의 출현으로 발생한 정치적·군사적 긴장에 대처하기
   위해 주변국가가 중앙집권적인 국가체제의 형성을 지향한 동향을 일반화한
   것이다(吉田孝, 『律令國家と古代の社會』序, 岩波書店, 1983). 그 율령이 국
   가의 기본법으로서의 지위를 유지한 것은 우선 延喜(901~922년) 이전으로
   볼 수 있기 때문에, 보통 延喜 이전의 시대를 "율령시대"라고 부른다(瀧川
   政次郎, 『律令時代の農民の生活』참고). 이 책에서 주로 다루는 8~9세기는
   그 같은 일본고대의 "율령시대"에 해당한다.

역사용어로서 그 의미를 재검토해 보고자 하였다. 또한 이 작업의 연장선상에서, 고대일본의 왕권에 의한 율령적 이념체계를 대외적으로 체현하는 위에 대표적인 대상으로서 다루어 왔던 신라와의 외교관계에 대해서도 재검토해 보려 한다. 율령적 이념을 대외적으로 주장한 일본의 국내적 상황을, 특히 왕권과 일본조정이 제시한 당면과제와의 관련 속에서 밝혀보려 하는 것이다.

'일본고대국가의 왕권'에 대해 생각되는 문제

7세기 중반의 백촌강 싸움 이후, 한반도계를 중심으로 하는 대량의 移住民의 움직임이 일단락 된 일본고대국가의 國制는 덴노제(天皇制)로 나타난다. 이 같은 덴노제 고대국가의 과제로서는 王(덴노)權에게 있어 필요한 (1) 영토의 확정 (2) 왕권의 하부를 구성하는 통치의 대상인 구성원(民)의 확보 (3) 통치의 내역 (4) 왕권의 정당성을 부여하는 이념 등을 들 수 있겠다.

그런데 이 가운데서 예컨대 외국으로부터의 이주민의 내부정착과정에 대해서는 일본고대국가 덴노제의 이념에 관련된 이데올로기적 차원(4)에서 해석되어온 것이 일반적이었다. 즉 이주민들을 "化內民化"시키는 과정5)에서 보여진 "덴노(天皇)의 德", "王化(歸化)思想"의 강조이다.

그러나 일본고대국가에 온 外來人을 內民化하는 문제는, 단순한

---

5) 일본의 선행연구에서는 다음과 같은 3차원의 내부대립을 설정하여, 일본고대국가의 과정을 파악하려는 움직임이 있었다. 첫째, 주로 8세기의 기내(畿內) 유력호족(율령귀족)과 지방재지세력 사이의 계급대립, 둘째, 율령의 원칙에 따른 良과 賤의 계급대립, 셋째, 化內人과 化外人 사이의 이른바 異民族 대립이다.

이념적 차원의 문제만이 아닐 것이다. 즉 그들의 법적 존재형태-歸化人, 王民化-에 대해서는 일본고대국가 신분질서형성 과정의 일면을 볼 수 있으며(2), 그들에 대한 안치의 과정이나 姓의 수여(賜姓)에는 일본고대국가의 영토확정사업(1)과 각 덴노 別의 정책특성(3)이 함께 반영되어 있었다고 보기 때문이다. 이처럼 설령 外來한 사람들에 대한 문제라 하더라도 이는 단순히 왕권에 의해 제시된 이념적 차원의 문제가 아니라, 그 이상에서의 8~9세기 일본의 당면과제와의 관련을 통해 일본고대국가가 놓여져 있었던 특수한 상황 가운데서 그 의미를 검토해 볼 필요성이 있는 것이다.

'일본고대국가의 외교'에 관하여

일본에서는 일본고대국가의 王者(덴노)는 중국적 皇帝를 모방한 專制權者였다고 하는 견해가 존재한다.6) 이에 따라 그 王者에 대한 專制權의 실체를 논하는 한편 그 밖의 정치세력-예컨대 太政官 議政官 등의 귀족7)과의 갈등이나 균형관계를 해명하려는 연구의 움직임도 활발하다. 이러한 연구풍토 속에서는 일본고대국가의 외교에 관한 문제도 왕권에 의한 외교지휘권의 실태를 논하는 측면에서 다

---

6) 1959년의 歷史學 研究會 大會에서의 高橋富雄의 보고(同氏,「皇親官僚制成立の意義」·「律令天皇制の構造とその成立」『歷史學研究』228, 233號 참조)가 이러한 견해에 의한 연구방향을 열었다.

7) 關晃에 의하면 5位 이상(名例律7 六議條, 戸令集解28 七出條의 義解 참조), 혹은 5位 이상의 官人을 내는 자격을 가진 氏族群을 귀족 혹은 귀족층이라고 하였다. 율령국가의 권력구조에 있어서 天皇권력에 대해 畿內豪族으로 구성된 귀족세력의 거대함을 평가하는 關晃의 說은 1959년의 同大會에서 高橋富雄의 견해와 함께 공표되어(同氏,「大化改新と天皇權力」·「大化前後の天皇權力について」『歷史學研究』228, 233號 참조), 이후 畿內政權論으로 전개·계승되었다.

루어지는 경향이 강했다. 일본고대국가의 외교권에 관해서는, 이시모다 쇼(石母田正)가 "아시아적 專制國家의 유형"에 속하는 국가의 "덴노(天皇) 고유의 大權 사항의 하나"로 제창한 이래, 이것이 거의 통설적인 위치를 차지하고 있다.8) 그러나 외교에 관한 덴노의 실질적이고 구체적인 역할은 과연 무엇이었는가, 이 점은 명확하지 않은 채, 무의식적으로 이것을 인정하고 있는 것이 사실이라고 해도 과언이 아닐 것이다.

따라서 위와 같이 정치사적 범주 안에서의 막연히 덴노의 외교권에 대해 논하기보다는, 외교에 관련하여 덴노가 행사한 직접적이고 구체적인 역할이 무엇이었는가를 분석해 보는 것은 유의미한 작업이 될 것이다. 이는 즉 어떠한 시스템에 의해 덴노로서의 존재가 구현될 수 있었던 것인가 하는 문제의식에 바탕을 두고 있다. 이 책에서는 일본고대국가의 외교에 관련된 행정범위에서 덴노라는 "대권 행사의 주체"에 의해 표명된 명령체계의 양상을 법과 법해석(법인식), 그리고 正史의 기록을 통한 구체적인 사례전반 가운데서 검토해 보는 방법을 취하였다.

즉 일본고대국가의 덴노가 구체적으로 어떤 면에서 외교문제에 관여하였으며, 덴노는 주로 무엇에 의해 대외대표권자로 표명되었는가, 대외에 遣使하고 來日하는 외국사절을 맞이하는 의식 집행에 있어 어떠한 역할을 하였는가, 또한 그 밖의 외국인 개인이나 집단과의 관계를 어떻게 모색하였는가를 시대에 따른 변화에 주목하면서, 덴노의 외교에 관련한 '기능'으로 분석해 보고자 한 것이다.

이 작업은 또한 왕권이 實在한 공간으로서의 중앙을 중심으로 하는 외교기능을 살펴본다는 점 등에서, 고대 일본의 외교행정체제의 정비 과정을 살펴보는 작업으로서의 의의도 가진다고 할 수 있다.

---

8) 同氏, 『日本の古代國家』, 岩波書店, 1971.

고대국가의 외교에는, 8세기 이후와 같이 대외전쟁이 없어진 시대의 국가의 인적·물적 이동을 지도하는 의미에서의 대외적 대표성과 국내적 주권을 표징하는 문제가 함께 관련되어 있다. 이 책을 통해 중점적으로 밝히고 싶은 점은, 특정권력에 의한 인적·물적 이동(외교)의 주도라는 면보다는 그 같은 이동(외교)이 이루어질 수 있었던 외교행정체제·외교기능의 문제이다. 일본고대국가의 京·畿內와 그 밖의 지역과의 관계, 혹은 왕권과 太政官制度 등의 문제 속에서 '일본고대국가의 외교'의 문제를 다루고자 했던 것은 그 같은 의도에서이다. 이 책 전체에서 사용하는 '외교'란 말은 공식사절에 의한 대외관계의 차원에 한정하지 않고, 歸化人이나 流來人, 商人, 賊이라 불린 사람 등 일본고대국가의 외래인 모두와의 관계를 함께 포함하는 단어로 사용한 것 또한 그러한 이유에서이다.

　이상과 같이 일본고대국가의 王者(덴노)와 이 王者의 존립에 밀접하였던 외교 제 관계의 문제를 살펴봄으로써, 8~9세기의 일본의 역사적 성격에 대해서 밝혀 볼 수 있을 것이라 생각한다.

제1부

일본고대국가 덴노(天皇)의 외교기능

제1장 일본고대 율령제하 덴노(天皇)의 외교기능에 대한 분석

머리말

일본고대 律令國家의 天皇制를 둘러싼 연구는 방대한 양에 달하며, 古代天皇制[1]의 본질을 논의하는 위에서는 대개 2가지의 시점-專制天皇制로 볼 것인가, 아니면 귀족정권의 상징으로 볼 것인가-이 주류를 이룬다. 즉 8세기 이후 율령국가의 天皇制를 행정부의 총괄기관인 太政官과 비교 관련지어 설명하는 것이며, 다음과 같이 견해를 달리하는 것이다. 하나는 太政官을 자기기관 구성에 대한 결정권이 없는 天皇의 大權에 의존하는 "타율적"인 합의체로 보면서, "律令天皇制＝전제군주제, 율령국가＝고대 전제국가"로 설명하는 견해이다.[2] 또 하나는 율령제하의 太政官 제도의 귀족제적 성격을

---

1) 古代天皇制라는 용어는, 덴노의 정치권력으로서의 본질·기능 및 강도, 기능한 시기, 또 그것이 고대국가·고대사회를 총괄할 수 있는가 없는가 등, 이들 문제군이 내포되어 있는 분석 틀로서 설정되었다(石上英一, 「律令國家と天皇」『講座·前近代の天皇 1 天皇權力の構造と展開その 1』所收, 靑木書店, 1992, 39쪽).

2) 高橋富雄, 「皇親官僚制成立の意義」『歷史學硏究』228, 1959, 10쪽 이하 : 同, 「律令天皇制の構造とその成立」『歷史學硏究』233, 28쪽 : 이하, 뒤에 論集

강조하고, 거기에 대립하는 것으로서 덴노 권력을 설명하는 것으로 太政官 합의제에 의해 덴노의 권능이 제한된다고 보는 견해이다. 덴노는 전제군주였다고 말할 수 없으며, 율령국가 하에서는 군주제적 형태를 띤 귀족제적 지배가 실제로 이루어졌다는 것이다.3)

이처럼 일본고대국가의 天皇制(天皇權力)에 관한 연구는 太政官 제도와의 관계를 어떻게 보는 것이냐 였으며, 주된 시점은 권력론에 입각하여 덴노와 太政官의 양자와, 그 양자의 관계를 규명하려고 하는 것이었다. 마찬가지로 일본고대국가의 외교권에 관한 연구 또한, 天皇制 혹은 天皇權과 太政官 제도 사이의 긴장이나 권력관계를 설명하는 위에서 해석되는 경향이 강했다. 예컨대 다지마(田島公)는 조정 賓禮의 場에 관한 분석을 통해 덴노가 가진 "외교권 소재의 상징"이라 설명하였고, 또 9세기 이후 덴노의 참석 없이 太政官이 외교행사를 주재하게 되는 현상을 덴노로부터 太政官에로의 "외교 주

日本歷史 2『律令國家』所收：直木孝次郎,「律令官制における皇親勢力の一考察」『奈良時代史の諸問題』, 塙書房, 1968, 260쪽：이하, 石母田正,『日本の古代國家』, 岩波書店, 1971, 228쪽：이하, 佐藤宗諄,「律令太政官制」『大系日本國家史』Ⅰ 古代, 東京大學出版會, 1975, 167쪽：이하, 山尾幸久, 「古代天皇制の成立」『天皇制と民衆』所收, 東京大學出版會, 1976：吉田孝, 「『律令國家』と『公地公民』」『律令國家と古代の社會』所收, 岩波書店, 1983：初發表 1979, 長山泰孝,「古代貴族の終焉」『續日本紀研究』2-4：同氏, 「律令國家と王權」『續日本紀研究』237 등 참조.

3) 關晃,「大化改新と天皇權力」『歷史學研究』228, 1959, 4쪽：이하. 뒤에 論集 日本歷史 2『律令國家』, 有精堂, 1973 所收：同氏,「大化前後の天皇權力について」『歷史學研究』233, 1959, 26쪽：이하. 同氏,「律令貴族論」新岩波講座『日本歷史』3, 古代 3, 1976, 36쪽 이하 등.
또 이 같은 견해를 계승하면서 "天皇 對 太政官"이라는 정치기구·권력론의 시점을 제시한 早川庄八의 견해(同氏,「天皇と太政官の機能」日本歷史學會編,『日本史研究の新視點』, 吉川弘文館, 1986：同氏,「律令制と天皇」『史學雜誌』85-3, 69쪽：이하, 同氏,「大寶令制太政官の成立をめぐって」『史學雜誌』88-10, 1쪽 이하)도 참조.

체"의 변화라고 주장하였다.4) 구체적으로 國書를 수납하는 과정을 중국과 비교하여 "唐에서는 中書侍郎이 사자로부터 국서를 전달받아 황제에게 주상하고, (略) 일본에서는 太政官을 거치지 않고 임어한 덴노가 직접 국서를 수납한다는 의식 순서로 보면 (略) 일본 율

---

4) 石母田正論을 계승하는 田島公은, 평화시에 天皇의 외교권의 소재가 나타나는 것은 다음의 3가지 면이라 하였다(同氏,「日本律令國家の「賓禮」-外交儀式より見た天皇と太政官-」『史林』68-3, 1985년).
　1.「王事」로서 외국에의 遣使(출발시의 使者에의 권한 위양과 출발·歸朝의 의식)
　2. 來朝하는 외국사절의 영접·외교의례
　3. 來朝하는 외국사절 또는 외국에 파견하는 使者에게 부여하는 외교문서의 書式·발급수속
이처럼 氏가 말하고 있는 天皇의 외교권이란, 주로 조정에서 國使를 파견하거나 外國使의 영접의식에 참석하는 것, 국서발급의 주체로 나타나는 면이 강조되어 있다. 즉 외교보다도 외교의례의 장을 분석하여 국제관계나 天皇權에 대한 견해를 제시하였다고 할 수 있다. 그 결과, 9세기 중반 경부터 天皇 대신에 太政官이 賓禮 행사에 관여하는 경향이 현저해지는 현상에 대해, 天皇의 외교권이 상대적으로 약체화된 것으로 해석한다. 뿐만 아니라 "大宰府이나 地方諸國의 외교권(독자의 판단권)"이라는 것을 中央權과 대치시켜 설명하였다. 즉 위의 2·3과 같은 면에서의 "교섭"이나 "판단"의 권한이 大宰府 또는 地方諸國에 있었다, 혹은 중앙통제의 쇠퇴로 인해 점점 이곳들로 이동하게 되었다 라는 논지를 전개하였다.
이상과 같이 외교권에 대해서는, 시대가 내려옴에 따라 天皇 이외에도 太政官, 그리고 大宰府·諸國도 행사할 수 있는 권한이었다 라고 해석하는 것이 일반적이었다. 그러나 외교(대표)권을 논의하는 문제와, 氏가 들고 있는 것 같은 國使 파견이나 賓禮 행사에의 참가, 의식 주최의 문제-실제의 외교교섭, 외교행사의 문제-와는 다른 차원에서 논의해야 할 것이다. 씨와 같이 8세기 이후의 "天皇 전제권"을 인정하면서도, 9세기(중엽)이후에는 太政官의 외교 참여로 의해 天皇의 외교권이 상대적으로 약체화되었다고 보거나, 또는 大宰府이나 地方諸國의 외교권(독자의 판단권)이라는 것을 中央權과 대치시켜 설명하는 주장에 대해서는 다음과 같은 의문을 제기할 수 있다. 과연 8세기는 天皇의 外交專權의 시대였으며, 天皇의 주도로 외교행사상의 기능이 전부 행해졌던가-무릇 일본고대국가의 天皇에 대해 외교권을 비롯한 전제권을 인정할 수 있는가 라는 근본적인 문제점을 제기-하는 것이며, 이로부터 天皇의 외교권에 대해 재해명 되지 않으면 안 된다는 점이다.

령국가의 외교권 소재의 상징"이라 하였다.

그러나 일본에서도 예를 들어 『日本紀略』承和6(839)年 9月 乙未條를 보면 「덴노가 시신덴(紫宸殿)에 임어(참석)하였다. 右大臣 후지와라노 아손 미모리(藤原朝臣三守)가 大唐勅書를 주상하였다. (略)」라고 하여, 右大臣에 의한 중간전달이 있었을 가능성이 있다. 그리고 무엇보다도 국서는 조정으로부터 파견되는 存問(兼領客)使등의 太政官使나, 지방의 大宰府·國司에 의해 미리 개봉되어 그 寫本(案)이 먼저 진상되었던 것이다.5) 따라서 국서의 중간전달 과정에 의해 "외교권 소재의 상징"을 주장하는 것에는 의문이 간다. 본래 국서－사례에서 보면 渤海國王의 啓·天皇의 勅書－그 자체에는 이미 외교대표자간－덴노와 상대국 국왕 사이－에 교환되는 문서라고 하는 그러한 의미의 상징성이 내포되어 있었다고 볼 수 있는 것이다.

또한 씨는 "太政官의 외교관여가 현저해지는 경향"을 곧 "덴노 외교권의 약체화"로 해석하고 있다. 그 논거로 太政官牒의 발급에 주목한다. 8세기 초부터 天長3(836)年까지 使者에게 수여한 외교문서로는 덴노의 國書가 유일하며, 그것도 외국왕 앞으로 보낸 慰勞詔書가 거의 전부였다. 그러나 承和9(842)年부터는 慰勞詔書 이외에도 太政官이 渤海中臺省 앞으로 보낸 太政官牒도 국제문서로 함께 발행된 점, 또 외국사절을 도착지에서 돌려보낼 때 渤海王의 國書는 수납하지 않고 中臺省牒만을 수리해서 太政官牒만을 보낸 예 등을 들고 있다.

그러나 太政官牒의 발급이라는 면에서 보면, 842년 이전의 8세기 후반에도 유사한 사례가 있다[『續日本紀』天平寶字 8(764)年 7月 19日, 『日本後紀』延曆 23(804)年 9月 18日, 『續日本後紀』承和 3(836)年 5月 13日條 등 참조]. 씨처럼 842년 이전의 太政官牒에 대해서는 "임시로

---

5) 朴昔順, 「고대일본의 대외관계문서」 『東方學志』 112, 2001년 6월 참조.

단독으로 발급했다'라는 의미밖에 부여하지 않는 것은, 承和9(842)년 이후의 太政官牒에 대한 과도의 평가라 생각된다. 842년 이후의 太政官牒의 성격도 결국 「勅에 준해서 牒送한다」(『續日本後紀』同年 9月 丙子條)는 내용의 것이었으며, 따라서 太政官의 외교관여라는 것이 덴노의 외교범주를 넘는 독자의 영역으로 이루어졌다는 증거가 되지 못한다.

그리고 위와 같은 연구의 관점에 대해 지적할 수 있는 점은 무엇보다도, 일본고대국가 안에서 일어났던 외교 행사들의 의미를 덴노와 太政官 관계를 중심으로 한 정치사의 영역 안에 한정시켜 버린 점이라 하지 않을 수 없다. 天皇制를 표방했던 고대 일본에서 덴노가 실제로 기능하였던 부분, 혹은 太政官이 기능할 수 있었던 내용 등에 대한 본격적인 해명이나 분석은 결핍되어 있다고 할 수 있다. 또한 기본적으로 외교나 외교권에 관한 고찰의 범위를 조정의 빈례 행사와 그 주최관계만으로 전부 해명하고 있다는 점도 문제라 하지 않을 수 없다. 필자가 이미 밝힌 바 있듯이[6] 일본고대국가의 외교란 어디까지나 京의 조정에서 이루어지는 儀式的 차원에서만 의미를 갖는 것은 아니었기 때문이다.

이에 따라 본 연구에서는 기존처럼 天皇 대 太政官과 같은 권력일원적 관계를 설명하는 위에서 일본고대국가의 외교권을 논하는 방식은 지양하고자 한다. 그것보다는 먼저 대외적 관계 관련의 각종 행사에서 드러나는 덴노에 의한 역할 내용과 그 특징을[7] 덴노가 가진 혹

---

6) 이 책 「使者의 지방파견을 통해 본 고대일본 중앙의 외교기능」 참조.
7) 본고에서 행하는 구분법을 이해하는데 참조가 되는 논문으로 春名宏昭, 「律令官制의 內部構造」(『律令國家官制의 硏究』, 吉川弘文館, 1997)가 있다. 씨는 律令國家의 운영주체인 국가기구에 대해서 1. 「天皇」(＝天皇과 太上天皇 또는 令制中宮으로 구성된, 天皇大權을 행사하는 주체)과, 2. 관료기구(그 정점에 위치하는 太政官에 議政官이 모여 국정을 합의로 집행)로 크게 구별하였다 이 책에서 사용하는 天皇란 용어는 이 같은 "天皇大權을 행사

은 발휘한 외교기능이란 각도에서 구체적으로 검토해 보고자 한다.[8] 즉 조정 중심의 賓禮의 의식 뿐만 아니라 폭넓게 일본고대국가를 중심으로 이루어졌던 대외교섭의 범주에 넣을 수 있는 대상─일본의 대외사절 파견, 來日 외국사절, 그리고 歸化人, 商人 등의 일반인의 교류를 포함한 대외 관계(이하 본고에서 말하는 외교기능이란 이러한 광의의 대외 관계를 범주로 한 기능임을 뜻함)─에 걸쳐서 살펴보고자 하는 것이다. 그리하여 이러한 과정 속에서 일본고대국가의 외교권에 대해서도 그 구체적인 성격과 특성이 밝혀지리라 생각한다.[9]

이러한 검토를 위해 먼저 제1절에서는 덴노의 외교기능에 관련된 법과 법해석을 분석하고자 한다. 일본고대국가의 법제상의 검토를 위해서는 養老律令(718년 제정, 757년 이후 실시)과 그 관찬 주석서인 『令集解』(9세기 후반 성립) 인용의 諸說(古記·令釋·穴記·跡記·義解·私說 등),[10] 그리고 『類聚三代格』(11세기 이전 성립), 『延喜式』

하는 주체"를 가리키는 것이다.

8) 太政官이 행사한 외교기능에 대한 검토는 後稿로 옮긴다.

9) "외교권은 天皇大權의 하나"라는 일반적인 이해가 일본학계에 존재한다. 그러나 그 같은 "天皇大權", 또한 "외교권"이란 구체적으로 무엇인가, 무릇 처음부터 그러한 것이 존재했었는가, 라는 의문을 가지지 않을 수 없다. 덴노의 외교에 관한 역할을 구체적으로 규명한 뒤에, 비로소 그것을 정의할 수 있을 것이다.

10) 『令集解』의 성립시기에 대해서는 貞觀年間(859~876) 성립 설이 일반적이다 (瀧川政次郎, 『令集解釋義』 解題). 『令集解』에는 大寶令의 주석으로 알려진 古記(天平10(738)년경 성립), 養老令의 주석으로 令釋(787~791년 사이 성립), 跡記(787~793년 사이 성립), 朱는 跡記의 注記·裏書), 穴記(延曆期 (782~805) 혹은 弘仁·天長期(810~833) 성립), 義解(令해석의 통일을 목적으로 한 관찬 주석서 『令義解』(833년 성립)의 주석), 私說(『令集解』의 編者인 惟宗直本의 견해), 그밖에 讚(讚岐永直?), 物(興原敏久), 貞(貞江繼人), 額(額田今足) 등이 인용되어 있다(井上光貞, 「日本律令の成立とその注釋書」 『日本思想大系, 律令』 解說. 岩波書店, 1991 : 中野高行, 「『令集解』の注釋書」 : 山中裕·森田悌編, 『論爭 日本古代史』 所收, 河出書房新社, 1991 참조).

(927년 완성) 등의 格·式文을 참조해 볼 수 있다.

일본에서의 格·式의 편찬은 養老律令의 편찬과 동시에 진행되지 않고 1세기 정도 늦게 이루어졌다는 점이 중국과는 다른 특징으로 꼽힌다. 이에 대해서는 格·式은 律·令과는 달리 그 시대의 현실적 요구를 충족시키는 것을 목적으로 했다고 하는 지적,11) 또 834년에 시행된 『令義解』에 대해서도 단순한 令條의 주석이 아닌 새로운 입법조치의 의미가 있었다고 하는 견해12) 등이 참고가 된다. 또한 이 같은 律令法式에 대한 검토에는 물론 우선 그것이 중국으로부터의 繼受法인 점을 고려하지 않으면 안 될 것이다. 그러면서도 그것은 또한 당시의 일본조정이 내걸은 법적 체계이기도 하며, 그에 대한 明法家들의 해설과 보충법으로서의 格式의 발달에는 일본조정이 지향하였던 이념뿐만 아니라 당대의 실상이 잘 반영되어 있기도 한 것이므로, 이 검토는 상당히 유의미할 것으로 판단된다.

다음으로 제2절에서는 덴노의 외교기능에 관련된 개별 사례를 8세기 이후의 正史 기록을 통해 구체적으로 살펴보고자 한다. 大寶律令(701년 제정, 현존하지 않으나 『令集解』 속에 그 주석의 하나인 古記가 남아있음)·養老律令 시대를 반영하는 『續日本紀』(697~791년)·『日本後紀』(792~833)·『續日本後紀』(833~850)·『日本文德天皇實錄』(850~858)·『日本三代實錄』(858~887) 등의 五國史, 그리고 이상에서 결락된 부분을 참고할 수 있는 『日本紀略』(平安末期 성립)·『類聚國史』(892년 완성) 등에 근거한 사례를 실태로 분석하여, 그 내용과 특징에 대해 지적하고자 하는 것이다.

그리고 본 연구의 소기의 목적은 법제와 사례간의 상관관계를 논하고자 하는 것이 아니라 법제와 사례에 걸친 덴노의 외교기능을 밝

---

11) 石母田正, 「古代法小史」『日本古代國家論』 1, 岩波書店, 1973, 214쪽.
12) 岩橋小彌太, 「令義解」『增補上代史籍の研究』.

히고자 하는 것이므로, 제2절의 사례에 대한 분석은 제1절의 법제사
항에 의해 특별히 구속하지 않기로 하며 단지 양자의 연관성은 고찰
의 대상이 될 것임을 밝혀둔다. 제1절에서의 법제에 관련하는 사례
는 각주를 통해 예시하고자 한다.

제1절 법과 법해석을 통해서 본
덴노의 외교기능

일본의 律令法式에는 덴노의 지위나 권한에 대해 직접 규정하는
조항이 없다. 따라서 주로 법해석인『令集解』의 諸說을 참조하는 방
법으로 덴노의 '공인된' 외교기능을 분석해 보고자 한다.

율령국가체제 하에서 덴노 의사의 표현인 詔・勅13)은 기존의 법
식을 초월한 법적 효력을 발휘하였다.14) 그러한 詔・勅이 광의의 외
교문제에 관련하여 어떻게 발령되었는가, 이에 대해서는 다음과 같
은 점이 주목된다[이하에서「　」는 養老令, 類聚三代格, 延喜式 등에 보이

---

13) 養老公式令에 의하면 詔書는「임시의 大事」에, 勅旨는「일상의 小事」에 대
　해 발령되는 것이었다. 詔書는 太政官에 이행하기 전에 이미 성립하였다고
　볼 수 있다(山尾幸久,「古代天皇制の成立」後藤靖編『天皇制と民衆』, 1976).
　즉 이는 天皇의 綸言을 문장화한 것이므로 中務省 단계에서 완결되었고, 在
　京諸司나 畿外國의 지방관아에 철저화시키기 위해서 밖으로 시행될 때에
　太政官에게 이행되었던 것이다(小林敏夫,「詔書式と宣命」『古代天皇制の
　基礎的研究』, 校倉書房, 1994).
14) 한편으로는 唐의 皇帝은 율령을 초월한 존재인데 반해, 일본의 덴노는 율령
　법에 많이 구속되었다는 지적도 있다(吉田孝,「『律令國家』と『公地公民』」
　『律令國家と古代の社會』所收, 岩波書店, 1983, 初發表 1979).

는 條文, [ ]는 令集解에 인용된 諸說의 내용임을 나타냄].

1. 일본의 對外遺使

(1) 養老公式令72 事有急速條는 「(公式令2에 의한) 勅旨를 발령할 수 없을 정도로 급한 경우, 또는 太政官을 거쳐 시행하면 늦어질 우려가 있을 때에는 (勅을 받은) 中務省15)이 먼저 所司에 통고한다 (凡事有急速不合出勅旨. 若事緣太政官. 恐遲緩者. 中務先移所司. 其正勅後行.)」라고 규정하고 있다. 이에 대해 同令集解 所引의 古記가 [遺新羅國使人에 대한 料物 지급이 끝났으나, 떠나는 당일에 다시 物을 사여할 때(假令. 遺新羅國使人料物己訖. 當時發之日. 更有賜物.)]가 그와 같은 경우임을 예로 들고 있다. 보통 외국에 파견하는 使人에게 지급하는 料物에는 규정된 양이 있으나(延喜大藏省式 入諸蕃使條),16) 그러한 관례적 처치 외의 범주에서 덴노가 또다시 使人에게 特別한 料物을 내릴 수 있었음을 말해주고 있다. 古記가 특히 견신라사를 예로 든 것은 古記 성립 당시[天平年間(729~748)]의 활발했던 신라와의 관계가 반영된 것이라고 할 수 있다. 환언하자면 대외파견에 임한 사절에 대해 유사시에 덴노는 太政官을 거치지 않고도 직접 賜物할 수 있었던 것이다.17)

(2) 養老喪葬令5 職事官條는 官人·皇親에 대한 賻物(死者에게

---

15) 덴노에 近侍하며, 內記가 작성한 詔勅의 문안을 심사·서명하는 등, 덴노의 국가행위에 관한 사무를 담당하였다(養老職員令3 中務省條 참조).

16) 延喜式의 사절에 대한 給法 규정의 성립은 8세기로 비정된다(東野治之,「延喜式にみえる入諸蕃使の給法について」『延喜式研究』6號, 1992).

17) 實例에 대해서는 후술하겠지만, 正史 속에서 많은 관련 사례를 볼 수 있다.

주는 물품)의 지급 규정인데, 그 가운데에는 「(略) 만약 王事로 죽는다면 (賻物 지급은) 모두 職事官의 例로 할 것. 別勅에 의한 賜物일 경우에는 이 令(본 규정)과 상관없다(若身死王事. 皆依職事例. 其別勅賜物者. 不拘此令.)」는 부분이 있다. 이 條는 王事, 즉 [蕃(외국)使]로 파견해 사망한 경우(朱額)[18]의 賻物 지급과 관계 있다. 본래 賻物은 大藏省으로부터 지급되는 것이었지만, 唐에서처럼 日本에서도 덴노의 은혜가 표시되는 의의를 가지고 있었다.[19] 그런 점에서 本條 후반부의 「其別勅賜物者. 不拘此令.」라는 부분은 의미가 있다. 즉 王事로-[蕃(외국)에 파견되어]-사망한 자에 대해서는 덴노의 「別勅」에 의한 특별한 사여가 있을 수 있었음을 나타내는 부분인 것이다.[20]

---

18) 「王事」란 令集解 所引의 諸說에 의하면 [戰事]나 [征討]를 가리키는 것으로, 단지 [蕃使-외국 파견의 使者]의 경우에 대해서는 논의가 많다(田令集解 18, 選敍令集解 33, 喪葬令集解 5 참조). 그러나 사례 상에서는 『日本紀略』 弘仁 2(811)年 12月 乙亥條 「故遣渤海祿事大初位下上毛野公嗣益追贈從六位下. 以身死王事也.」와 같이 보이는 것처럼, 대외(발해)로 파견된 것이 「王事」로 인식되었음을 알 수 있다.

19) 『唐令拾遺補』 唐日兩令 對照一覽, 喪葬令 賻物관계 條文 [唐令 復原 8(開元 7・開元 25年令)], 石田實洋, 「日唐の賻物支給制度と(下級)官人の「家」」 참조.

20) 그 사례는 일본의 渡唐留學生에 대해 나타난다. 『續日本紀』 寶龜 10年(779) 5月 丙寅條 「前學生 阿倍朝臣仲麻呂가 唐에서 사망하였다. 집안이 몹시 빈곤하므로 장례 치르는데 부족함이 있었다. (따라서) 絁一百疋・白綿三百屯을 勅賜하였다」와 같은 예가 그것이다. 이 「絁一百疋・白綿三百屯」은 唐에서 죽은 유학생 阿倍朝臣仲麻呂(의 장례)를 위해 덴노가 특별히 別勅에 의해 賜物한 것으로 볼 수 있다.
또한 選敍令33 贈官條에는 「무릇 贈官하는 것은, 王事로 죽은 경우에는 生官과 마찬가지로 한다. 나머지는 一等을 내려 한다.」라 하여 「王事」로 사망한 자에 대한 贈位 규정도 있었는데, 이것도 덴노에 의한 특별한 賜與와 관계 있다 할 수 있다[『儀式』 卷10, 「弔喪儀」「贈品位儀」에 보이는 勅使의 파견이나, 勅에 의한 贈位의 事例(『日本紀略』 弘仁 2(811)年 12月 乙亥條), 후술 참조].

이상 對外國使를 파견할 때의 賜物, 그리고 「王事」로 사망한 자에 대한 贈物 중에는 두 번째의 賜物 또는 別勅에 의한 賜物이 있었으며, 이는 곧 對外遣使에 대한 賜物이 덴노의 의사와 관계 있음을 보여준다고 하겠다.

2. 일본내의 외국인

일본고대국가의 통치영역으로 이주한 사람들에 대해서 다음과 같은 부분을 덴노에 의한 직접적인 관련으로 지적할 수 있다.

(3) 養老戶令16 沒落外蕃條는 「化外人(외국인)이 귀화하면 所在의 國·郡이 衣粮을 지급할 것. 자세히 상황을 적어서 飛驛을 발하여 (조정에) 보고할 것(化外人歸化者所在國郡給衣粮. 具狀發飛驛申奏.) (略)」을 규정하고 있는데, 同令集解에 인용된 古記에 의하면 [(귀화한 외국인 가운데) 만약 才伎(기술자)가 있으면 (덴노에게) 奏聞하여 勅의 명령을 들을 것(若有才伎者. 奏聞聽勅.)]이라 하고 있다. 이 古記의 문장은 大寶令條文 속에 수록되어 있었을 것으로 추측된다.[21] 즉 다시 말하자면 귀화한 化外人(외국인) 중에서 특히 才伎가 있을 경우에는 덴노에게 보고하여 그 판단에 따르는 것이었다. 養老職員令7 內藏寮條, 同令33 大藏省條에 보이는 「百濟手部」「百濟戶」[22]와 같은 歸化人系의 조직화와 그 관련성을 유추할 수 있다. 어쨌든, 특별히 귀화인 가운데 才伎에 대해서는 덴노가 자세히 파악하고, 직

---

21) 大寶令에서는 아마도 그 條의 말미에 있었을 것으로 추측된다. 또 唐令에는 없었을 가능성도 있다(『日本思想體系 3 律令』, 岩波書店, 補注一六 a, 555쪽 참조).

22) 이에 대해 자세히는 『日本思想體系 3 律令』, 岩波書店, 補注 519쪽 참조.

접 그 처우를 지시하고자 한 방침을 알 수 있다.[23]

3. 외국사절의 來日

(4) 養老賦役令34 車牛人力條에 의하면「公事를 위해 車・牛・人力으로 전송하려 하나 令條에(규정이) 없는 경우에는 모두 임시의 勅을 들을 것(凡爲公事. 須車牛人力傳送. 而令條不載者. 皆臨時聽勅.)」이라 하였다. 이 때 同令集解 諸說(令釋・穴記・義解)은 [蕃客(외국사절)[24] 入朝時]를 그 예로 들고 있다(令釋 [假令. 蕃客入朝之時. 應須車牛傳送之類也.], 穴記 [一端蕃客等之類], 義解 [謂. 假令. 蕃客入朝之時. 所用車牛人力之類也.]). 즉 외국사절이 來日하여 車・牛・人力을 사용해 전송하려 할 때는 그 과정에 대해 임시의 勅을 듣는 것이었다. 다시 말하자면 외국사절이 와서 京으로 전송하는 과정에 대해서는 그 때 그 때 덴노의 지시를 따르는 것이었다.[25]

(5) 養老營繕令集解 6   在京營造條에 인용된 穴記를 참조하면

---

23) 여기에 관련해서는 귀화했는지의 여부는 확실하지 않으나, 다음과 같은 사례가 있다.

『三代實錄』元慶 元(877)年 12月 丁亥條,「入唐求法僧智聰今年還此. (略) 智聰言曰. 漢中是大唐處士. 身多伎藝. (略) 願加優恤以慰旅情. 詔依請焉」 −入唐求法僧 智聰을 따라 來日한 唐人이「伎藝가 많으므로」 덴노로부터 특별한 처우를 받고 있다. 그밖에도 『續日本紀』養老 6(722)年 4月 辛卯條의「唐人 王元仲이 飛舟를 만들어 받쳤으므로 덴노가 기뻐하여 從五位下를 수여하였다」는 사례 등.

24) 일본고대국가에 있어「(外)蕃」이란 외국,「蕃客」은 외국사절임을 의미한다 (이 책 「일본고대율령국가의 외국(「蕃」)・외국인(「蕃人」) 인식」 참조).

25) 正史의 사례에는, 공식사절의 경우는 아니지만, 『三代實錄』貞觀 12(870)年 9月 甲子條에 신라인의 諸國 배치 과정에 대해 도중 諸國에게「食・馬・隨身雜物을 지급하고, 人夫를 대어 운송」하도록 지시하는 勅이 보인다.

[(略) 경상 외로 별도의 營作이 있어 품목을 추가 내지 流用轉換해야할 경우-가령 蕃客(외국사절)이 入朝하게 되어 임시로 營作 및 貯備해야 할 때. 또한 임시의 別勅으로 造件하는 것에 대해서는 上條文(營繕令2 有所營造條)에 의한다(支料之外. 別有營昨. 仍更應科折是. 假. 蕃客可入朝. 臨時可營作及貯備耳. 又臨時別勅造件者. 上條設文. (略)]라고 설명하고 있다. 외국사절이 京으로 入朝하는 과정에 드는 비용은 경상의 비용이 아니라 임시의 유통전환으로 營作 및 貯備되었음을 알 수 있다. 또한 이 같은 외국사절 入朝시의 營作 및 貯備는 덴노의 別勅에 의한 임시적 조치에 관련함을 나타낸다.26)

(6) 養老衣服令集解5 朝服條에 인용된 私說에는 조정의 公事 때 착용하는 朝服에 관한 奉勅上宣官符(大同元(806)年 格)가 인용되어 있다. 이 勅의 내용(今聞. (略) 服制無節. 蕃客朝觀. 如見之何. 宜七位者同著深綠. 初位者共服深縹. 自今以後. 立爲恒例.)에 의하면, 蕃客(외국사절)의 朝觀을 의식한 조정 服制의 제정은 덴노의 의사(勅)로 실현되었음을 알 수 있다.27)

---

26) 來日한 唐使의 船을 修造하라고 명하는 勅 [『續日本紀』寶龜 10(779)年 5月 25日, 同9月 14日], 외국사절을 위해 客院이나 國驛館의 修造를 명하는 勅 [『類聚國史』延曆 23(804)年 6月 27日, 大同 元(806)年 5月 14日]과 같은 사례가 있다.
　그밖에도 五國史 속의 사례에서 보면 遣唐使 파견에 관해서 배의 수리·조영을 명하는 勅符의 명령이 반복적으로 大宰府에 내려지고 있는데 [『續日本後紀』承和 3(836)年 사례 등], 이도 임시의 別勅에 의한 조영이라 볼 수 있다. 이와 같은 배의 조영, 客院이나 國驛館의 수리 등에 대한 명령이 太政官 處分에 의해 이루어진 사례는 볼 수 없다.
27) 『日本後紀』弘仁 元(810)年 9月 乙丑條에 의하면 公卿의 奏議(「(略)節會之義. 蕃客之朝, 歲時不絶. 必須飾刀.」)에 대해 덴노는 「雜石腰帶·毛皮等의 착용을 허락」하였다. 즉 이에 대해서는 天皇制와 불가분의 관계 위에 존재하는 有位者集團(位階制)과, 그 禮的 질서로서의 朝服制와의 관련을 지적한 시점(石母田正, 『日本の古代國家論』, 岩波書店, 1973, 9쪽)이 있어 참고

(7) 養老職員令7 內藏寮條에 보이는 「(略)諸蕃貢獻奇琦之物. 年料供進御服. 及別勅用物事. (略)」는 諸蕃(외국)에서 공헌한 기이한 물건이 덴노家의 재산운영에 관계하는 內藏寮에 수납되는 것이었음을 보여준다. 즉 외국에서 들어온 진귀한 물건을 덴노가 직접 장악한다는 것을 나타내는 것이다.[28] 또한 더 나아가 이러한 외국으로부터의 공헌물은 덴노와 직접 결합되어, 덴노의 別勅에 의해 이용되었을 가능성도 배제할 수 없다.

(8) 養老關市令9 禁物條에 「무릇 禁物을 가지고 境을 나갈 수 없다. 만약 蕃客(외국사절)이 入朝해서 別勅으로 사여한 것이라면 가지고 境을 나가는 것을 허락한다(凡禁物. 不得將出境. 若蕃客入朝. 別勅賜者. 聽將出境.)」라는 규정이 있다. 즉 외국사절이 入朝하였을 때에는 덴노로부터의 別勅에 의한 賜物이 있을 수 있었다. 앞의 公式令72 事有急速條(1)에 의하면 太政官을 거치지 않고 덴노의 勅에 의해 바로 賜物할 수 있는 경우로서 同令集解 所引의 穴記가 [외국사절에게 지급하는 종류(給蕃客之類也)]를 들고 있는 점에도 유의해야한다. 또 延喜大藏省式 賜蕃客例條 가운데 특히 「(略)但大使. 副使者. 臨時准量給之. (略) 右賜蕃客例. 宜依前件. 或有階品高下. 職事優劣者. 竝宜臨時商量加減」라는 부분이 있는 것에도 주목할 필요가 있다. 大使, 副使에게 「임시로 準量해서 지급」하는 것, 또한 蕃客(외국사절)에게 사여하는 예는 「前件에 의하」든지 혹은 位階나 官職에 따라

된다.

28) 『三代實錄』仁和 元(885)年 6月 22日條에 의하면 新羅使가 肥後天草郡에 도착했을 때, 大宰府는 新羅使의 貨物 수를 기록해 조정에 보고하였다. 이 보고는 덴노에게 올라가, 그 新羅使를 放還시키라는 내용의 勅이 내려졌다. 외국사절이 가져온 物은 덴노에게 독점되어 그 권위의 상징성에 기여하였을 것이다. 이 처분 또한 덴노 의사와 관련되었던 것으로 주목할 수 있다.

「임시로 상량하여 가감하는」 것이었다. 다시 말해서 이것은 모두 사여에 관한 처치의 자의성을 나타내는 부분이라 할 수 있다. 사례에서 보아도 외국사절에게 물품을 사여할 때에는 보통 그것이 덴노의 詔·勅에 의한 賜物이라는 점을 명백히 하고 있다.29) 즉 物의 사여

---

29) 五國史에 보이는 덴노에 의한 물품사여의 사례는 다음과 같다(( )는 공식의 來日使節 이외의 경우).

○ 詔에 의해 외국사절이나 그 국왕에게 사여하는 사례(數字는 年度. 이하同). 703新羅使, 703新羅使, 732新羅使, 752新羅使, 760渤海使, 763渤海使, 779渤海使, 824渤海使, 849渤海使, 849渤海使(○國司에 詔하여 사여하게함 : 864新羅人, 877唐人)

○ 勅에 의해 賜物 : 759渤海使, 779唐使, (797唐人, 836遣唐使), 842渤海使, 883渤海使

○ 勅使 파견에 의해 賜物 : 752新羅使, 872渤海使, (873渤海人), 883渤海使

○ 大宰府에 勅을 내려 賜物하게 함 : 715新羅使, 763渤海使, (862唐商人, 863新羅人, 865唐商人, 866唐商人)

○ 國에 勅을 내려 賜物하게 함 : 778遣唐使, (779渤海人·鐵利人), 795渤海使, 863新羅人)등.

그 중에서 「특별히 임시」의, 혹은 「別勅에 의한 사여」라는 면에서 보면, 다음과 같은 사례가 있다(밑줄은 필자에 의함).

『續日本紀』天平寶字3(759)年 2月 戊戌朔.

賜高麗王書曰. (略) 復所貽信物. 依數領之. 卽因還使. 相酬土毛絹四十疋. 美濃絁卅疋. 絲二百絇. 綿三百屯. <u>殊嘉爾忠. 更加優. 賜錦四疋. 兩面二疋. 纈羅四疋. 白羅十疋. 彩帛四十疋. 白綿一百帖.</u>

『同』天平寶字7(763)年 2月 戊戌朔.

賜高麗王書曰. (略) 但隨時變禮. 聖哲通規. 從吉履新. 更无餘事. 兼復所貽信物. 依數領之. 卽因還使. 相酬土毛絹四十疋. 美濃絁卅疋. 絲二百絇. 綿三百屯. <u>殊嘉爾忠. 更加優. 賜錦四疋. 兩面二疋. 纈羅四疋. 白羅十疋. 彩帛四十疋. 白綿一百帖.</u> 物雖輕尠. 寄思良深. 至宜竝納. (略)

『同』寶龜8(777)年 5月 癸酉

賜渤海王書曰. (略) 故造舟差使. 送至本鄕. 幷附絹五十疋. 絁五十疋. 絲二百絇. 綿三百屯. <u>又緣都蒙請. 加附黃金小一百兩. 水銀大一百兩. 金漆一罐. 漆一罐. 海石榴油一罐. 水精念珠四貫. 檳榔扇十枝.</u> 至宜領之.

『三代實錄』貞觀3(861)年 5月 21日

絁一十疋. 綿四十屯. 別賜大使李居正

등, 「특별히 그 忠을 가상히 여겨 재차 優를 가한다」, 또는 「(발해사)도몽의

시 덴노가 그 사여의 주체임을 분명히 하였다는 점에서 주목된다.

(9) 사절에 대한 生料(식량)의 지급도 덴노에 의한 勅賜로 해석된
다.『類聚三代格』卷570에는 天長3(826)年 5月 15日의 右大臣(冬嗣)
奉勅官符가 실려 있다. 즉「그 (외국사절에 대한) 資給 등의 사항은
모두 이전의 符에 의할 것. (略) 其資給等事一依前符30)」이라는 官
符가 奉勅－덴노에 의한 명령으로서 시행된 것이다. 다시 말해 외국
사절에게 資給하는 것과 그 기준이 덴노에 의해 하달되었으며, 그
내용이 太政官符라는 형태로 공포됨으로써 格에 해당하는 법적 가
치를 지녔음을 나타낸다.31)

(10) 延喜式部式下 蕃使祿條에「蕃國使에게 宴을 賜할 때 (略)
宣命後에 客徒에게 敍(位)한다. 宴이 끝나면 輔·丞·錄이 이름을
부르고, 大藏省이 祿을 賜한다(이 일은『儀式』에 보인다).」라 하여, 蕃
客使(외국사절)에 대한 賜宴(敍位, 賜祿을 포함)의 儀式에 덴노의 뜻

청에 의해 附加「別(勅)賜」가 있다. 또
『類聚國史』元慶7(883)年 5月 5日庚午
天皇 (略)別勅賜大使已下錄事已上續命縷
덴노가 續命縷에서 발해사절의 大使이하 錄事이상에게 別勅으로 賜하였고,
그 뒤에 또
『同』元慶7(883)年 10月 乙亥
勅遣中使從五位下行右馬助藤原朝臣恒興. 賜御衣一襲大使裴廷. 賞裴廷高才
有風儀也.
中使를 파견하여 渤海大使에게 의복 한 벌을 勅賜하는 등, 덴노에 의한 특별
한 勅賜의 사례를 볼 수 있다.
30)『類聚三代格』卷18 天長元(824)年 6月 20日의 中納言兼左近衛大將 從三位行
民部卿 淸原眞人夏野宣 太政官符를 가리킴.
31)『類聚國史』元慶元(877)年 4月 18日己丑條 가운데「天皇特垂恩念, 仍與生成.
別賜粮料優賞竝蒙. (略)」라 하여, 식량(「粮料」)을 덴노의 恩念으로 준다고
하는 표현이 보인다.

을 구두로 전하는 宣命의 순서가 있었다. 즉 이러한 의식 행사의 주
체로서 덴노의 의사가 표명되는 것이었다.[32] 그밖에도 궁중의 연중
행사인 正月 7日, 正月 16日 踏歌, 正月 17日 觀射 등의 의식 때 외
국사절을 위해 勅使가 파견됨을 규정하고 있는 점으로부터도,[33] 이
러한 행사장의 주체를 표명하는 덴노의 기능으로 해석할 수 있다.

　(11) 公式令1 詔書式條(「明神御宇日本天皇詔旨. 云々. 咸聞.」), 延喜中
務省式 慰勞詔書式(「天皇敬問云々 大蕃國云天皇敬問. 小蕃國云天皇問.」),
延喜式內記式 函上書條(「凡賜渤海國勅書函. 臘上書封字. 函上頭書中務省
三字.」) 등은 외국(사절·왕)에 대한 덴노의 의사 전달 방식을 규정하
는 것으로, 이는 특히 공식적인 외교교섭의 주체를 명확히 하는—즉
덴노를 외교대표자로 표명하는 부분과 관련있다 할 수 있다.[34]

---

32) 『續日本後紀』承和 9(842)年 4月 9日, 同5月 3日, 同5月 5日, 同5月 10日條
　　의 사례가 확인된다.
33) 예를 들면
　　『神道大系 朝儀祭祀編一 儀式』卷7 正月 7日 儀
　　「若有蕃客, 勅使引 客立堂前, 俱東面, 與此間大夫共拜舞」「勅使及客徒就承
　　歡堂, 勅使對大使, 客徒東面北上, 其勅使·大使者, 熊皮上施床子幷臺盤(略)」
　　「(略) 承勅者宣制云, 天皇(我)詔旨(良萬止)勅御命(乎) (略)」「(略) 拜舞訖供
　　食勅使就位 (略) 勅使宣 (略)」
　　『神道大系 朝儀祭祀編一 儀式』卷7 正月 16日 踏歌儀
　　「治部·玄蕃引客徒參入, (略) 客徒拜舞, 訖供食勅使宣命, (略) 或(有)勅令客
　　徒等奏其國樂, (略)」
　　『神道大系 朝儀祭祀編一 儀式』卷7 正月 17日 觀射儀
　　「(略) 客徒射畢退出,射事且停, (略) 治部·玄蕃引客徒, 入自儀鸞門(客西戶, 治
　　部·玄蕃東戶) 就庭中位拜舞, 勅使直進自射人中, 就位宣制, (略) 射禮畢, 擊
　　鉦·鼓如前, 勅使引客徒, 就庭中位, 客徒拜舞退出, (勅使不拜) (略)」
　　『神道大系 朝儀祭祀編一 內裏式』上 元正 受群臣朝賀式
　　「(略) 當承歡堂北第二階, 置勅使宣命位, 自勅使位, 南去二丈五尺, 更西折二丈,
　　置通事承宣位, (略)」
34) 사례로부터 덴노 명의의 외교문서(勅書)가 8세기 초부터 9세기 후반에 걸

이상으로 (4)~(11) 외국사절의 來日에 관련해서는 그 전송을 위해 車·牛·人力을 사용한다든지, 사절을 위한 조영이 필요할 때는 덴노에 의한 「임시의 勅」에 의해 조치가 취해짐을 알 수 있었다. 또한 외국사절이 조근할 때를 고려하여 조정의 의복을 정하거나, 사절로부터 공헌물을 수납하고, 사절에게 물품과 향연을 베풀고, 연중행사장에 勅使를 파견하여 宣命을 전하고, 외국왕 앞으로 慰勞詔書를 보내는 것 등이 모두 덴노에 의한 외교기능으로 이루어지는 것이었음을 알 수 있었다. 즉 외국사절의 전송과정·외국사절을 위한 임시 조영·拜朝·국서와 선물의 수납·향연과 물품의 수여·친서의 전달과 같은 賓禮의 의식 전반35)에 있어 율령국가의 덴노가 주체로 표명되는 면, 그 같은 외교기능을 구현하려 했던 면을 슈格式의 법제와 明法家들의 해석을 통해 살펴볼 수 있었다.

처 지속적으로 발급되었음을 확인할 수 있다(正史로부터 706, 706, 726, 753, 777?, 796, 798, 799, 811, 815, 816, 820, 822, 824, 825, 842, 849, 859, 892年의 사례가 확인된다).

35) 賓禮의 일반적인 순서는 다음과 같다(森公章, 「古代難波における外交儀禮とその變遷」: 田中健夫編, 『前近代の日本と東アジア』, 吉川弘文館, 1995 참조).

  a 도착지 安置(大宰府·國司)
  b 存問使 파견(存問)
  c 領客使에 의한 京上(領客)
  d 難波에서의 환영(迎船)→難波館에 安置
  e 入京時의 郊勞(郊勞)
  f 鴻臚館에 安置, 慰勞使·勞問使의 파견과 掌客使 임명
  g 조정에서 사절의 뜻 주상, 貢獻物 봉정(國書 또는 口頭)
  h 각종 행사에 참가(正月 행사, 5月 5日 등의 諸節會)
  i 덴노 참석하에서 饗宴, 授位, 賜祿
  j 신하에 의한 饗宴
  k 鴻臚館에서의 饗宴
  l 鴻臚館에서의 일본의 國書를 사여
  m 領鄕客使에 인솔되어 出京·귀국
  (n 難波館에서의 讌饗→귀국)

이상에서 검토한 결과, 법과 법해석을 통해 설명할 수 있는 덴노의 외교기능은 다음과 같은 것이었다.

1. 일본의 대외사절 파견에 관련해서, 덴노는 그들에게 物(購物을 포함)을 사여하는 주체이다.
2. 일본내의 외국인, 특히 歸化者에 관련해서, 덴노는 그 가운데서 才伎를 파악한다.
3. 來日한 외국사절에 대해서, 덴노는 그들의 入朝 과정을 지시할 뿐만 아니라, 이를 위해 조정의 服制도 제정한다. 사절들로부터 공헌물을 수납하며, 사절들에게 賜物・賜饗하고, 그들이 참가한 연중행사장에 勅使를 파견하고, 宣命를 통해 덴노의 뜻을 전한다. 또한 사절들이 귀국할 때에는 상대국의 王에게 국서(慰勞詔書)를 보낸다. 즉 賓禮의 儀式 전반에 걸쳐 덴노가 기본적으로 의식 행사의 주체로 표명되는 것이었다고 평가할 수 있다.

또한 이 가운데서 특히 주목해 둘 점이 있었다. 그것은 덴노의 「別勅」이나 「임시의 勅」, 또는 「임시의 상량」이라는 부분에 관한 것이다. 우메다 야스오(梅田康夫)에 의하면 일본고대국가에서 「別勅」이 사용된 경우는 "재산적 처치, 官人貴族이나 皇親의 授位, 임용, 범죄 등 광범위"이며, "덴노는 항상 令 규정과는 다른 결과를 別勅에 의해 낼 수 있었다", 또 "(개별적・구체적인 문제에 대해) 제도로서의 덴노 개인의 의사가 어떤 것(太政官이나 中務省의 관여 등)에도 방해받지 않고 확실히 실현될 수 있는 길"이었다.36) 이 견해를 바탕으로

---

36) 同氏, 「別勅について－律令天皇制の一面－」 『宮城歷史科學硏究』 14, 181쪽. 養老公式令의 공문서 양식 중에는 「別勅」에 관련한 규정이 없다. 그러나 大

하여 「別勅」에 의해 표명된 덴노의 외교기능을 살펴볼 수 있다. 구체적으로는 關市令9 禁物條 외국사절에 대한 「別勅賜」, 職員令7 內藏寮條의 덴노의 「別勅用物」, 延喜大藏省式 賜蕃客例條 중의 「臨時准量給之」「臨時商量加減」이라는 부분이며, 이는 주로 일본의 대외 파견 사절과 來日 외국사절에 대한 賜物에 관련된 부분인 것이다. 덴노의 「(別)勅에 의한 사여」는, 『續日本記』이하 五國史의 실례에서 살펴보면, 다음과 같은 경우에 나타난다(후술 참조).

1. 遣唐使에 대한 사여, 入唐僧에 대한 사여, 遣唐留學生의 사망에 대해 사여

2. 외국사절(大使等)에 대한 사여,[37] 외국사절에 대한 生料(食粮)의 지급

3. 상대국의 喪事에 賻物을 보내는 것도[38] 별도의 담당 官司는

寶令에도 「別勅」에 대한 규정이 존재했을 것으로 추측된다(公式令 給隨身符條나 公式令 諸司受勅條의 古記의 注釋을 참조).

37) 8세기 후반 大臣宅에서 열린 연회에 덴노가 사여한 경우도 특별한 勅賜의 사례로 파악할 수 있다.
『續日本紀』天平寶字 3(759)年 正月 甲午
大保 藤原惠美朝臣押勝 蕃客에게 田村第에서 宴을 베풀었다. 勅을 내려 內裏女樂 및 綿1萬屯을 賜하였다.
『同』天平寶字 7(763)年 2月 丁丑
太師 藤原惠美朝臣押勝 高麗客에게 宴을 베풀었다. 詔를 내려 遣使하여 雜色袷衣 30櫃를 賜하였다.
『同』寶龜 10(779)年 5月 庚申
右大臣이 唐客에게 第에서 饗을 베풀었다. 勅을 내려 綿3千屯을 賜하였다. 이상과 같은 大臣 연회에 대해서는, 공식외교와는 다른 大臣 개인의 권력지향과 연결 지어 평가하려는 경향이 있다. 그러나 덴노로부터의 勅賜가 있었던 것으로 보아, 이도 국가외교행사의 일부로 평가할 수 있다.

38) 新羅 金順貞의 사망, 渤海王后의 사망에 대해 勅을 내려 賻物을 사여하는 예 [『續日本紀』神龜 3(726)年 秋7月 戊子條, 『同』寶龜 8(777)年 5月 癸酉條] 등.

보이지 않으며, 덴노에 의한 勅賜의 범위였을 것으로 추측된
다(喪葬5 職事官條 중에 「別勅賜物」이 보임).

이와 같이 덴노의 勅에 의한 사여는 令式條文을 통해 유추할 수
있을 뿐만 아니라, 사례상에서도 보다 넓은 영역에 걸쳐 이루어지고
있었음을 알 수 있다. 즉 덴노의 외교면의 재량권이 일본의 대외견
사와 외국인을 대상으로 하여, 특히 '덴노에 의한 物의 사여'라는 영
역에서 명실공히 나타남을 볼 수 있다. 따라서 대외견사(僧·留學生
을 포함해), 來日 외국사절 등의 대외교섭에 관련된 사람들에 대한
'物의 사여권'은 '대외문서의 발급주체'인 면과 함께 일본고대국가
덴노의 외교대표권을 직접적으로 표징하는 중요한 부분이었다고 평
가할 수 있다.

제2절 사례를 통해서 본 덴노의 외교기능

다음으로는 대외 관계상의 여러 문제에 직면하여 실제 덴노가
詔·勅[39]을 통해 어떠한 내용의 조치를 내렸는가 하는 점에 대해

---

39) 일본의 六國史 등에서 詔와 勅이 때때로 혼용되었던 사실을 포함해, (일본
의)國史에서는 법제용어에 엄밀하지 않았다는 지적이 있다(高橋崇,「續日
本紀に於ける格」『續日本紀研究』 214, 1955). 또한 예컨대 天平寶字年間
(757~764)에는 藤原仲麻呂의 의향이 勅의 형태로 명령되었을 가능성이 있
으며(『大日本古文書』 4卷 426쪽 : 岸俊男,『藤原仲麻呂』, 1969, 332쪽 : 早川
庄八,「上卿制の成立と議政官組織」『日本古代官僚制の研究』, 岩波書店, 1986
등 참조), 太上天皇 혹은 皇太后의 의향이 詔·勅으로 기록된 경우도 있다
(『大日本古文書』 5卷 160쪽 「石山院牒」의 「大上天皇勅」(이에 대해서는 角田

검토하고자 한다. 8세기 이후의 五國史 등으로부터 관련 기사를 검출하여 실태의 면으로 분석하고자 하는데, 이 같은 방법론에는 다음과 같은 의미가 있다.

우선 시대적으로 다소의 변화는 있지만, 9세기 후반에 이르기까지도 (別)式 등으로 법제화·고정화되지 않고, 덴노가 자의적으로 판단하여 대외문제를 대응·처리하는 경향이 있었다는 점이다. 덴노의 詔·勅에는 명문화된 律令格式도 초월할 수 있는 법적 효력이 있었다.[40] 물론 많은 경우, 그 내용에는 「前(先)例」가 고려되었고, 또 令式上의 규정이 참조되었다. 그러나 무엇보다 중요한 것은 덴노의 詔·勅은 실제 상황에 당면하여 그 처리를 필요로 하는 경우에 내려졌던 것으로, 그 내용에는 당시의 실상이 잘 반영되어 있다는 점이다. 즉 일본고대국가 덴노(天皇大權 행사의 주체)에 의한 대외(외교)적 현상에의 대응·관여를 살펴보는데 있어, 이러한 검토는 충분히 그 의미가 있을 것이다. 또한 더불어 그 각각의 조치 내용으로부터 그 시대가 표명하고 있었던 대외정책상의 특성과 변모에 대해서도 지적할 수 있을 것이다. 덴노의 대외문제에 대한 실질적인 역할을 일본고대국가의 외교행정처리 시스템의 변화, 정비의 과정－당대의 특질이라고도 할 수 있는 '儀式化'의 과정－으로 고찰해 보고자 한다.

文衛,「勅旨省と勅旨所」『古代學』10-2~4, 1962. 뒤에 同氏,『律令國家の展開』참조),『續日本紀』天平勝寶期(749~756)의 勅, 天平寶字元(757)年 7月 戊申條·己酉條(이에 대해서는 早川萬年,「公式令と太政官行政－奉勅上宣官符の成立をめぐって－」『歷史人類』16號, 1988 ; 近藤毅大,「紫微中臺と光明皇太后の「勅」」『ヒストリア』155, 1997 등 참조).

본고에서는 덴노(대권행사의 주체)에 의한 정책표명을 의미하는 일반적인 표기양식으로서의 詔·勅을 다루고자 한다.

40) 坂上康俊,「古代の法と慣習」『岩波講座日本通史』第3卷 古代 2, 1994, 211쪽 참조. 氏는 日－唐의 詔書式(唐의 制書式)과 勅旨式를 비교 검토하여, 일본의 勅旨式은 덴노의 의사가 선포되면 그것이 그대로 법이 되는 양식이라는 점을 지적한 바 있다.

1. 일본의 對外遣使

대외사절 파견에 있어 특히 덴노는 「賜物」부분에서 직접적인 의사를 표현한다는 점을 앞의 법분석을 통해 알 수 있었는데, 사례 상에서 詔·勅의 내용을 살펴보면 그 범위는 더욱 다양했음을 알 수 있다. 또한 무엇보다도 지적할 수 있는 점은 遣新羅使나 遣渤海使의 경우에 관련해서는 詔·勅에 의한 처분이 거의 보이지 않고, 遣唐使와 入唐僧의 경우에만 집중적으로 그것이 발령되었다는 점이다. 구체적으로 살펴보면 다음과 같다(이하, 덴노의 詔·勅의 출전에 대해서는 부록의 表 참조.「 」안은 正史에 의한 내용, 숫자는 기사의 연도를 표시함. 正史의 기록이외의 관련기사에 대해서는 각주 참조).

먼저 遣唐使 관계의 詔勅의 내용은 다음과 같이 나타난다. 즉 견당사 파견의 의식에 있어 견당사에게 「節刀를 지급하고, 賜物」하며 (752·760·763·776·777·803·836), 견당사에게 「授位」하고(736· 752·839), 사망한 견당사에게는 「贈位」[(736·803·836(유학생을 포함)[41]·839)]하는 것이 모두 덴노에 의한 직접의 지시로 나타난다. 뿐만 아니라 遣唐使를 위해 「五畿七道 諸國으로 하여금 海龍王經·大般若經을 轉讀하도록」한 것(838[42])도 詔 또는 勅을 내려 지시한 것이었다.

또 한편 遣唐使의 출발시기를 지시한다든지(776·838), 견당대사 대신 부사에게 「持節行事」를 명하는 등의 상급의 使人을 결정하기도 하였다(777).[43] 또 渡唐을 앞둔 견당사에게 「度者」를 지급하고

---

41)『入唐求法巡禮行記』卷1, 開成 3(838·承和5)年 10月 4日條도 참조.
42) 本條(『續日本後紀』承和 5(838)年 5月 3日)의 詔의 내용은,『同』承和 6(839) 年 3月 1日條에는 勅에 의한 내용으로 기재되어 있다.

(835), 송별의 「餞」을 사여하고(836), 「慰勞」한 것도(836) 덴노의 역할이었다. 뿐만 아니라 견당사가 지은 죄에 대한 처결도, 律條文에 의하지 않고 勅에 의한 특별한 처리로 해결되는 모습을 볼 수 있다. 承和5(838)年 遣唐副使 오노노 다까무라(小野篁)에게는 「안으로는 綸旨(덴노의 명)를 받들어 밖으로 파견되는 것이다. (그런데) 병을 이유로 들어 國命을 어겼다. 律條에 의한다면 이는 마땅히 絞刑에 처해야 하나, 死一等을 감하여 그를 遠流에 처해 隱岐國으로 유배시켰」다.44) 마찬가지로 渡唐해야 할 知乘船事・曆請益・曆留學生・天文留學生 등이 「왕명에 따르지 않고 도망하였으므로, 마땅히 斬刑에 처해야 하나, 勅을 내려 특별히 死罪一等을 감하여45) 佐渡國으로 유배」시켰다(839). 조난・표착 사고 등이 자주 발생했던 당시의 어려운 渡唐의 환경을 짐작케 함은 물론이고, 이러한 처분 속에는 견당이 王命에 의한 파견임을 강하게 주장하는 모습을 볼 수 있다.

또한 덴노는 大宰府에 勅을 내려 「遣唐判官의 入京」을 지시하고 (778), 표착한 견당사절단의 정보에 주시하면서, 그들을 大宰府館에 安置시키고 공급할 것을 명하기도 하였다(836・839・840). 즉 大宰府 소관의 諸國에 대기중이거나 또는 廻着한 遣唐船에 대한 정보를 신속히 파악하고, 大宰府에게 명하여 그들을 「安置(또는 安穩)」시키고, 「船의 修造」케 하며, 「後船을 기다리게 하」고, 「勞來」하며, 「布帛을

---

43) 그밖에 正史 이외에 『懷風藻』 石上朝臣乙麻呂傳에 「天平年中에 詔를 내려 唐使를 뽑았다」는 기록이 있다.

44) 本條 [『續日本後紀』 承和 5(838)年 12月 5日]는 『文德實錄』 仁壽 2(852)年 12月 22日 癸未條에 「드디어 詔를 거부함으로써, 除名하여 庶人으로 하고 隱岐國에 유배시켰다」고 보인다.

45) 일본의 덴노에게는 고도로 추상화된 律의 체계를 바꿀만한 능력이 없었고, 사회의 긴장도의 차를 고려해서 刑을 1, 2等 경감하는 것이 보통이었다고 볼 수 있다(吉田孝, 『飛鳥・奈良時代 日本의 歷史 2』, 岩波ジュニア新書 332, 91쪽, 1999 참조).

量賜」한다든지, 大宰府로 하여금 경계에 힘을 써(「候伺」), 견당사가 표착하면 즉시 알리도록 명하는 모습에서, 견당사의 파견이 국가의 중대사였으며, 이에 대한 덴노의 관심 또한 각별한 것이었음을 알 수 있는 것이다.

일본조정이 견당사를 파견하는 모습에는 시대적인 변화가 있음이 인정된다. 예를 들면 仁明朝(재위 833~850년)이후의 견당사 파견의 의식에는 덴노가 부재하고 大臣이 儀式을 대행되는 경향이 있었다. 그러나 이러한 의식의 변화가 반드시 덴노의 견당사 파견에 대한 관여의 후퇴를 의미하지는 않았다. 왜냐하면 遣唐使의 拜朝는 「大臣行事」[『續日本後紀』承和 6(839)年 10月 6日甲寅條]의 儀로 되고, 덴노는 주로 그 儀의 전후에 있는 연회장을 통해 그 모습을 드러내고 있기 때문이다(후술하지만, 이는 來日한 외국사절에 대해서도 마찬가지였다). 『同』承和 3(836)年 4月 10日 戊寅條에 보이는 견당사 拜朝의 儀에 덴노는 불참하였지만, 同年 4月 24日 壬辰條에 의하면 紫震殿에 참석해 賜饌을 열고 賜物(衣·砂金)하는 등, 그 파견 행사를 주도하고 있음을 알 수 있다. 또『同』承和 6(839)年 10月 6日에도 덴노는 없었지만, 전후의 연회에는 참석하여 詔勅을 내리고 있다(同年 9月 28日 詔에 의한 授位·贈位, 同年10月 1日 紫宸殿에서 酒·祿을 사여). 또한 덴노가 불참하게 된 의식의 집행과정에 보이는 「大臣口宣」이라는 것도 기본적으로는 덴노 의사의 전달을 그 전제로 한 것이다.

즉 承和 3(836)年 5月 13日條의 太政官宣은 덴노의 詞(詔命)를 받들었을 것으로 추측되며(「右少辯이 부두에서 太政官宣을 稱揚하였다. "遣唐使 判官 이하에게는 국가에 犯事가 있을 때를 대비해 (略) 節刀를 지급한다"」), 그 前日 5月 12日條에 의하면 「右近衛 中將 從4位下 藤原朝臣助가 勅語를 받들어 攝津國 難波海口로 향하여, 聘唐使를 慰勞하고 출발시켰다. 그 宣命에 이르길 "(略)"」이라 하여 견당사 파견에는 여전히 덴노의 의사임이 강조되는 면이 있었다(『續日本後紀』承和 3(836)年 4月 29日丁酉 「入唐使에게 節刀를 賜하였다. 大臣口宣에 이르길 "덴노의 大命을 받드는 遣唐國使人에게 詔한다. 大命을 모두 잘 듣도록 詔한다"(略) (덴노가) 大使·副使에게 각각 衣被를 賜하였다」도 참조).『日本後紀』延曆 23(804)年 3月 25日 庚子 「遣唐大使·副使를 불러 餞을 賜하였다. 殿上 가까이 御床 아래로 불렀다. 綸旨(덴노의 말)는 慇懃하고, 특별히 恩酒 一杯·寶琴 一面을 賜하였다 (略)」,『續日本後紀』承和 6(839)年 9月 17日乙未 「덴노가 紫宸殿에 참석하였다. 右大臣 藤原朝臣三守가 大唐勅書를 주상하였다. 단독으로 大使 常嗣를 불러 (略) 勅을 내리길 "(略)"」에서 보이는 바와 같이, 덴노가 遣唐大使·副使를 「가까이 御床 아래로 불러」, 특별히 「恩酒를 賜」한다든지, 「단독으로 大使 常嗣를 불렀다」는 것을 보아도, 당대의 덴노에게 있어 견당사의 파견은 특별한 의미가 있었음을 알 수 있다. 이에 비해 견당사 파견에 관해서 太政官은 의식행사의 집행 역할 이상이 강조되어 있지 않다 즉 9세기 仁明朝 이후에는, 견당사 拜朝의 儀, 賜節刀의 儀 등의 각종 의식의 집행·주최는 太政官의 大臣이 맡고, 덴노는 賜物과 연회장을 통해 그 파견의 주체임을 표시하는 형태가 정착했다고 볼 수 있다.

한편 이러한 견당사의 일행 속에는 승려가 포함되어 있었다. 고대의 지식인이며, 대륙문화의 전달자이기도 하였던 入唐僧에 대해서도 덴노는 다음과 같은 특별한 조치를 내린 점에서 주목된다. 즉 入唐(在唐)僧에 대해 덴노가 「사여」한다는 勅命을 내렸다는 기사가 많으며, 구체적으로 이러한 勅賜의 내용물은 沙金이나 黃金인 경우가 많았다(779, 796, 825, 844, 848).[46] 또 大宰府에 勅을 내려, 大法師의 入

---

46)『日本紀略』延曆 15(796)年 5月 17日丁未條. 발해국왕에게 보낸 덴노의 국서의 내용 가운데에는 「지금 (발해사)定琳等의 귀국 길에 永忠에게 사여하는 沙金 少300兩을 의탁한다」고 하여, 덴노로부터 在唐僧의 永忠에게 沙金

唐에「管內國 正稅稻를 사여」하라고 명한 것도(874) 入唐僧을 위한 조치의 하나로 꼽을 수 있다.47) 당시 學問僧이나 請益僧은 譯語(통역관)로서도 중하게 쓰여졌으며,48) 遣唐使에 대해서와 마찬가지로 入唐僧에 대한 사여도 덴노의「특별한」勅의 권한으로 이루어졌던 것이다. 渡唐僧은「詔·勅을 받들어서」入唐하는 것이 원칙이었던 것으로 보이며, 따라서 그들에게는「勅印公驗」이 주어졌다(804, 864, 86649)). 즉 덴노가 승려의 渡唐에의 움직임을 주도하려 했던 것임을 알 수 있다. 天長 2(825)年 12月 3日 隱岐에 발해사절이 도착한 사건이 있었다. 이에 대해서 右大臣은 그들이 약속한 시기를 어겼으며,

---

이 사여된 것을 알 수 있다. 또『續日本後紀』承和 9(842)年 3月 6日辛丑條 存問兼領渤海客使가 주상한 別狀에 보이는 예(「(略) (발해사)高承祖(天長 2(825)年 12月 3日 도착)가 入覲했을 때, 덴노는 唐의 五臺山에 주재하는 僧 靈仙에게 보내는 黃金 100兩을 承祖에게 의탁하였다 (略)」).『續日本後紀』承和 11(844)年 7月 2日 癸未條「勅을 내리길, 在唐의 天臺請益僧 圓仁과 留學生 圓載 등이 오랫동안 絶域에 있었으니, 응당 여행의 자금이 부족할 것이다. (따라서) 圓載·從僧 仁好 등의 귀국에 의뢰하여 黃金 200小兩를 각각 사여할 것을 명하였다 (略)」,『同』承和 15(848)年 6月 5日壬辰條「太政官이 在唐의 僧 圓載에게 牒을 보내었다. 그 속에서 말하길, "勅을 받들어 (略) 金物을 사여하니 여행자금에 충당하라. 勅에 준하여 다시금 수년간 주재할 것을 허락하고 겸하여 黃金 100小兩을 사여한다 (略)"」등과 같이, 덴노의 勅에 기초하여 太政官牒 등을 발행하여 入唐僧에게 사여했음을 확인할 수 있다. 또 延曆15年·承和9年의 사례에서 보이는 것처럼 발해사가 그 중개역할을 담당했다는 점도 주목된다.

47) 그밖에도『平安遺文』124-127 圓珍牒(園城寺文書)에 보이는 勅에 의한「紫衣·路糧等의 사여」(851年)의 사례도 참조.

48)『續日本後紀』承和 3年 閏5月 13日條 참조.

49) 예를 들면『三代實錄』貞觀 8(866)年 5月 29日壬申條「(略) 圓珍이 주상하길 "아비 義眞이 延曆年中에 勅을 받들어 入唐 請益하였다. 歸朝하는 날에 勅印公驗을 사여 받았다. 圓珍 또한 詔를 받들어 入唐하려 한다. (略) 원컨대 선례에 준하여 牒身公驗을 사여받기를 바란다. (略)」, 또『三代實錄』貞觀 6(864)年 正月 14日辛丑條 円仁 卒傳에「(略) 先師 最澄이 詔를 받들어 바다를 건넜다. (略)」고 보이는 것도 참조.

또한 단지 장사꾼에 불과하니 그들을 돌려보내야 함을 주장하였다
(『類聚國史』 826年 3月 1日의 右大臣 후지와라노 오쯔구(藤原緖嗣)의 上
表). 그러나 덴노는 이를 받아들이지 않고 발해사절의 入京을 추진
시켰다. 덴노가 그들의 入京을 강력히 추진한 것은, 이때의 발해사가
「재당 학문승 靈仙의 表物을 전송」하기 위해 왔기 때문이었던 것이
다. 이처럼 唐과 관계하는 승려의 움직임에 대한 덴노의 관심은, 入
唐僧 뿐만 아니라 唐僧의 來日에 대해서도 마찬가지였다. 唐僧 鑑
眞의 내일하여 入京할 때, 덴노는 특별히 勅을 내려 正4位下 安宿
王을 羅城門 밖으로 파견하여 맞이하고, 또다시 勅使를 파견하여
덴노의 의사를 전달하는 등[「勅遣正四位下安宿王於羅城門外迎慰拜勞.
引入東大寺安置. 後勅使正四位下吉備朝臣眞備來宣詔曰. (略)」(『寧樂遺文』
卷69『唐大和上東征傳』天平勝寶 6(754)年)] 특별한 처우를 하고 있음
을 알 수 있다.

　일본조정이 계획·임명한 견당사의 회수는 630~894년의 264년
사이에 총 18회(迎入唐使 1회, 送唐客使 3회를 포함)로 기록되며, 실
제로는 15회 파견되었다. 그 중에서 8세기 이후의 파견은 7회 정도
이며, 견당사는 통계적으로 볼 때 십 수년 또는 25년에 한 번 꼴로
가는 것이 현실이었다. 한편 일본에 온 唐使를 살펴보면 632年 高表
仁이 일본조정과 禮를 다투어 돌아간 이후(『新唐書』 倭國傳), 8세기
에는 일본 견당사의 귀국을 돕기 위한 送使 孫興進 일행이 왔을 뿐
[『續日本紀』 寶龜 9(778)년], 사실상 정식의 唐使가 내조한 일 조차
없다고 볼 수 있다. 「[靈龜 2(716)年에 파견했었던] 견당사가 귀국하
여 조정에 拜見했을 때, 이들은 모두 唐朝가 수여한 朝服을 입고 있
었다」[養老3(719)年正月 乙亥條]는 사실 등은 당시 일본조정이 事大
意識을 바탕으로 하여 對唐외교를 추진했음을 말해준다. 일본의 대
당외교는 기본적으로 조공의 형식을 띠었으나,[50] 일본조정은 당에

의 접촉을 열망하였고, 그로 인한 지식과 문물의 흡수를 추구하였다. 즉 일본은 대당외교를 통해 우수한 물건의 선택적인 수용이 가능했으며, 소수의 외국경험자가 일본 문화의 동향을 좌우하게 되는 결과를 초래하였다는 점을 지적할 수 있다.51) 위에서 살펴본 바와 같이, 덴노는 이러한 소수의 당문화 경험자들에 대해 지대한 관심을 가졌고, 그들을 인적 자원으로 활용하려 했으며, 그들을 통해 전해진 학문이나 기술·물품 등을 최우선적으로 파악하고, 나아가 이를 독점함으로써 그 권위의 신장과 유지를 꾀하였던 것이라 할 수 있다.

그러나 한편 이 같은 견당사에 대한 관심에 비해 동시기의 견신라사나, 견발해사에 대해서는 그 같은 덴노에 의한 직접의 처분을 찾아보기 힘들다. 단지 견고려(발해)사에게 賜姓하거나(711),52) 越前國에 勅을 내려 「(遣渤海送使를) 便處에 安置하고, 先例대로 供給할 것」(778)을 명한 사례 정도가 확인될 뿐이다.

『延記式』의 규정을 보더라도 遣唐使의 구성원은 大使·副使·判官·錄事의 4等官 구성을 기본으로 하는 것에 비해, 遣新羅使·遣渤海使 구성에는 4등관 가운데 副使가 보이지 않는다든지,53) 실제

---

50) 『入唐求法巡禮行記』만 보더라도 당시의 일본사절선은 「日本朝貢使[開成 3(838)年 8月 20日, 同 5年 2月 27日, 3月 22日]」「朝貢船(同 4年 4月 4日)」 「朝貢使船(同年 4月 12日)」「本國朝貢第一船(同年 閏正月 5日)」이였음이 분명하다.
　　당시 일방적인 중국우위의 이념이 현실적인 의미를 가졌던 것은, 중국문화수준의 우월성 뿐만 아니라 조공이 무역의 한 형태로 중국으로부터 고급의 回賜品을 얻을 수 있었기 때문이었다. 조공사로서 중국에 도착하기만 하면, 중국국내의 여행과 체재비 또한 전부 중국 측이 부담하는 원칙도 매력적인 것이었다.

51) 東野治之, 『遣唐使船』, 朝日新聞社, 1999.

52) 『續日本紀』 和銅 4(711)年 12月 壬子條.

53) 『延記式』에 보이는 견발해사·견신라사의 구성은 8세기 전후의 것으로 추정된다.

견신라사의 경우 8세기 후반이 되면 副使와 判官을 결여하고 구성
되었다든지 하는 점, 또한 견당사절의 위계를 검토해 보면, 귀국 후
많은 수가 특별히 승진되었는데 반해 견신라사 등은 귀국 후 위계
승진에 특별한 변화를 보이지 않는다는 점54) 등에 주목해 볼 수 있
다. 즉 8세기 律令制 성립 이후에 일본조정은, 신라나 발해와의 빈도
높은 교류 가운데에서도,55) 실질적으로 교류가 적었던 대당관계에
대해 각별히 신경을 썼다는 것이다. 실제 대외견사에 관해 내려진
덴노의 詔勅의 내용 그 대부분이 遣唐使나 入唐僧 등 대당관계 종
사자에 관련된 것이었다는 점도 그러한 8세기 이후의 일본조정의 대
외 정책방향 속에서 이해해 볼 수 있다.

　이상의 대외견사에 관한 덴노의 외교기능에 대해 그 검토결과를
다음과 같이 정리해 볼 수 있다.

　일본의 대외사절 파견에 관련한 詔勅의 명령은 대부분, 遣新羅使
나 遣渤海使에 대해서가 아니고, 주로 遣唐使(入唐僧을 포함)를 대상
으로 한 것이었다. 즉 덴노의 명으로 遣唐使에게 節刀를 사여하고
授位·贈位·賜物 등이 이루어졌으며, 遣唐使를 위해 讀經을 시키
기도 하였다. 덴노는 또한 遣唐使의 출발시기·遣唐使船에 관해 지
시하였으며, 遣唐使에게 度者·餞(금품 또는 詩歌)을 사여하며 慰勞
하였다. 견당사의 도항거부는 왕명을 어기는 死罪로 취급하였고, 그
러면서도 이러한 死罪에 대해 특별한 경감의 처치를 내리면서 관여
하였다. 또한 덴노는 大宰府에 勅(勅符)을 내려 遣唐使에 대한 安置
(安穩)·布帛의 量賜·勞來를 명하고, 예의주시하여 조정에 奏聞할
것(보고하고 지시에 따를 것)을 명하였다. 그밖에도 諸國에 勅을 내려

---

54) 加藤順一, 「遣新羅使人考-對外交涉に從事した古代官僚の一研究-」 참조.
55) 8세기 이후 來日한 신라사는 20회, 일본의 견신라사는 24회, 내일한 발해사
　　는 33회, 일본의 견발해사는 13회를 기록하고 있다.

遣唐使의 안전을 위해 讀經하게 하였다.

이 가운데서도 특히 주목할 점은, 遣唐使에 대해 사여할 때는 덴노의 뜻에 의한다는, 덴노라는 사여의 주체를 분명히 표현하고 있다는 점이다. 또 大宰府에 있는 遣唐使에게, 大宰府를 통하지 않고 직접 勅을 내려 명령하는 모습도 볼 수 있는데,56) 이는 덴노의 遣唐사업에 대한 특별한 관심의 표명이라 할 수 있다.57)

이처럼 덴노는 遣唐使와 入唐僧에 대해 커다란 관심을 표시하였고, 실제로 그 동향을 주도하려 하였음을 알 수 있다. 渡唐의 어려움이 컸던 시절, 따라서 소수밖에 존재하지 않았던 渡唐者들의 동태를 파악하고 그들을 장악하는 길은, 덴노가 국내의 정권기반을 다지는 데 있어 중요한 요소의 하나였음에 틀림없다. 즉 주로 唐에 왕래하는 사절과 승려의 움직임을 직접 주도하려고 했던 점에서, 대외견사에 관련해 일본고대국가 덴노의 외교기능이 실질적으로 발휘되었던 면으로 지적할 수 있었다.

2. 일본내의 외국인

일본고대국가 영역 내의 외국인에 대해서는 영주하는 歸化人, 그리고 풍랑 등에 의한 일시적인 漂着人에 관한 기사가 있다. 歸化라는 용어자체는 율령국가의 王化사상을 매개로 하는 것으로, 고대 법질서의 정비와 권력의 확충을 배경으로 하는 것이란 지적이 있듯이,58) 귀화인에 대한 처치 또한 덴노의 의한 특별한 처치로 부각되

---

56) 『續日本紀』寶龜 8(777)年 4月 22日·同 6月 1日條 참조.
57) 文武朝 이후의 遣唐使는 율령국가에서 덴노의 지위강화와 연결되는 專權사항의 발동이었다고 지적된다(山尾幸久, 「遣唐使」 『東アジア世界における日本古代史講座六－日本律令國家と東アジア』, 1982).

어 있는 것이 보통이다. 구체적으로는 다음과 같은 歸化人 관련의
詔勅이 있다.

즉 사여에 관한 것과, 死罪에 대한 특별조치가 있다. 예컨대 唐人
崔勝이 歸化한지 28년이 지났으나 아직 자신의 소유지를 가지지 못
했으므로 지금 살고 있는 곳을 영구히 사택으로 지급받을 것을 청하
자 詔로서 이를 사여하였다(877). 또 하나는 歸化系의 구다라노 우
지(百濟氏)에 대한 특별한 처벌조치이다. 伊豆의 前 장관인 外從5位
下 구다라노 쓰꾸네 야스오(百濟宿祢康保)가 부하 수 명을 때려죽였
는데, 이는 律의 규정상(「毆殺」) 마땅히 死에 해당하였으나, 덴노가
詔를 내려 특별히 「死一等을 감하고 遠流로 처벌하였다(854)」.

귀화인에 대한 율령국가의 법적 규정은 우선 귀화한 사람에게 「소
재의 國・郡이 의복과 식량을 지급」하고(戶令16), 「館에 머물게 하
고, 供給」하며(公式令70), 「飛驛(馳驛)」으로 조정에 보고하는 것이었
다(戶令16・公式令50・職員令69 大宰府・同令70 大國條). 이들의 안정을
위해 「寬國」(부유한 國)에 「附貫」(본관을 정해 호적에 기입하는 것)59)
하고, 또한 10년 동안 과역도 면제하는 것(「復」)(賦役令15) 이 원칙이
었다. 관련의 令文이 많을 뿐만 아니라, 사례를 살펴보면 귀화의 행
위는 「慕化來朝」・「歸慕皇化」・「自投聖化」라고 기록되어, 이는 주로
왕권(천황권)의 이데올로기적 고양사업과 관련한, 8세기 초두 조정
의 중요과제였음을 알 수 있다. 고구려・백제의 병사가 「聖化에 投
한」것에 의해 「終身 給復(과역면제)」의 조치를 받는다든지『續日本

---

58) 上田正昭,『歸化人』. 즉 "(일본에 온) 외국인 모두가「귀화인」인 것은 아니
고, 국가의 질서에 따르고, 그 범위에 들어간 사람을 (略) 고대법의 정신으
로는「귀화인」으로 이해한다."

59)「附貫」이란 율령국가의 호적제에 의한 本貫地主義의 실현으로, 즉 과역을
부과하는 것을 의미한다고 할 수 있다.『日本後紀』弘仁 2(811)年 閏12月
15日條에 의하면 호적에 附貫되지 않으면 과역을 부과하지 않았음을 알 수
있다.

紀』養老 元年(717) 11月 甲辰], 「化에 歸(혹은 投)한」것에 의해 「授位·給物」 등의 처치를 받거나[天平 元年(729), 8月 癸亥·延曆 17年(798) 6月 戊戌], 또는 「安置」되고 [天平寶字 4年(760) 4月 戊午·寶龜 3年(772) 4月 庚午·寶龜 5年(774) 10月 己巳·寶龜 10年(779) 9月 庚辰], 또는 「郡」이 설치되는[天平寶字 2年(758) 8月 癸亥] 등의 각종 사업이 이루어졌던 것이다.

그런데 8세기 후반이 되면 조정은 「歸化」人을 「漂着」·「流來」人과 구별하는 방침을 내세우게 된다(『類聚三代格』 寶龜 5年(774) 5月 17日 格).[60] 즉 「귀화」하기 위해 온 사람들 모두에게 그것을 허락한 것이 아니라, 이후에는 빈번히 勅을 내려 그들을 돌려보냈던 것이다(759·842). 그런데 이러한 방환의 대상이 된 것은 주로 신라인이었다는 점에서 주목된다. 그 이유에 대해서는 종래, 신라-일본 관계의 변화(악화)라는 각도에서 설명되곤 하였다.[61] 그러나 일본조정의 입장에서 살펴보면, 초기의 「化內民化」 「歸化人」 정책은 「附貫」이나 「建郡」 등의 8세기 초 令制國家 정비사업 속에서 天皇權의 고양과 불가분하게 시행되는 면이 컸으나, 8세기 후반 경에는 점차 그러한 면에서 「歸化人」 문제에 의의를 부여하는 경향은 저하된 것으로 판단된다. 이 점에 대해서는 일본국내의 정치정세 속에서 해

---

60) 「流來」인 기사의 초견은 大寶 3年(703) 5月 癸巳條 [「流來 新羅人을 (신라사)福護等과 같이 本鄕에 돌려보냈다」]이나, 본격적으로는 774년 [『續日本紀』 寶龜 5(774)年 5月 乙卯條; 『類聚三代格』 寶龜 5年 5月 17日 格 참조] 이후라 할 수 있다.

61) 예컨대 山內晋次는 현존하는 일본율령 가운데 표류민의 보호송환 규정이 없는 점에 주목하여, 8세기에 들어서 羅日 관계의 악화문제, 또는 大寶律令의 제정에 의한 신라의 정치적·문화적 지위의 상대적 저하 등으로 종래와 같이 표류민을 정치적으로 이용하는 정도가 저하된 것으로 해석한다. 또 774年의 漂流民 송환 규정에 대해서는, 일본의 "小帝國"질서의 인식과 대등국이려는 신라쪽 의식과의 모순이 심화되었다고 설명하였다(同氏, 「古代における朝鮮半島漂流民の送還をめぐって」).

명되어야 하는 부분도 있으나, 단순히 「王化」의 사상, 「歸化」의 이데올로기로 외국인을 포섭하는 과제는 더 이상 강조하지 않게 되었음을 알 수 있다.

즉 한편으로는 이미 귀화해 있는 唐人이나 百濟人에게 거주지를 사여하거나 특별한 사면의 처치를 내리는 것 등에 의해 王化의 이데올로기를 지속적으로 표방하면서도, 한편으로는 8세기 후반이후 실질적으로 신라인의 「歸化」를 인정하지 않고 「放還」해 버린다는 방침을 덴노의 의사로 표명하였다. 8세기 초기 율령제 성립 직후 덴노의 권위가 「歸化」라는 이데올로기를 통해 고양되었던 것으로부터의 변화를 의미한다 할 것이다.

또한 일본에는 귀화 이외의 목적으로 來日하게 되었던 외국인도 있었으며, 이들에 대한 처분도 令式條文에 특정한 규정 없이 그 때 그 때마다의 덴노의 詔勅에 의해 해결되는 것을 볼 수 있다. 예컨대 덴노는 「新羅人이 漂着했다」는 보고를 들을 때마다 그들을 「放還 (却)」시킬 것을 명하는 詔勅을 내리고 있으며(774・864・873・874. 779에는 渤海・鐵利人), 이것은 新羅商人이나 新羅沙門에 대해서도 마찬가지였다(842・863). 이 같은 新羅人에 대한 경계는 大宰府나 緣海諸國郡으로 하여금 「警固」를 게을리 하지 않도록 주의시키는 모습으로 확인되며(812・868・869・873・879), 또한 때로는 「新羅賊」이라 하여 「追討」와 같은 직접적인 군사행동을 명하기도 하였다 (893・893).

그러면서도 이러한 신라인에 대한 조치와는 상반되게 唐人에 대해서는 「의복과 식량을 量賜」하고(877), 「安置供給」시키며(763唐人, 862・865・866・874・876・877唐商人), 「供料」를 지급하였다(886唐僧).

즉 사례를 통해 나타난 외국인 일반인에 대한 덴노의 기본방침은 다음의 두 가지로 요약된다고 할 수 있다. 하나는, 8세기 후반 이후

新羅人과 新羅商人・新羅沙門 등, 대부분의 新羅人 일반인에 대해
이들을 「放還」하도록 명하는 詔・勅을 大宰府나 諸國에 내리고 있
다는 점이다. 이러한 新羅人 「放還」의 방침과 더불어 9세기 이후에
는 大宰府나 緣海諸國郡에 「警固」의 勅・勅符가 빈번히 내려지고
있다. 또 하나는, 동시기의 唐人・唐商人의 來着에 대해서는 그들을
「安置・供給」하라는 우대 조치를 명하는 勅을 大宰府에 내려 지시
하였다는 점이다.

  귀화인 등의 외국인 일반에 대한 문제는 天皇權의 이데올로기적
측면-'덴노의 德'의 실현-과 깊은 관계가 있었다. 그러나 대체로 8
세기 후반 이후에는 신라인에 대한 경계와, 唐人에 대한 우대라는
정책방향을 정했다는 것을 이 같은 詔勅처분을 통해 확인할 수 있
다. 歸化人 이외의 漂着人이나 流來人, 또한 商人에 대응하는 令文
은 존재하지 않았으며, 式文 또한 찾아볼 수 없다. 이는 즉 令制 성
립이후 일반민간차원의 접촉이 활발해졌음을 말해주는데, 이러한 새
로운 시대적 상황 속에서 이들에 대해서는 덴노명에 의한 자의적인
처분으로 대처해 갔음을 알 수 있다.

  그리고 사례에서 알 수 있는 바, 9세기 중반 이후 일본조정에서 문
제시된 외국인은 주로 商人이었던 점을 특히 지적할 수 있다. 즉 일
본고대국가의 대외관계진개의 양상에는 하나의 변화가 확인된다고
할 수 있다. 공식사절의 왕래 자체에 커다란 의미가 부여되어 있었
던 시대로부터, 외국인 商人의 이동-보다 정확히 말한다면, 그 商
人들에 의한 物의 이동-에 주된 관심이 쏠리게 되는 시대로의 변화
이다. 원래는 공식사절들에 대한 숙박과 儀式의 장이었던 平安京와
大宰府의 客館(鴻臚館)이 9세기 후기에는 주로 교역의 장으로 쓰여
지게 된 것 등도 그와 같은 시대 변화를 상정한다 할 수 있다. 그러
나 商人이 가져오는 物의 이동(교역)에 대한 관심이라 할 지라도, 그

것이 결코 정치적 의미와 동떨어져 진행된 것은 아니었음을 알 수 있다. 唐物에 대한 호의가 있었음에도 불구하고,[62] 그 이동의 일부를 담당하는 新羅(商)人에 대해서는 여전히 폐쇄적인 태도가 취해졌던 것에서 이 사실을 확인할 수 있다. 唐商人의 내착을 적극적으로 받아들이려는 덴노의 의사가 엿보이는 반면,[63] 9세기 중반의 仁明朝 이후에는 덴노의 勅에 의해 新羅人·新羅商人의 「放還」조치가 반복되는 것은,[64] 조정에 의한 대외관계 추진의 자세와도 관계없지 않은 것이다.[65]

「諸蕃(외국)貢獻奇琦의 物」이 황실경제를 담당하는 內藏寮에 수납된다(養老職員令 7)는 사실을 통해 알 수 있는 外來의 物에 대한 덴노의 우선적 권리는, 공식사절의 교류가 드물어진 시대에는 物의

---

62) 『續日本後紀』 承和 6(839)年 10月 25日 · 『三代實錄』 貞觀 14(872)年 5月 20日條 참조.

63) 『三代實錄』 貞觀 4(862)年 7月 23日條 · 貞觀 7(865)年 7月 27日條 · 貞觀 8(866)年 9月 1日條 등 참조. 이 같은 정치적 동향에 대해서는 平野卓治, 「九世紀における日本律令國家と對新羅「交通」」 『日本古代の國家と祭儀』 所收, 雄山閣, 1996 참조.

64) 『三代實錄』 貞觀5(863)年 11月 17日 · 貞觀 12年 2月 20日 · 同9月 15日 · 同11月 13日 · 同11月 17日 · 貞觀 15年 12月 22日條 참조.

65) 9세기 중엽부터 신라에 대한 敵國視가 강렬해졌다는 지적이 있다[『續日本後紀』 承和 2(835)年 3月 己未條 大宰府 言上, 承和3(836)年 12月 丁酉條, 承和 9(842)年 8月 丙子條의 大宰大貳 藤原衛의 起請 내용을 근거로, 排外思想에 기초한 고대대외관계사의 획기(承和年間(承和元(834)年)說(佐伯有淸, 「九世紀の日本と朝鮮」 『日本古代の政治と社會』, 吉川弘文館, 1970)과, 承和 9(842)年說(石上英一, 「古代國家と對外關係」 『講座日本歷史 2, 古代 2』 東京大學出版會, 1984)가 있다)로서 평가하려는 견해 등]. 그러나 당시의 羅日關係에 대해서, 왕권간의 외교관계가 단절된 결과로 일본측 중앙귀족층의 주술적·종교적·관념적인 배외의식만이 뚜렷해 졌다는 지적(村上史郎, 「九世紀における日本律令國家の對外意識－新羅觀の變容を中心として－」, あたらしい古代史の會での報告書, 1998)도 있는 .것처럼, 조정에 의한 대외관계추진 방침의 표명으로 볼 수 있다.

이동을 담당하고 있었던 상인들을 덴노가 파악하고 그 처우를 결정하는 형태를 통해 존속되고 있었던 것이다. 그것은 또한 8세기 귀화인과 그 밖의 외국인 일반인과의 접촉을 天皇制 이데올로기적 사업 속에서 파악하고 지시해 가려고 했던 방침의 표방과도 무관한 것은 아니었다고 할 것이다.

3. 외국사절의 來日

외국의 사절이 일본고대국가의 영역에 도착하게 되면, 먼저 1) 도착지에서, 2) 入京하는 과정에서, 3) 조정의 儀式을 통해 각각 그들을 대접하는 賓禮가 있었다. 이 과정 속에서 살펴볼 수 있는 덴노에 의한 외교기능의 내용은 다음과 같은 것이었다.

1) 외국사절의 도착과 관련하여

외국사절이 일본고대국가의 변경에 도착하였을 때, 덴노는 조정의 使를 파견하거나, 또는 현지의 大宰府 혹은 國에 다음과 같은 詔勅의 명령을 내렸다[( )는 연도와 대상]. 즉 사절의 도착보고를 들은 후 그들의 「入京」(779唐·新羅使), 또는「放還」(742·774·885新羅使, 762唐使, 824渤海使)의 여부를 결정하여 이를 전하였다. 특히 「越前國 權少掾66)을 임시로 加賀國 權掾으로 삼아 渤海使와 唱和하게」하는 등(859), 사절을 入京시키지 않고 도착한 지역으로부터 되돌려 보낼 경우, 그 곳에서 조정의 賓禮儀式을 대행하도록 명하였다는

---

66) 掾은 3등관.

것도 주목된다. 또한 사절들을 현지에 「安置 또는 安置供給」하게 하였으며(762唐使, 778 · 795 · 859渤海使), 그 과정에서 「客院을 만들게」하며(804渤海使), 「國驛館을 수리」시켰다(806渤海使). 또한 사절에게 「사여」하고(715新羅使, 752新羅使), 「勞問」(778唐使) · 「存問」(823渤海使)하였다. 또 「入朝의 이유를 묻」게 하고(779新羅使), 사절이 가져온 「表函을 硏問」하게 하고(779 · 780新羅使), 「表를 지참하지 않은 사절은 入境시키지 말도록」(780新羅使), 「表는 무례하므로 올리지 말도록, 筑紫로 오지 않았으니 다시는 그러지 않도록」하는 명령을 내리기도 하였다(779渤海使). 사절이 來日할 시기(「聘期」)를 지시한 것도 덴노인 것으로 나타난다[799渤海使(6년마다) · 824渤海使(1紀, 즉 12년마다)].

이처럼 덴노는 도착한 사절에 대해 8세기 초기부터 9세기에 걸쳐 勅使를 파견하거나, 또는 大宰府 · 諸國에 詔勅을 내려 賜與 · 安置 · 供給 · 勞問 · 存問 · 客館의 조영과 수리에서부터 入京 · 放還에 이르기까지 지시하면서 그 외교기능을 발휘한 것으로 나타난다.[67] 외국사절이 가져온 「表(函)」나 來日시기 등을 문제시한 것은 당시기의 덴노에 의한 외교방침의 표방과 관련된다.[68]

2) 외국사절의 入京과 관련하여

외국사절이 入京하여 조정에서 대면의 禮를 치르기(「拜朝」) 전까지 덴노와 직접 관련지을 수 있는 사례는, 주로 渤海使가 그 대상이

---

67) 그 가운데서도 특히 외국사절을 위해 「客館(國驛館)을 修造」하는 것과 「勞問」한 것에 대해서는, 太政官處分이 없고 덴노의 詔勅에서만 볼 수 있는 사항이다.

68) 이 책 「덴노(天皇)의 외교기능과 '入京'의 문제」 참조.

었다는 점을 먼저 지적할 수 있다. 즉 平安京(794년 천도) 鴻臚館의 賓禮가 정비되었을 당시에는 渤海使만이 공식의 來日사절이었던 것이다. 藤原京 시절(694~709)에는 難波館에 있었던 新羅使에 대해 詔를 내려「(新羅王의 사망에 대해) 使를 파견하여 弔贈하고, (신라사절에게는) 布・帛를 사여」한 예가 있었다(703).

入京한 발해사절이 머물고 있는 鴻臚館에 덴노는 勅使를 파견하여 다음과 같은 내용을 명령하였다. 사절들을 「安置」시키고(842・849・872・874), 「勞問」(872・874), 또는 「慰勞」(849)하였다. 발해사절이 가져온 「王啓・信物을 檢領」하게 하였고(872・874), 「饗讌」을 베풀고, 「位階告身」과 「의복」을 사여하였으며(872), 勅書를 전달하기도 하였다(842・849・872・883). 또한 이 같은 鴻臚館에서의 외교를 위해 木工寮와 右京職에게 「鴻臚館을 監守」시키기도 하였다(873).

이상과 같이 8세기 이후 일본조정의 빈례의 의식을 살펴보는데 있어 平城京(710~783) 또는 長岡京(784~793)시절에는 볼 수 없었으나 平安京의 고로깐(鴻臚館)에서는 賓禮 의식의 일부 또는 전부가 이루어졌음을 확인할 수 있다. 이 같은 鴻臚館 賓禮는 사례로 보아 仁明朝(재위 833~850년) 이후에 성립하였던 것임을 알 수 있으며, 따라서 당 시기의 유일한 외국사절이었던 발해사가 그 대상이었다. 주목할 점은, 사절 도착지의 客館에서와 마찬가지로 京의 鴻臚館에 安置된 외국사절에 대한 賓禮의 의식 또한, 그 때 그 때의 덴노에 의한 지시가 바탕이 되었다는 것이다.

3) 조정 賓禮의 행사와 관련하여

㉮ 외국사절이 입조하여 덴노와 대면하는 행사를 「拜朝」라고 한

다. 이러한 「拜朝」의 의식에서 사절이 인사의 말을 올리면 덴노가 詔로써 응답하는 사례가 8세기를 중심으로 확인된다. 예컨대 그 내용은 사절의 내조를 「가상히 여긴다」는 것이며(752·780新羅使, 759·760·777渤海使), 사절이 바친 表에 대해 「기쁘다」는 것(796渤海使), 입경하는 도중에 소홀함이 없었는지를 묻고(779唐客), 「館에 돌아가 휴식하도록」하는 것이었다(779唐客, 842·849渤海使). 이는 모두 사절의 인사에 대한 응답이었는데, 덴노가 拜朝한 사절에 대해 스스로를 외교대표자로 나타내는 상징적인 의식이었다고 할 수 있다. 따라서 이 부분에 있어서는 실지 太政官에 의한 참여를 볼 수 없다. 즉 외국사절의 「拜朝(元日의 朝賀參列를 포함)」의 儀는 일본고대국가의 덴노가 외교대표자라는 점을 대내외로 표방하는 장이었다는 점에서 그 의의가 있었다고 하겠다.

㉯ 또한 이어서 외국사절이 가져온 문서(國書) 또는 선물(「信物」)을 받치는 의식이 있었다. 이에 대해 직접 덴노의 詔에 의한 지시가 보이는 것으로는, (渤海)大使가 사적으로 壤奠을 덴노 및 皇太子에게 봉헌할 것을 청하는 것에 대해 「허락」하였다는 내용 정도이다 (872). 즉 이 의식은 특별한 예외 없이 정해진 관례대로 진행되었던 것으로 파악된다.

외국사절이 가져온 문서(「王啓」 혹은 「表」)에 대해서는 養老令이나 同令集解 諸說 속에는 관련사항이 없으며,[69] 이는 令文성립 이

---

69) 養老令文 편찬 당시의 일본의 주된 대외교섭국이었던 신라와의 사이에서는 문서에 의한 교류가 없었고, 구두로 의식이 진행되었던 것과 관계 있을 것으로 판단된다. 실제 8세기 이후의 사례를 보아도 신라사절이 來朝(21회)했을 때의 의식은, 「貢調」(『續日本紀』 文武 2(698)年 1月 3日, 慶雲3(706)·1·4), 「貢方物」(和銅 2(709)·5·20), 「獻調物」(養老 3(719)·閏7·7), 단순히 「來貢」(養老 7(723)·8·8), 「貢調物」(神龜 3(726)·6·5), 「獻物」(天平 4(732)·5·19), 「貢調·上奏」(天平勝寶 4(752)·6·14), 「獻方物·上奏」(寶龜 11(780)·正·5)] 등과 같이 나타날 뿐이다.

후에 조정에 의한 賓禮의 정비과정을 걸쳐 式文으로 보충된 것으로 판단된다(弘仁式部式·延喜式部式下의 受諸蕃使條와, 延喜左右近衛·兵衛·衛門府式의 大儀條가 참고).『延喜式』左右衛門府 등을 참고해 보면, 외국사절로부터 문서와 선물을 받는 의식은「元日」·「卽位」와 더불어 3대 의식 중의 하나로, 중대한 의식이었음을 알 수 있다. 弘仁·延喜式部式의「諸蕃使 表 및 信物을 받는 儀」(『本朝法家文書目錄』編目 가운데에는「渤海國使進王啓幷信物儀」)는,『大唐開元禮』卷 78의 賓禮 가운데「皇帝受蕃使表及幣」의 형식이 계승되어 일본조정의 의식으로 성립된 것이라 할 수 있다.

이 같은 의식은 원래 사절이 入京한 후에 조정에서 진행되는 것이 보통이었다. 그러나 771年 渤海使 壹萬福이 가져온 國書를 문제로 삼은 이후에는, 외국사절이 도착한 곳의 國司(772·773) 및 大宰府(779)가 먼저 그 문서를 개봉하고 사본을 만들어 太政官으로 보내, 그 내용을 검토한 뒤에, 그들을 賓禮로 맞아들일 것인가를 결정하는 방식으로 변경되었다(寶龜 10(779)年 10月 乙巳條 참조).[70] 寶龜年間의 이러한 변화는, 光仁朝(재위 770年 10月~781年 4月)가 추진한 강력한 행정개혁, 정무간소화라는 움직임[71] 속에서 외교행사도 간략해 진 것으로 이해할 수 있다.

㉰ 다음으로는 외국사절들에게「饗宴」을 베풀고 그 과정에서「授位」또는「賜祿」하는 행사가 있었다. 즉 덴노는 외국사절에 대해 다음과 같이 賜與[物(賵物을 포함)·饗·官位]하는 기능을 발휘하였다.

---

70) 이러한 과정에서 이제까지 관여가 적었던 太政官이 외교문서의 심사에 깊게 관여하게 되었고, 또한 외교문서를 받치는 拜朝의 儀가 간략화 되었다는 지적이 있다(田島公,「日本の律令國家の『賓禮』」『史林』68-3, 1985 : 同,「外交と儀禮」『日本の古代』7,「まつりごとの展開」, 中央公論者, 1986 참조).

71) 이에 대해서 자세히는 石井正敏,「光仁·桓武朝の日本と渤海」『日本渤海關係史の硏究』, 吉川弘文館, 2001 참조.

먼저 來日한 사절과 그 나라 국왕에 대해 「賜物」하고(703·703·732·752·760新羅使, 759·763·779·824·836·842·849·849·872·883渤海使, 779·779·779唐使), 「授位」(752新羅使, 760·779·842·849·872渤海使) 한다는 詔勅을 8세기부터 9세기에 걸쳐 확인할 수 있다. 또한 더불어 사망한 상대국의 선왕이나 왕후, 재상에게도 「賻物」을 지급하였으며(726新羅 金順貞, 777渤海王后, 796渤海先王), 來日 과정에서 사망한 사절에게 「贈位」하였다(815渤海使). 律令法式 위에서는 특별한 규정이 보이지 않으나, 앞의 對外遣使(유학생을 포함)에 대해서와 마찬가지로, 來日한 사절이 사망한 경우에도 「賻物」이나 「贈位」 그 밖의 「葬埋」 등의 각종의 조치가 이루어지고 있다.

8세기 전반에는 주로 新羅使, 8세기 후반 이후에는 渤海使와 唐使에 대한 賻物와 贈位의 기사가 확인되며, 來日使의 사망에 「賻物」 「贈位」를 사여하는 것에 대한 덴노의 역할이 잘 나타나고 있다. 「賻物」의 지급에 대해서는 喪葬令5條에 그 지급액이 정해져 있으나 사례와 다른 경우가 많은 점, 또 일본에서 「蕃客(외국사절)」을 관장하는 관사였던 玄蕃寮가 그의 사망을 담당했으리라는 것이 확인되지 않는 점[72] 등은 모두, 덴노에 의한 임의의 처치가 존재했었기 때문일 것이다.

이 같이 賻物을 포함하여 物, 官位 등을 사여하는 것은 덴노의 외교기능으로 나타난다. 다시 말하자면 덴노의 사절에 대한 직접적인 관여, 기능에는 「賜與」라는 기능이 있었던 것이다.

한편 사례에서 살펴보면 9세기 仁明朝 이후, 입경 후의 외국사절에 대한 처우에는 일정한 기준이 정비되었던 것으로 판단된다. 즉 덴노는 주로 부라꾸덴(豊樂殿)의 연회장을 중심으로 참석해서 授位와 사여를 하는 주체였고, 그 밖의 각종 빈례 행사에서는 大臣등의

---

72) 이 책, 「고대일본의 공식외교담당기구 겐방료(玄蕃寮)에 관한 고찰」 참조.

公卿이 중심이 되었다는 것이다(朝集堂 등에서의 연회, 太政官牒의 발급, 덴노 부재 시에 빈례 의식을 집행 등). 그런데 이같이 외교행사가 덴노가 담당하는 기능과 太政官이 담당하는 기능으로 이분화한 점에 대해서는, 덴노와 太政官의 외교에서의 권력의 이분화, 혹은 덴노가 가진 외교권의 약체화로 이해하기보다는,[73] 외교행정의 기능분담으로, 의식 행정의 정비[74]로 이해할 수 있다. 이것은 또한 9세기 중반 이후에 보이는 내정의 움직임―太政官이 중심이 되어 恒例・임시의 의식과 정무, 즉 朝儀를 집행하는 경향―과 관련지어 이해할 수 있다.[75] 그러나 어쨌든, 덴노는 연회장을 통해서 사여(授位・禄 등)의 주체로 나타나는 점에는 변함이 없었으며, 따라서 이것을 덴노의 외교기능 중의 중요 요소로 꼽을 수 있는 것이다.

㉣ 마지막으로 귀국을 앞둔 외국사절에게 덴노의 친서를 전달하는 의식이 있었다. 덴노의 상대국의 국왕 앞으로 보내는 勅書를 사절에게 전달하는 사례 또한 8세기에서 9세기에 걸쳐 지속적으로 확인되며 따라서 이도 덴노가 가진, 발휘한 외교기능의 중요 부분으로 지적할 수 있다(706・726・780新羅王앞, 753・777・796・799・811・815・816・820・822・824・826・842・849・859・872・877・883・892渤海王앞). 즉 덴노는 그의 명의로 외교교섭 상대의 국왕 앞으로 勅書를 보내는 외교대표자였던 것이다.[76]

---

73) 太政官 處分이 보이지 않는 시대가 있으나(文武・元明・元正・孝謙・稱德・平城・嵯峨・文德), 그것이 그 당시의 왕권의 강약과 직접 관계 있었다고는 말하기 어렵다. 예컨대 왕권의 권력집중이 이루어졌던 시대에도 太政官에 의한 외교적 판단이나 처분이 보인다.

74) 여기에 관련해서는 당시 唐의 禮書의 전래에 의한 영향을 고려해야 할 것이다. 『日本國見在書 目録』四, 禮家에 「隋江都集禮百二十六卷, 唐永徽禮百卷, 唐開元禮百五十卷」이라고 보여, 開元禮의 완본[開元 20(732)年 완성]이 도래해 있었음을 추측할 수 있다.

75) 예컨대 9세기 후반(특히 貞觀年間 이후) 內政에서는 太政官處分에 의한 「依請」型의 사례가 많다.

이상으로 일본고대국가의 영역에 도착하고, 入京한 사절, 그리고 入京한 뒤의 사절에 대한 賓禮 속에서 덴노의 이름으로 발휘된 외교 기능을 살펴보았다. 그 주요한 내용은 다음과 같았다.

덴노는 사절의 도착지에 勅使를 파견하거나, 혹은 大宰府와 諸國에 詔勅을 내려 사절에 대한 放還 또는 入京을 명하였다. 조정으로 불러들이지 않을 때에는 접대관을 임명하기도 하였다. 사절을 도착지에서 安置·供給시키고, 賜與, 勞問하였다. 또한 來朝의 이유를 묻고, 聘期·表를 문제시하는 뜻을 전하였다. 한편으로는 외국사절의 도착을 위해 도착지의 客院·國驛館의 조영·수리를 지시하기도 하였다. 또한 덴노는 입경후의 사절에 대해 다음을 표시함으로서 외교대표자로서 스스로를 상징화하였다. 즉 사절 拜朝의 儀에 가상하다는 말을 표현하고·慰勞하고, 饗讌場에서 賜與(物·位階·國書)·贈位(物)한 것 등이 그것이다. 京의 鴻臚館에서 이루어진 儀는 주로 9세기 중반 仁明朝 이후 渤海使에 대해 성립한 賓禮이었으며, 그 내용은 덴노가 勅使를 파견하여 安置, 慰勞, 勞問, 賜與(衣·讌饗·位階·勅書), 檢領을 하게 함으로써 외교기능을 발휘한 것이었다.

이상과 같이 제2절에서는 구체적인 사례 전반을 통해 광의의 외교

---

76) 太政官 또한 太政官牒을 발행하였다. 즉 仁明天皇의 842年 이후에는 덴노 勅書와 함께 사절에게 주어졌다[渤海中臺省 앞 : 842(＋勅書)·849(＋勅書)·859(＋勅書)·861(단독)·872(＋勅書)·877(＋勅書)·883(＋勅書)·892(2通＋勅書)·908(단독)·920(단독)].
이 중에는 사절을 入京시키지 않고(도착지로부터 放還) 渤海王의 國書는 수납하지 않으나, 中臺省牒만을 수리해서 太政官牒만을 보낸 사례[『三代實錄』貞觀 3(861)年 5月 21日甲午, 26日己亥 등]도 보인다. 9세기 초기 新羅에 보낸 太政官牒는 遣唐使 항해를 위한 資給과 무사 귀향을 위한 것이었고, 仁明朝 이후 天皇 勅書와 더불어 보내게 된 太政官牒은 渤海中臺省牒과 대응하는 형태로 교환되었다는 점등으로 보아, 天皇의 친서와는 다른 차원에서 대외적인 역할을 수행하고 있었던 것을 알 수 있다.

에 관련된 덴노의 기능을 살펴보았다. 그 결과 검증된 특징을 다음과 같이 정리할 수 있겠다.

1. 對外遣使에 관한 덴노의 詔勅은 모두 遣唐使·入唐僧 등 對唐 교류에 관련된 사람들을 주된 대상으로 하였다는 점에서 특징적이다. 그 내용으로 보면, 덴노는 遣唐使에게 節刀·位階·贈位·餞을 사여하고, 入唐僧에게도 沙金·양식을 사여하는 등, 특히 사여의 주체라는 면에서 명확히 드러나고 있다. 8~9세기 사례를 통해 주목되는 점은 덴노가 對唐 관계에 대한 관심을 계속적으로 표현하고 있다는 사실이다. 9세기 이후 遣唐使 拜朝가 大臣 주재의 행사로 되었어도, 덴노는 연회장을 통해 그 의사를 표명하였고, 賜物·授位·贈位를 하면서 遣唐使 파견의 변함 없는 주체로 나타나고 있다.

2. 歸化人에 관해서는 덴노는 거주지를 지급한다든지, 사죄를 감면한다든지 하는 예가 나타난다. 덴노는 귀화인에 대해 특별한 은덕을 베푸는 주체로 표명되면서, 天皇制의 이념을 구현하려 했던 것이다. 9세기 중반 이후에는 新羅商人 등의 이동에 대해 放還의 조치를 반복하는 덴노의 勅命을 볼 수 있다. 歸化 또는 流來 등의 외국인 일반인과의 접촉을 덴노가 파악하고 지도해 가려고 했던 면이, 9세기 이후에는 외국인 商人들을 파악하고 그에 대한 처우를 결정하는 면으로 나타났음을 알 수 있다.

3. 來日한 외국사절에 대해서, 덴노는 그들이 도착지로부터 귀환하게 된 경우의 접대를 지시하고, 그곳에서의 安置·供給, 放還·入京, 賜與, 勞問, 來朝한 이유를 묻는 것, 客院을 만드는 것, 國驛館을 수리하는 것, 聘期를 알리는 것 등에 관해 지시했다. 사절 입경후의 조정의 賓禮에서는 가상해 하는 뜻을 나타내고 慰勞하였으며, 饗讌의 장에서는 物과 位階 등을 사여하고 親書를 전하는 등의

장면에서 덴노의 역할이 두드러진다. 9세기 중반 仁明朝 이후 덴노
는 주로 豊樂殿의 연회장에 참석해서 授位와 賜與를 하는 주체로
나타나고 있으며, 그 밖의 賓禮 제행사에서는 大臣等의 公卿이 중심
이 되었다. 이 같은 외교행사에 관해 덴노와 太政官의 기능은 이분
화된 것을 의미하며, 이후 이것이 일본고대국가의 외교의식 행정으
로 정비된 것으로 볼 수 있다. 그러나 그 가운데서도 덴노는 특히 賓
客에게 가상해 하는 뜻을 전하고, 주로 사여하는 기능을 통해 그 권
위를 나타내었으며, 상대국의 국왕에게 天皇이름의 국서를 발급하
면서 일본고대국가의 외교주체임을 지속적으로 표명하였다.[77]

　이상과 같이 고대일본의 덴노는, 唐과의 관계에 관심을 기울이는
가운데 대외적으로 사람을 보내어 새로운 문화와 문물의 이동을 주
도하려 했으며, 來日한 사람들을 파악하여 天皇制의 이데올로기를
실현하고, 공식외교의 장에서는 사여와 국서의 발급을 통해 외교대
표자임을 표명하였다.

맺음말

　일본의 역사학계에 있어 일본고대국가의 외교권의 문제는 주로

---

77) 8세기에는 덴노의 집무능력이 요구되었으나, 9세기 전반에 官僚制가 확립하
　게 되면, 非人格的·機關的인 권력으로서의 덴노의 기능이 확대되고, 덴노
　권력이 덴노개인의 자질에 좌우되지 않게 되었다는 지적이 있다(井原今朝
　男, 「攝關·院政と天皇」『日本中世の國政と家政』, 校倉書房, 1995). "비인
　격적·기관적인 권력으로서의" 덴노의 외교기능에 대해서도 8세기보다는 9
　세기 이후에 확대, 안정화되었다고 평가할 수 있을 것이다.

天皇制의 규명 또는 天皇權과 太政官制度 사이의 긴장·세력 관계를 이해하는 방향에서 설명되었다. 이 같이 天皇 대 太政官으로 보는 권력대립론적 입장에서는 외교실무가 행해지는 것으로부터 각각의 외교권을 비정하고, 그 사이에서 국가 외교권의 소재도 이동하는 것으로 파악하였다. 그러나 만약 그 같이 외교권 소재의 변화를 논하고자 한다면, 그 변화에 걸맞은 고대일본의 새로운—天皇制 이외의—國制에 대해서도 새로운 제시가 필요할 것이다.

본 연구에서는 이같이 정치사적 범주 안에서의 권력논의를 지양하고, 일본 율령제 아래에서의 덴노(명)에 의한 역할을 분석해 보았다. 즉 구체적으로는 일본고대국가의 광의의 외교에 관련된 행정범위에서 덴노라는 "대권행사의 주체"에 의해 표명된 명령체계의 양상을, 법과 법해석, 그리고 구체적인 사례 전반 가운데서 검토하였다. 일본고대국가의 덴노가 구체적으로 어떤 면에서 외교문제에 관여하였으며, 어떠한 내용의 판단을 내렸는가, 또한 外來人의 도착과 접촉에 대해 어떻게 파악하고 지시하였던가, 그에 보이는 특징은 무엇인가 하는 점 등이다. 그리하여 일본고대국가 덴노에 의한 대외관련의 조치를 실질적인 외교기능으로 파악하였으며, 또한 이러한 검토를 통해 일본고대국가의 외교대표권이란 어떠한 것이었는지도 구체적으로 살펴보았다. 더불어 고대 일본의 외교행정체제의 정비 과정 또한 살펴볼 수 있었다.

이에 본 연구의 결과를 다음과 같이 정리하여 결론짓고자 한다.

① 먼저 덴노는 대외적으로 덴노 名에 의한 국서를 발송하는 대외적 대표자이며, 특히 遣唐使와 入唐僧의 대외파견을 주도하였다. 대외견사에 관련해서는 太政官내에 그 담당기구가 없었던 바, 이에 대해서는 당대의 덴노에 의한 정책기조가 크게 반영되었던 것이다. 즉

구체적으로는 對唐 관계의 遣使, 그리고 來日사절을 포함하여 덴노는 그들에게 物이나 位階 등을 「사여」하는 기능을 통해 외교 면에서의 재량권을 보유·유지하였다.

② 여기서 특히 주의해야 할 점은 외교권이란 본래, 모든 대외적 관계, 외교행사의 제 영역을 그 소지자(덴노)가 전단하고, 주최하는 것을 의미하는 것은 아니었다는 점이다. 예컨대 외국사절에 대한 조정의 拜朝의 儀에서는, 8세기와 같이 덴노가 직접 참석한 시기도 있었으나, 9세기 후반이 되면 이 같은 儀에 덴노가 불참하는 것이 의례화 된다. 즉 그것은 당시의 일본조정이 선택하고, 정비한-儀式化 한 형태인 것이며, 그러한 가운데 덴노가 소지한 외교권의 표현-연회장을 통해 「사여」하고, 덴노 名의 국서를 발급하는 것-도 정립된 것으로 볼 수 있다. 9세기 후기의 대외견사의 중지와, 덴노가 사절 拜朝의 儀에 직접 모습을 보이지 않게 되는 상황이, 시대적인 혹은 儀式的인 변용의 모습으로서 상관성이 있었음도 지적해 둔다.

③ 또한 덴노의 외교기능에 관련해 지적할 수 있는 점은, 일본고대국가에 있어서의 외교기능이란 많은 부분이 「임시의 사태」로서 대응·대처되는 성격이었다는 점이다. 養老營繕令6條(제1장의 (5))에서 본 바와 같이 외국사절의 입조를 위한 비용도 임시의 유통전환으로 충당되는 것이었다. 덴노에 의한 명령체계, 외교처리의 과정이라는 것도 실제, 그 때 그 때의 정세에 따라 대응한 것으로 보이는 경우가 많으며, 반드시 일률적인 것은 아니었다. 令·式條文上에도 「別勅」이나 「임시의 상량」이라는 문언을 명기하고 있는 점이나, 또한 式文化되지 않고 여전히 덴노에 의한 임의의 판단에 맡겨진 채로 있었던 부분이 많았다는 점도 주목된다.

사례를 통해 살펴본 덴노의 외교기능은, 상황에 따라 임기응변적인 덴노의 의사-詔勅-를 집행하는 과정에서 발휘된 것이었다. 즉 덴노는 그러한 「임시의 사태」에 대해 「임의의 대응」이 가능한 「權」
－임시의, 또는 권한－의 소지자, 즉 외교권의 소지자로 존립하였다.

④ 덴노의 외교권의 내용에 대해서는 다음과 같은 점이 특징적이
었다. 즉 대외견사나 來日사절에 대한 「別勅賜(物)」에 대해서이다.
덴노는 「別勅」에 의해 주로 「物을 사여」하는 권리－대외견사나 내일
사절에 대해 物을 수여하고, 혹은 物을 수여하도록 하는－를 장악하
고, 太政官의 제어를 받지 않고 그 재량을 발휘할 수 있었다.

8세기 이후 제도적 장치 아래 외국사절이 가져온 物을 內藏寮를
통해 독점하였고, 9세기 후반 이후에는 활발해진 외국인 상인의 이
동과 더불은 外來의 物의 이입루트를 파악하려 하는 가운데 덴노의
재정운영에 실질적인 기여를 도모했던 것이라 할 수 있다. 즉 8세기
이래 일본고대국가의 덴노는 대외 제관계에 의해 수납된 物에 대한
권리를 주도하였고, 또한 이를 「사여」를 통해 재분배하는 과정을 통
해 天皇制의 이데올로기적 존립을 실재로서 체현화시키고자 하였던
것이라 하겠다.

記事의 年·月·日	상 황	詔의 주된 내용
(文武)		
703大寶3·4·1	新羅使를 難波館에서 饗	使를 보내 弔賻·布帛을 賜함
703大寶3·10·25	(遣新羅使 파견) 덴노, 大安殿에 참석	遣新羅使·新羅王에게 賜物
(聖武)		
732天平4·5·21	朝堂에서 新羅使에게 饗	新羅王·使人에게 祿賜, 來朝의 期 三年一度를 허락
736·天平8·11·3	入唐使·唐人·波斯人	授位·贈位
742天平14·2·5	新羅使	右大辯으로 하여금 饗·放還
(孝謙)		
752勝寶4·윤3·9	遣唐使를 內裏로 부름	節刀를 지급·授位

752勝寶4·6·14	新羅使 奏言	嘉尙히 여김, 撫存
752勝寶4·6·17	新羅使를 朝堂에서 饗	進位·賜物. 國王은 辭로, 餘人은 表文을 지참할 것
(淳仁)		
759寶字3·1·3	渤海使 方物 받치고, 奏	嘉尙히 여김
760寶字4·1·5	渤海使 方物 받치고, 奏	기뻐함
760寶字4·1·7	高野天皇·帝 참석, 渤海使 陳列	授位·賜宴·賜祿, 賜(渤海)國王
760寶字4·1·5	右中辯을 보내 遣唐使에게 宣詔	判官이하 死罪는 持節使頭가 科決할 것
763寶字7·2·4	太師, 渤海客에 宴을 베품	遣使하여 雜色袷衣을 賜함
(光仁)		
776寶龜7·4·15	前殿에서 遣唐使에게 節刀를 賜함	遣唐使에게 의복을 賜함
777寶龜8·4·22	渤海使 奏	詔 있음
777寶龜8·4·22	遣唐使 파견	判官이하 死罪者는 持節使頭가 科決할 것
779寶龜10·1·7	朝堂에서 渤海使에세 宴·賜祿	가상히 여김. 位階를 加授, 祿物을 賜함
779寶龜10·5·3	唐使, 唐朝書·貢信物을 바침	上書를 봄, 館에 돌아가 쉴 것
(桓武)		
796延曆15·10·15	渤海 王啓가 禮를 잃지 않음	이를 기뻐함
803延曆22·3·6	入唐大使	贈位
803延曆22·4·2	遣唐使 辭見·節刀를 수여	詔 있음
(嵯峨)		
815弘仁6·6·14	渤海使 사망	贈位
(淳和)		
824天長元·2·3	渤海使	渤海本國으로 退還할 것 (『類史』)
824天長元·5·20	渤海使 귀국	渤海王에 賜祿·使節에게 賜物饗(『類史』)

(仁明)		
836承和3·1·25	砂金을 채득해 遣唐의 資를 위해 씀	陸奧國 八溝黃金神에게 封戶2 烟을 바칠 것
836承和3·2·9	遣唐大·副使 등을 引見	賜祿
836承和3·4·29	大臣, 遣唐使에게 口宣	節刀를 지급
836承和3·5·10	入唐使 留學生에게 位記를 증여	贈品, 贈位
838承和5·5·3	遣唐使等 上奏	五畿七道의 諸國에서 遣唐使를 위해 讀經할 것
839承和6·9·28	遣唐使	授位·贈位
842承和9·4·5	豊樂殿에서 渤海使에게 饗	授位
849嘉祥2·5·3	豊樂殿에서 渤海使에게 宴	冠位 사여
849嘉祥2·5·5	武德殿에서 馬射를 보고 渤海使에게 宴	藥玉·酒를 사여
849嘉祥2·5·10	公卿을 朝堂에 보내 饗	渤海國王에게 祿賜·使節에게 物饗賜
(清和)		
859貞觀元·2·4	渤海使 能登國에 도착	加賀國 便處에 安置
859天安3·3·13	渤海副使 文章에 능함	越前國 權少掾을 加賀權掾로 삼아 加賀로 보냄
864貞觀6·2·17	新羅人 石見國美濃郡 해안에 漂着	國司가 程粮을 지급해 放却할 것
866貞觀8·5·29	圓珍 奏言	※詔를 받들어 入唐(『平遺』)
872貞觀14·3·14	存問渤海客使 사직	存問渤海客使에게 領客使를 겸하게 함
872貞觀14·5·19	勅使를 鴻臚館에 파견	渤海使에게 冠位를 賜함(『類史』)
872貞觀14·5·23	勅使를 鴻臚館에 파견	渤海使에게 物賜(『類史』)
872貞觀14·5·24	渤海大使, 天皇·皇太子에게 奉獻을 請함	許
(陽成)		
877元慶元·6·9	唐人이 택지 지급을 청함	영구히 사여
877元慶元·12·21	大宰府의 唐人	衣粮을 量賜할 것
878元慶2·7·13	卜筮의 예고(新羅敵이 틈을 노림)	警固를 攝行할 것

記事의 年·月·日	상 황	勅의 주된 내용
(文武)		
706慶雲3·1·12	新羅使 귀국	賜新羅王勅書
706慶雲3·11·3	遣新羅使 파견	賜新羅國王勅書
(元明)		
715靈龜元·3·23	新羅使 귀국	大宰府에 勅：綿·船을 사여
(聖武)		
726神龜3·7·13	新羅使 귀국	賜璽書, 勅贈賻物
(孝謙)		
752勝寶4·7·24	新羅使 難波館에 있음	遣使하여 絁布·酒肴를 賜함
勝寶年(寶字6·12·1)	渤海使	信部卿兼大宰帥로 하여금 宴餞
753勝寶5·6·8	渤海使 귀국	賜璽書·賜物
(淳仁)		
758寶字2·12	遣渤海使, 唐國消息을 奏	大宰府에 勅：미리 奇謀를 짤 것
759寶字3·1·27	大保, 渤海客을 田村第에서 宴	內裏女樂·綿을 賜함
759寶字3·9·4	新羅人 歸化	大宰府에 勅：돌아가길 원하면 粮을 지급해 放却
760寶字4·1·5	遣唐大使 攝津職에 도착	副使·持節이 大使의 역할을 할 것
762寶字6·8·9	唐人, 府에 도착 遣唐使 도착	大宰府에 勅：安置供給 送使는 入京, 水手는 放還
763寶字7·1·17	閤門에 참석, 朝堂에서 饗 渤海使에게 綿을 사여	大宰府에 勅：唐人을 安置, 時服의 공급은 府庫物로 돌아가길 원하면 賀船水手를 지급할 것
(光仁)		
774寶龜5·3·4	新羅使 來朝한 이유를 물음	渡海料를 지급하여 放還
774寶龜5·5·17	新羅人	放還, 所司가 船수리·양식지급할 것 (『三格』)
776寶龜7·8·6	遣唐船 博多大津로 引還	後年發期는 來奏에 의할 것, 使·水手는 그곳에서 대기
777寶龜8·4·22	遣唐副使에게 勅	持節이 먼저 출발하여 大使 역할을 할 것

777寶龜8·4·27	渤海使에게 授位·賜王祿	勅書
777寶龜8·6·1	遣唐副使에게 勅	持節行事는 前勅의 내용과 마찬가지로
778寶龜9·9·21	遣高麗使·高麗送使 도착	越前國에 勅:便處에 安置, 供給. 殿嗣는 入京
778寶龜9·10·28	唐使, 遣唐使	大宰府에 勅:唐使는 府가 勞問. (견당)判官은 入京
778寶龜9·11·9	左少辯·勅旨員外少輔를 파견	唐使를 勞問
779寶龜10·5·17	唐使를 朝堂에서 饗	客館에서 宴饗, 授位, 賜祿
779寶龜10·5·20	右大臣第에서 客에게 饗	賜綿
779寶龜10·5·25	唐使 辭見	新船을 만들 것, 信物지급, 別酒지급, 賜物
779寶龜10·5·26	前學生 唐에서 사망	賜絁·綿
779寶龜10·9·14	渤海·鐵利人 慕化入朝	出羽國 供給, 遣使하여 饗,放還,船 수리
779寶龜10·9·27		陸奧·出羽國에 勅:渤海·鐵利에게 祿 지급 出羽國 蕃人의 금년 체류를 허락
779寶龜10·10·9	新羅使 來朝(同7·10)보고	大宰府에 勅:來朝 이유를 硏問, 表函을 책할 것, 表案을 진상, 消息은 驛傳으로 奏上
779寶龜10·10·28	唐客과 新羅使	大宰府에 勅:入京시킬 것
779寶龜10·12·3	勅旨少輔를 大宰府에 파견	表 무례하므로 올리지 말 것.
779寶龜10·12·10	新羅使 入朝한 이유를 물음	반드시 筑紫로 오도록 할 것
780寶龜11·1·5	新羅使 方物을 헌상, 國王 말씀을 奏	기뻐함
780寶龜11·2·15	新羅使 귀국	賜璽書:後使는 반드시 表函을 지참할 것 筑紫府·對馬에 勅:表가 없는 사절은 不入境
780寶龜11·7·15		山陰·大宰·北海道 警固

(桓武)		
795延曆14·11·3	出羽國 보고 : 渤海使 漂着	越後國에 옮겨 供給
796延曆15·5·17	渤海使 귀국	賜其王璽書
797延曆16·5·28	賦役令集解15 私說 所引 格	百濟王 등의 課·雜徭 영구면제
798延曆17·6·20	唐人 國家에 歸投	優恤하여 稻를 사여
799延曆18·5·20	渤海使	奉勅官符 : 聘期六載, 禮待
799延曆18·4·15	渤海使 귀국	賜其王璽書
804延曆23·6·27	渤海國使 來着 많음	能登國 客院을 만들 것
805延曆24·7·16	大宰府보고 : 遣唐使 제3船 漂着	科責할 것
(平城)		
806大同元·5·14	渤海客 入朝	海路입경, 備後·安藝·周防의 國驛館은 農閑에 수리, 長門國驛館은 특히 勞를 더할 것
(嵯峨)		
810弘仁元·4·8	渤海使 귀국	賜渤海王書
811弘仁2·1·22	渤海使 귀국	賜渤海王書
812弘仁3·1·5	對馬嶋 보고 : 新羅船 도착 大宰 보고 : 譯語軍毅 파견, 管內國要害 수호	虛實을 계속 보고할 것, 要害수호를 정지
815弘仁6·1·22	渤海使 귀국	賜渤海王書
816弘仁7·5·2	渤海使 귀국	賜渤海王書
820弘仁11·1·21	渤海使 귀국	賜渤海王書
822弘仁13·1·21	渤海使 귀국	賜渤海王書
(淳和)		
823弘仁14·12·8	存問渤使 정지	임의로 守·掾가 存問(『類史』)
824天長1·5·15	渤海使 귀국	遣渤海勅書(『類史』)
824天長1·6·20	右大臣 奉勅官符	渤海入朝 一紀一度(『三格』)
826天長3·3·1	右大臣 上表 : 渤海使 不入京시킬 것	不許
826天長3·5·15	渤海使 귀국	賜渤海王書, 一紀를 永例로 함, 資給 等은 前符에 의함
831天長8·9·7	大納言兼民部卿宣 奉勅官符	新羅人의 交關物을 檢領(『三格』)

(仁明)		
834承和3·4·24	入唐大使에게 賜錢, 上壽進止를 희망함	勅許
834承和3·5·12	難波海에서 聘唐使發遣을 慰勞	御酒肴를 사여
835承和2·2·7	右大臣宣奉勅官符	遣唐使에게 度者를 사여
836承和3·7·17	遣唐大使判官等에게 勅符大宰大貳等에게 勅符	修造 끝난 후 渡海할 것府館에 安置, 船修造, 斥候를 두고 接援. 漂着은 上奏할 것
836承和3·7·25	遣唐副使에게 勅符	大宰府에서 繕補할 후 持節使等와 함께 國命을 다할 것
836承和3·8·2	遣唐大使에게 勅符	判官이하 水手는 入京, 入都 희망 허락, 大使·副使는 修造에 따라 머무를 것, 判官·錄事는 大使의 결정에 따를 것
836承和3·8·8	遣唐舶 표착 후 생사불명	海辺諸路의 사람을 보내 漂損人物을 尋覓
838承和5·3·27	遣唐使 却廻	國分寺 및 神宮寺에서 供養.
838承和5·4·5		五畿內七道諸國에서 海龍王經을 읽게함
838承和5·4·28	遣唐大使·副使 滯留	右近衛中將를 파견해 勘發시킬 것
838承和5·12·15	遣唐副使 왕명을 거부	遠流(隱岐國에 유배)
839承和6·3·1	遣唐使船	五畿內七道諸國 등 海龍王經을 轉讀할 것
839承和6·3·16	遣唐知乘船事·曆請益·曆留學生 亡匿	死罪一等을 내려 佐渡國에 配流
839承和6·8·20	飛驛奏:遣唐錄事 大宰府로 보내는 牒狀	大宰大貳에 勅:安穩, 遣唐錄事等客館에 安置, 後船을 기다릴 것
839承和6·8·25	遣唐使 肥前國松浦郡生屬嶋에 廻着	遣唐大使·大宰大貳에게勅:勞來, 육로 入京은 생략, 信物要藥은 육로로 遞運, 배가 도착하면 즉시 奏聞
839承和6·9·17	紫宸殿에서 홀로 入唐大使를 부름	御被, 御衣를 賜

839承和6・10・17		奉幣를 修法할 것
840承和7・3・3	遣唐舶 아직 廻來하지 않음	미도착의 第二舶을 살필 것
840承和7・4・15	飛驛　奏狀：遣唐知乘船事 大隅國에 廻着	勅符：入都 전까지 勞來, 布帛를 量賜, 准判官을 위해 候伺, 來着하면 安穩시킬 것
842承和9・3・29	渤海使를 위해 侍從을 鴻臚館에 파견	休息할 것
842承和9・4・5	武德殿에서 馬射를 관람	渤海使를 위해 宴
842承和9・4・9	朝集堂에서 饗, 從五位下를 보내 共食	渤海國王에게 祿賜, 使節에게 賜物饗
842承和9・4・12	勅使를 鴻臚館에 파견	賜渤海王書
842承和9・4・28	渤海使 入京, 勅使를 보내 慰勞, 鴻臚館에 安置	宣命
842承和9・5・12	參議・右少辯 등을 鴻臚館에 파견	渤海國王 앞으로 賜勅書
842承和9・8・15	大宰大貳藤原衛 四起請	奉勅官符：外蕃歸化는 流來와 같이 식량을 주어 放還, 物은 民間교역을 허락, 끝난 뒤는 속히 돌려보낼 것
844承和11・7・2	在唐僧	円仁・留學僧에게 黃金을 사여
848承和15・6・5	太政官, 在唐僧 圓載에게 牒	金物・黃金을 사여, 數年거주를 허락
849嘉祥2・4・28	渤海使 入京, 勅使 파견	慰勞, 鴻臚館에 安置
849嘉祥2・5・12	參議를 鴻臚館에 파견	賜勅書
(清和)		
859貞觀1・6・23	渤海使(加賀國)	賜渤海王勅書
862貞觀4・7・23	大唐商人 來着	大宰府에 勅：安置供給
863貞觀5・4・21	大宰府 보고：新羅沙門 博多津 도착	鴻臚館에 安置, 糧食을 지급, 唐人은 放却
863貞觀5・11・17	因幡國 보고：新羅商人 來着	程粮을 지급, 放却
864貞觀6・9・1	大唐商人 大宰府에 着	大宰府에 勅：鴻臚館에 安置, 供給
865貞觀7・7・27	大唐商人 海岸에 도착	鴻臚館에 安置, 供給
866貞觀8・5・29	圓珍 奏言	※父 奉勅入唐請益(『平遺』)
866貞觀8・10・3	(9・1) 唐商人 大宰府에 着	大宰府에 勅：鴻臚館에 安置, 供給
870貞觀12・2・12	大宰府 보고	緣海諸郡으로 하여금 警固, 修守

870貞觀12·2·20	新羅人	大宰府에 勅：水陸兩道 食馬를 지급, 入京
870貞觀12·9·15	新羅人을 諸國에 배치	優恤, 安置, 口分田 公粮을 지급
872貞觀14·5·15	渤海使	入京, 鴻臚館에 安置
872貞觀14·5·17	渤海使	右馬頭를 鴻臚館에 보내 勞問, 時服을 사여
872貞觀14·5·18	渤海使	左近衛中將을 鴻臚館에 보내 渤海國 王啓·信物를 檢領
872貞觀14·5·19	渤海使	參議를 鴻臚館에 보내 位階·告身을 사여
872貞觀14·5·23	渤海使	鴻臚館에 보내 饗燕
872貞觀14·5·24	渤海使	曲宴·의복을 사여
872貞觀14·5·25	渤海使	鴻臚館에서 賜勅書
872貞觀14(元慶5·11·9)	新羅海賊 大宰貢綿을 掠奪	大宰 警固
873貞觀15·3·28	大宰府 보고	木工寮과 右京職으로 하여금 鴻臚館 監守
873貞觀15·5·27	大宰府 馳驛 보고：渤海人 漂	渤海人은 慰勞, 식량을 주어 돌려보냄, 新羅凶党은 감금하여 보고, 警守
873貞觀15·7·8	着, 事由를 覆問, 情狀·宗佐等의 日記 封函子 雜封書·弓劍를 奉進	衣粮을 지급, 船은 繕修, 隨身雜物을 돌려줄 것, 도망금지
873貞觀15·12·22	大宰府 보고：新羅人	搜檢
874貞觀16·6·15	大法師 入唐	大宰府 管內國의 正稅稻를 사여
874貞觀16·7·18	大宰府 보고	歸化의 例에 준해 安置供給
874貞觀16·8·8	大宰府 보고：新羅人 도착	府司가 온 이유를 묻고, 放還
876貞觀18·8·3	大宰府 보고：唐商人 도착	歸化의 例에 준해 安置供給
(陽成)		
877元慶1·8·22	大宰府 보고：唐商人 도착, 來由를 물음	安置供給
879元慶3·10·12	府司 申請：庫物을 차용해 交關뒤, 砂金으로 綿을 지급	砂金·水銀을 官帳에 注附할 것
883元慶7·4·28	渤海客	郊勞, 鴻臚館으로 인도
883元慶7·5·5	武德殿에 참석	大使이하 錄事이상에게 別勅賜

883元慶7·5·10	朝集堂에서 渤海使에게 賜饗	中使를 보내 의복을 사여
883元慶7·5·12	渤海使 귀국	參議를 보내 勅書를 사여
883元慶7·10·29	渤海客의 귀국용 배를 만듦	能登國은 禁伐
(光孝)		
885仁和1·6·20	大宰府 보고 : 新羅使 온 이유를 물음	放還
886仁和2·6·7	唐僧의 供料	近江國의 正稅로 충당할 것
(宇多)		
892寬平4·6·24	渤海使	遣渤海勅書
893寬平5·5·22	大宰府飛驛使 奏 : 新羅賊	大宰帥大貳에게 勅符를 내려 追討
893寬平5·5·3	大宰府飛驛使 奏 : 新羅賊	勅符를 내려 追討
893寬平5·6·6	大宰府飛驛使 奏	勅符를 내림
893寬平5·6·20	大宰府飛驛使 奏 : 新羅賊	勅符를 내림

〈표〉
이하 『續日本紀』(697~791년)·『日本後紀』(792~833)·『續日本後紀』(833~850)·『日本文德天皇實錄』(850~858)·『日本三代實錄』(858~887) 등의 五國史, 그 외 『日本紀略』(平安末期 성립)·『類聚國史』(892년 완성),『類聚三代格』(11세기 이전 성립) 등 참고.

제2장 外來의 物과 고대일본의 왕권

머리말

고대국가의 대외관계 전개에 있어 공식사절을 파견하거나 맞이하는 장에는, 증여의 '物'이 중요한 역할을 하였다는 점을 지적할 수 있다. 이를 사료에서는 「信物」이나 「國信(物)」, 또는 「調」나 「(貢)獻物」로 표현하고 있다. 본 장에서는 특히 외교를 통해 일본고대국가에 들어왔던 이러한 외국 '物'의 의의와 효용을 고찰해 봄으로써 고대국가 왕권(天皇權)의 성격을 규명해 보려고 한다. 또한 「信物」 등의 성격과 관련하여 일본국내의 2대 중추 기구인 덴노(天皇)와 太政官의 관계, 그리고 덴노의 외교권의 특징에 대해서 지적해 보려한다.

제1절 8세기 이전 「調」「(貢)獻物」의
전통과 의의

　　먼저 8세기 이전 한반도 각국 사절의 來日과 더불어 일본조정에
들어온 物에는 「調」라고 불리는 物, 그리고 그 외의 별도로 보내진
物이 있었다. 다음의 기사를 통해 그것을 알 수 있다.

　　『日本書紀』皇極天皇2(643)年 秋7月 辛亥
　　大夫(마에츠키미. 조정의 중요정무를 합의결정하는 議政官)들을 難波郡으
　　로 보내 百濟國의 調와 獻物을 檢領하였다. 이에 大夫가 調使에게 묻기를
　　"받치는 國調가 前例보다 적고 부족하다. 大臣에게 보내는 物도 작년에
　　돌려보낸 품목을 바꾸지 않았다. 群卿에게 보내는 物 또한 전혀 가져오지
　　않았으니, 모두 前例와 다르다. 이 꼴은 무엇이냐?" 大使 達率自斯·副使
　　恩率軍善이 함께 대답하길 "즉시 갖추겠습니다." (略)[1]

　　위의 기사를 통해 백제 調使에 의해 전해진 物에는 「國調」이외에
도 그 밖의 「보내는 物(獻物)」이 있었음을 알 수 있다. 이 사례로부
터 유추하여 한반도 각 국에서 倭國에 보내진 貢進物은 두 종류 이상
이라는 견해가 있다.[2] 다지마(田島公)는 A 「國의 調」와 B 「獻物」가

---

　1) 「遣數大夫於難波郡, 檢百濟國調與獻物. 於是, 大夫問調使曰, 所進國調, 缺
　　少前例, 送大臣物, 不改去年所還之色, 送群物, 亦全不將來, 皆違前例. 其狀
　　何也. 大使達率自斯·副使恩率軍善, 俱答諮曰, 卽今可備. (略)」
　2) 田島公, 「外交と儀禮」『日本の古代七まつりごとの展開』, 中央公論社, 1986.
　　石上英一, 「古代における日本の稅制と新羅の稅制」『「古代朝鮮」と日本』, 龍溪
　　書舍 참조.

운데, B에는 「大臣(소가노 에미시(蘇我蝦夷))에게 보내는 物」과 「群物(群卿에게 보내는 物)」이 포함되어 있는 것으로 보아, 황제를 중심으로 하는 중국적인 외교 방식과는 달리 大臣·大夫(群卿)들이 외교교섭장에서 중요한 역할을 한 구래의 외교방식의 존재, 왕권 아래서 외교권이 아직 확립되지 못한 점 등을 지적하였다.

그런데 이처럼 "貢進物이 두 종류 이상"이라는 점에 주목하면, 당시 일본에서 타국에 보내진 物에서도 같은 경향을 볼 수 있다.3) 그러므로 이것은 일본조정만의 특별한 역사적 의미를 가진 현상이 아니라, 당시 대외교섭이 이루어질 때 국제관례의 하나였다고 이해해야 할 것이다. 또 氏가 분류한 B類와 같이 貢進物을 받는 대상이 명시된 사례는 이 皇極天皇 2年條 정도이다.4)

---

3) 倭로부터 신라에 대해서도 『日本書紀』卷28 天智7(668)年條를 참조하면 「秋九月 丁未, 中臣內臣(鎌足)이 沙門法辯·秦筆을 보내 신라의 上臣 大角干 庚信에게 배 한 척을 사여하여 (신라사)東嚴 편에 보냈다. 庚戌, 布勢臣耳麻呂를 보내 신라왕에게 調로 징수한 배 한 척을 사여하여 東嚴 편에 보냈다. 十一月 辛巳朔, 신라왕에게 사여하는 絹50匹·綿 500斤·韋 100枚를 金東嚴 편에 보냈다. 東嚴等에게 사여하는 物은 각각 차등 있었다」고 하여, 白村江 패전후의 668年, 신라의 金庚信과 文武王 각각에 대해 物을 보냈음을 알 수 있다.

4) 田島가 "宮室이나 難波 등에서 大臣·大夫들이 영접, 또는 국가의지의 확인·전달에 깊게 관여하고 있었다"(同氏, 앞의 글 「外交と儀禮」, 219쪽 이하 참조)라고 서술하고 있는 시대에 보이는 그 밖의 사례에는
『日本書紀』白雉2(651)年 6月 「百濟·新羅, 遣使貢調獻物」
白雉3年 4月 「新羅·百濟, 遣使貢調獻物」
白雉4年 6月 「百濟·新羅, 遣使貢調獻物」
齊明元(655)年 是歲 「高麗·百濟·新羅, 竝遣使進調」
齊明2年 秋8月 庚子 「高麗, 遣達沙等進調」
齊明2年 是歲 「高麗·百濟·新羅, 竝遣使進調」
天智元(662)年 6月 丙戌 「百濟遣達率萬智等, 進調獻物」
天智2年 春2月 丙戌 「百濟遣達率金受等進調」
天智6年 秋7月 己巳 「耽羅遣佐平椽磨等貢獻」
天智7年 秋7月 「高麗從越之路, 遣使進調」

따라서 「(別)獻物」을 받는 대상의 문제보다도 더욱 주목하고 싶은 것은, A와 B의 物이 대외교류상 서로 다른 의미를 가지고 있었다는 점이다. 예를 들어 「調」라고 기록된 A類의 物에서는 국가차원의 공식적인 관계를 전제로 해서 보내진다고 하는 의미의 상징성을 읽을 수 있다. 거기에 비해 B類는[5] 보내는 측, 혹은 받는 측이 개인

天智7年 秋9月 癸巳「新羅遣沙級湌金東嚴等進調」

天智8年 9月 丁亥「新羅遣沙湌督儒等進調」

天智10年 正月 丁未「高麗遣上部大相可婁等進調」

天智10年 6月 庚辰「百濟遣眞子等進調」

天智10年 是月「新羅遣使進調, 別獻水牛一頭・山鷄一隻」

이라고 하여, 단순히 「貢(進)調獻物」・「進調」・「貢獻」・「別獻」 등으로 기록하고 있을 뿐이다. 따라서 「(別)獻物」을 받는 대상을 「大臣・大夫(群卿)」에 한정하는 것은 곤란하다 하겠다.

5) 8세기 이전의 「(別)獻物」에 대한 구체적인 사례는 다음과 같다(『日本書紀』 참조).

天智10(671)年 是(6)月「新羅가 遣使하여 調를 받쳤다. 별도로 水牛 1頭・山鷄 1隻을 받쳤다.」

天武8(679)年 10月 甲子「新羅가 阿湌 金項那・沙湌 薩生를 보내 朝貢하였다. 調物로는 金銀鐵鼎, 綿絹布皮, 馬狗驟駱駝의 類로 10여종이다. 또한 별도로 天皇・皇后・太子에게 獻物하였다. 金銀刀旗의 종류를 받쳤는데, 각각 그 수가 정해져 있었다.」

天武10年 10月 乙酉「新羅가 沙一吉湌 金忠平・大奈末 金壹世를 보내 貢調하였다. 金銀銅鐵, 錦絹鹿皮・細布의 종류로 각각 그 數가 정해져 있었다. 별도로 天皇・々后・太子에게 받쳤는데, 金銀霞錦, 幡皮의 종류로 각각 그 數가 정해져 있었다.」

天武 朱雀元(686)年 4月 戊子「新羅가 調를 받쳐 筑紫로부터 貢上하였다. 細馬 1匹・驟 1頭・犬 2狗・鏤金器 및 金銀, 霞錦綾羅, 虎豹皮 및 藥物의 類로 합 100여종이다. 또한 智祥・健勳等의 別獻物로 金銀, 霞錦綾羅, 金器屏風, 鞍皮絹布, 藥物의 類로 各 60여종이었다. 별도로 皇后・皇太子 및 여러 親王等에게 받치는 物도 각각 그 數가 정해져 있었다.」

持統2(688)年 2月 辛卯「大宰가 신라 調賦, 金銀絹布, 皮銅鐵의 類10 餘物 및 별도로 올리는 佛像, 種々彩絹・鳥馬의 類 10여종 및 霜林이 받치는 金銀彩色・종종의 珍異한 物 및 80餘物을 올렸다.」

持統3年 4月 壬寅「신라가 級湌 金道那等을 보내 瀛眞人天皇의 喪에 조문

적 차원이 되는 경우가 있으며, 現物 그 자체로서 특별한 의미를 가지고 있었던 것이다. 즉 다음과 같은 주장이 가능하다. 8세기 이전 국가간의 교류가 이루어질 때 왕래된 物에는

1. 국가 대 국가의 차원에서 의미를 가진 物. 이것은 국가간의 정치·외교적 교류의 성립(和解, 혹은 복속 등)을 의미하는 상징물이며, 신라로부터 일본조정에 보내온 경우 「調」라 불리었다. 즉 중화적 국제질서를 모방해 상하의 위치관계를 표시하는 「調(貢)物」로 받아들이려고 한 것이다. 중국의 경우에는 「大唐의 國信物」(『日本書紀』 推古16(608)年8月 壬子條)이라 하여 신라의 경우와 구별하려고 했던 것처럼, 「調」의 호칭에는 국제질서상의 위치를 염두에 둔 상징적인 의미가 있었다.

2. 「(別)獻物」이라 불리고, 혹은 그렇게 인식되는 物. 이것은 국제정치적 관계상 상징물인 「調」와는 다른 차원에서 증여되는 物로서, 王權者(天皇家)나 정계의 주요인물(층) 등, 양국의 교류에 의의가 있는 사람에게 보내지거나 하였다. 이러한 物에는 또한 외교교섭을 직접 담당한 사절차원에서 헌상되는 형태의 物도 포함되어 있다.6)

하였다. 더불어 學問僧明聰·觀智等을 보냈다. 별도로 金銅阿彌陀像·金銅觀世音菩薩像·大勢至菩薩像, 각 1軀, 綵帛錦綾을 받쳤다.」
持統9年 3月 己酉「신라가 王子 金良琳·補命 薩飡 朴强國 등 및 韓奈麻 金周漢·金忠仙 등을 보내 國政을 奏請하였다. 또한 調·獻物을 받쳤다.」
이상의 기사 이외에는 보통 「調를 받쳤다」고 기록되어 있을 뿐이다.
6) "別貢物이란 정규의 國信物과는 별도로 거기에 첨가되어 공진되는 物로, 사절단 혹은 사절 개인의 貢進物이 포함되는 경우도 있었다"고 하고, 大藏省式의 「賜蕃客例」에서 唐皇帝에 대한 賜物 후반부의 「別送綵帛二百疋」이하가 「別貢物」에 해당한다는 지적이 있다(『新古典文學大系 續日本紀』 五, 岩波書店, 1998, 補注35, 537쪽 참조).
그러나 설령 "사절단 혹은 사절개인의 貢進物"이라는 형태로 보내진다 하더

즉,

1의 物에는 상징화된 의미가 부여되는 면(a),

2의 物에는 物 그 자체가 가진 실질적 의의(珍異, 선진의 物로서)가 중시된 면(b)이 강했다.

그런데 이상과 같은 면은 701年 대보율령 성립 이후에는 조금 달라지게 된다. 예를 들어 신라가 보낸 物은 다음과 같다.

『續日本紀』文武2年(698) 正月甲子	「貢調物」
『同』文武4年(700) 10月癸亥(遣新羅使)	「獻孔雀及珍物」
『同』慶雲3年(706) 正月己卯	「貢調」
『同』和銅2年(709) 5月乙亥	「貢方物」
『同』養老3年(719) 閏7月癸亥	「獻調物幷騾馬牡牝各一疋」
『同』養老7年(723) 8月庚子	「來貢」
『同』神龜3年(726) 6月辛亥	「貢調物」
『同』天平4年(732) 5月庚申	「進種種財物. 幷鸚鵡一口, 鴝鵒一口, 蜀狗一口, 獵狗一口, 驢二頭, 騾二頭。」
『同』天平勝寶4年(752) 6月己丑	「貢調」
『同』天平寶字7年(763) 2月癸未	「調是貢」
『同』寶龜11年(780) 正月辛未	「獻方物」

또 발해로부터는,

라도, 그것이 이미 大藏省式으로 규정하는(「別送」의) 物이라고 한다면, 그 貢進物의 성격은 어디까지나 공적 외교교섭상(국가 차원)의 物이었다고 보아야 할 것이다. 또한 그러한 경향은 예를 들어 일본에서 당으로 전달된 物의 사례에서도 볼 수 있다. 『日本後紀』延曆24(805)年 6月 8日 遣唐使 第1船으로 歸朝한 大使의 보고에 「國信・別貢 등의 物을 監使 편에 보내 (略) 天子에게 받쳤다」라는 예, 또 『性靈集』卷五 爲大使與福州觀察使書 註를 참조하면 遣唐使가 「國信」과 「別貢」의 物을 봉헌한 것을 알 수 있는데, 여기에서 보아도 「別貢의 物」이란 「國信」과 마찬가지로 국가 차원의 헌상물이었다.

『續日本紀』神龜5年(728) 正月甲寅	「方物」(渤海王書 중에는 「土宜」)
『同』天平2年(730) 9月丙子(遣渤海使)	「信物」
『同』天平11年(739) 12月戊辰	「方物」
『同』天平勝寶5年(753) 5月乙丑	「貢信物」(渤海王言 중에는 「國信物」)
『同』天平寶字3年(759) 正月庚午	「貢方物」
『同』天平寶字4年(760) 正月丁卯	「貢方物」
『同』天平寶字7年(763) 正月丙午	「貢方物」
『同』寶龜3年(772) 正月甲申	「貢方物」(同正月庚子條에는 「國信物」)
『同』寶龜4年(773) 6月丙辰	「進物」
『同』寶龜8年(777) 4月癸卯	「貢方物」
『同』寶龜10年(779) 正月丙午	「獻方物」
『日本後紀』延曆15年(796) 10月己未	「土物」(渤海王啓)
『類聚國史』延曆18年(799) 9月辛酉(遣渤海使)	「輕尠」(渤海王啓)
『日本後紀』大同4年(809) 10月1日	「獻方物」
『同』弘仁元年(810) 9月27日	「獻方物」
『類聚國史』弘仁5年(814) 9月癸亥	「獻方物」
『同』弘仁10年(819) 11月甲午	「獻方物」(渤海王啓 중에는 「少土物」)
『同』弘仁12年(821) 11月乙巳	「獻方物」(渤海王啓 중에는 「少土毛」)
『續日本後紀』承和9年(842) 4月丙寅	「獻信物」
『同』嘉祥2年(849) 3月戊辰	「土物」(渤海王啓)
『同』嘉祥2年(849) 5月乙卯	「獻信物等」
『三代實錄』元慶7年(883) 5月丁卯	「進信物」(『貞信公記抄』同日條에는 「進信物」)
『貞信公記抄』延喜8年(908) 5月庚辰	「進信物等」
『日本紀略』延喜20年(920) 5月壬申	「進信物等」(『扶桑略記』同日條에는 「進信物」, 『貞信公記抄』同日條에는 「進信物」)

그리고 당나라로부터의 物은 8세기 이전과 동일하게 나타난다.

『續日本紀』天平勝寶6年(754) 3月丙午	「唐國信物」
『同』寶龜10年(779) 5月癸卯	「貢信物」
『後日本紀』延曆24年(805) 7月辛巳(遣唐使)	「答信物」(大同2年(807) 正月丙午條에는 「唐國信物」, 同丙辰條에는 「大唐信物」)

이상의 8세기 이후 공식사절들에 의해 전해진 物을 보면, 상기 1
과 2의 두 종류가 「貢調物」이나 「(國)信物」로 일원화되는 경향을
알 수 있다. 이런 경향은 특히 物의 상징성(ⓐ) 강화를 의미한다. 그
러면서도 그 상징성(ⓐ)은 8세기 이전과 같은 1의 국가 차원에서 의
미를 가진 성격으로부터 약간 변화해서, 오히려 「왕권(외교대표권자)
에 바치는 物」로서의 상징성, 그 의의가 강화되었다. 이러한 점은 대
보·양로 율령제의 정비와, 중국적 皇帝制를 모범으로 하는 天皇制
를 지향하고 있던 시대적 상황 속에서 이해할 수 있다.7) 즉 8세기
이후 보이는 「信物」등에 대해서는, 다음의 기사를 참고로 해서 그와
같은 점을 찾아 낼 수 있다. 遣唐使의 唐 체험이 기술된 사례인데,
領唐客使에 의한 보고 가운데에

> 『續日本紀』寶龜10(779)年 4月 21日辛卯
> (略) 遣唐使 아와따노 아손 마히또(栗田朝臣眞人)가 (略) 長樂驛에 도착
> 하였다. 五品舍人이 勅을 전하고 勞問하였다. (略) 이 날 國信·別貢 등
> 의 物을 받쳤다. 天子가 대단히 기뻐하고 群臣에게 班示하였다. (略)

라는 기사가 있다. 「國信·別貢 등의 物」에 대해서 그것을 「天子가
대단히 기뻐하고 群臣에게 班示」했다. 天子는 외국의 貢獻物(國信·
別貢物)을 「群臣들에게 班示함(나누어 보임)」으로써 내외에 군림하
는 위용을 과시하였던 것이다.8) 이 점은 또한 덴노에게 보내는 渤海

---

7) 그 선구적 형태를 상기의 注 4, 『日本書紀』 天武8年 10月 甲子條 「別獻物,
  天皇·皇后·太子」, 天武10年 10月 乙酉條 「別獻天皇·々后·太子, 金銀霞
  錦」, 天武朱雀元年 4月 戊子條 「別獻皇后·皇太子及諸親王等之物」에서 찾
  아볼 수 있다. 국가 대 국가차원의 「調」와 더불어 덴노나 덴노家에 특정된
  「別獻物」이 天武朝(재위 673~686)경부터 보내지게 되었던 것으로 볼 수
  있다.
8) 唐代의 외교의례 가운데 중심적인 행사인 引見(奉見·受表幣)·辭見(奉辭)·
  受朝(蕃國主나 蕃國使가 參列하는 元日·冬至의 朝會)·연회장에서 그 주

王啓에 「(발해왕)欽茂이 말합니다. (略) 若忽州 都督 胥要德 등을 사자로 파견하여 (일본사절) 히로나리(廣業) 등을 데리고 그 곳(일본)으로 돌려보내고자 합니다. 아울러 大蟲皮·羆皮 各 7張, 豹皮 6張, 人參 30斤, 密 3斛을 진상하니, 그 곳(일본)에 도착하면 檢領해 주기길 청합니다」(『續日本紀』天平11(739)年 12月 戊辰條)라고 하여, 당시 공식외교상에서 보낸 物에는 「검령을 청」함, 즉 검사 등으로 펼쳐 보인다는 전제가 있었던 것이다. 그리고 그것이 특히 왕권(天皇權)—외교대표권자에게 의미를 지닌 物로서 표징화한 것이다. 延曆24(805)年 7月, 견당사 第3船이 표류해 도착하였고, 大宰府는 「判官(3등관) 正6位上 미무네의 아손 이마쓰구(三棟朝臣今嗣) 등이 탈출하여 해안에 도착하였다. 官·私의 잡물은 수습할 경황이 없었다 (略)」고 보고하였다. 이에 대해 「勅을 내리길 "(사절이 맡은) 사명 가운데에 國信은 중요한 것이다. 선상의 物은 반드시 인력으로 온전히 보존해야 한다. 그런데 지금 그러한 사명을 생각지 않고, 오직 목숨만을 구하여 물 찬 배에 사람 하나 없으니, 어찌 건져 낼 수 있으리오. 사절로서의 도리가 어찌 그러한 것이리오. 마땅히 책임을 물어 이를 혼내고 잘못을 고치도록 하여라."고 하였다」(『日本後紀』同癸未條)고 하는, 「國信」에 중대한 사명감을 두는 덴노의 勅을 볼 수 있다. 이렇게 하여 가져온 「唐國 答信物」(『日本後紀』同辛巳條)은 「親王 이하 參議 이상 및 內侍에게 각각 사여」(『同』延曆24(805)年 7月 辛卯條), 「參議 이상에게 나누어 사여」(『日本紀略』大同2(807)年 正月 丙辰條) 하였듯이, 덴노가 親王 이하 諸臣에게 「班示—보이고 나누어 사여」를 한다는 효용이 있었던 것이다.

최자는 주로 皇帝이며, 주요의식 회장은 太極宮이나 大明宮內의 이른바 "皇帝의 공간"이었다(田島公, 「日本の律令國家の"賓禮"」『史林』68-3, 1985, 37쪽 이하 참조). 다시 말해 國書(외교문서)나 信物을 수령하는 의식에는 왕권(皇權)의 권위에 상징적인 의미를 부여하는 의의가 있었던 것이다.

『延喜式』에는 조정 諸儀式 중 元日 즉위의 儀에「蕃客이 朝拜」하여「蕃國使의 表를 받을」때(大儀), 元日 宴會의 儀에「蕃客에게 饗賜」할 때(中儀)에는 左右衛門府·兵衛府·近衛府가 정렬하도록 규정하고 있다(延喜左右衛門府·左右兵衛府·左右近衛府式). 그런데「信物」에 관해서는 그와 같이 左右諸府를 정렬하도록 하는 儀가 규정되어 있지 않다.9) 이 점에 대해서도「信物」이 국가의 차원보다는 덴노의 차원에서 중요한 의의를 가졌기 때문이라고 해석할 수 있다. 또 正史의 제사례에서 보면 文武朝(재위 697~707)에는 신라, 聖武朝(재위 724~749)에는 발해, 孝謙朝(재위 749~758)와 桓武朝(재위 781~806) 이후에는 당이라고 하는, 각각의 시기에 무엇보다 중요한 관계에 있던 외국에서 보내온 物이 天皇家의 諸山陵에 바쳐진 사실에 대해서도10) 마찬가지의 해석이 가능하다. 다시 말해 이러한 物에는 덴노와 덴노의 家系되는 것에 특수한 의미를 부여하는 상징성이 있었던 것이다. 또한 그「信物」의「檢校」를 현지의 大宰府나 國司에게 맡기지 않고 조정에서 직접 사자를 파견하는 체제를 취하고 있던 점에 대해서도 역시 같은 해석을 내릴 수 있다. 다음의 기사에서 보이는 것처럼

『續日本紀』天平15(743)年 4月 25日
檢校新羅客使 다지히노 마히또 하니즈꾸리(多治比眞人土作) 등이 보고하길 "신라사가 調를 土毛라 고쳐 부르고, 문서에 직접 物數를 注記하였다. 이를 舊例에 비춰보니, 크게 常禮를 잃은 것이다"고 하였다. 太政官이 處

---

9)「信物을 받는」儀에 관해서는 延喜(弘仁)式部式下에「受諸蕃使表及信物」이라고 되어 있을 뿐이다.
10)『續日本紀』天平2(730)年 9月 2日, 天平勝寶6(754)年 3月 10日,『日本後紀』延曆24(805)年 7月 27日,『日本紀略』大同2(807)年 正月 12日, 同13日,『類聚國史』大同2年 8月 8日,『續日本後紀』天長10(833)年 12月 3日, 同18日條 참조.

分하길 "水手 이상을 불러 失禮의 狀을 고하고, 즉시 放却하라."고 하였다.

신라사가 來日하자 檢校使가 파견되어 그들이 가져온 「調」의 檢校가 이루어졌다. 이와 같은 경향은 9세기 이후에도 변함없으며,

『三代實錄』貞觀14(872)年 5月 18日
勅을 내려 左近衛中將兼備中權守를 鴻臚館으로 보내 渤海國王의 啓와 信物을 檢領하였다.

鴻臚館에서의 渤海國王啓와 信物의 검령은 勅使의 파견에 의해 이루어졌다. 이처럼 공식적인 국가교섭과정에서 사절들에 의해 전해진 物-「信物」에 대한 검교(검령)는 기본적으로 조정파견의 사신에 의해 이루어졌다.[11] 공식사절에 의해 전래된 「(信)物」의 경우, 그 사절들이 도착한 현지의 大宰府나 國司에 의해 미리 점검된다든지,[12] 또는 그 현지에 수납된다든지, 혹은 그 곳의 재원으로 사용되

---

11) 다음의 遣唐大使(大宰權帥)·大宰大貳에 내린 덴노의 勅(『續日本後紀』承和6(839)年 8月 甲戌條) 내용을 참고해 보아도, 信物에 대해 특별히 유의하는 덴노의 의지를 읽을 수 있다.
「(略) (遣唐使를) 例에 따라 勞來하라. (略) 단지 육로로 入京하는 것은 생략할 것. 가을 수확 시기이므로 民業에 방해될가 염려해서이다. (略) 信物·要藥 등은 檢校使를 보내 육로로 遞送하여라. (略)」
이처럼 「信物」등의 검교·운송을 위해서 특별히 조정의 검교사를 파견하는 것은 사실 8세기 이전부터의 경향이었다(『日本書紀』敏達元(572)年 5月 壬寅, 『同』皇極元(642)年 2月 丁未, 『同』皇極2年 7月 辛亥, 『善隣國寶記』天智天皇3(664)年 4月條 참조). 또한 사절이 공식적인 「物」을 가지고 왔을 때 검교한다는 국가의 기본방침은 令式文을 통해서도 알 수 있다(養老關市7蕃客條, 延喜玄蕃寮式 諸蕃使人條 참조). 조정의 방침상 외국사절의 소유물이나 國信物의 검교는 우선 領客使 등의 조정 사자를 파견하여 행하는 것이 원칙이었으며, 또한 그것을 실행하고 있었던 것이다.
12) 唐에서는 羈縻諸州로부터의 공물을 조정에 이르기 전에 都督이 점검하였던 것(『唐會要』卷24 諸侯入朝, 先天2年(713)10月 勅に「諸蕃使, 都督管羈縻

거나 한 흔적은 보이지 않는다. 적어도 賓禮 형식의 하나로 공식적
으로 전달된 「(信)物」에 대해서는, 조정(혹은 조정 파견의 使)에 의해
처음으로 검교가 이루어져야 한다는 원칙이 있었던 것이다.13) 그리
하여 다이리(內裏)에 진상되어 덴노가 이를 보고, 구라료(內藏寮) 등
에 수납된 것으로 보인다.

> 『三代實錄』 元慶7(883)年 5月 8日丁卯
> 王啓 및 信物을 받쳤다. 親王 이하, 五位 이상 및 百寮初位 이상이 모두
> 모였다. 4位 이하 解由를 얻지 못한 자도 참석하였다. 所司가 啓 및 信物
> 을 받아서 內裏로 올렸다.
> 『貞信公記抄』 元慶7(883)年 5月 8日丁卯
> 啓 및 信物을 받쳤다. 外記가 函을 받아 전하였다. 大臣이 즉시 함을 열게
> 하고 (略) 奏聞하였다. 덴노가 보고 난 뒤 返給하고 外記가 이를 받아 처
> 리하였다. 信物을 敷政門 앞으로부터 內藏寮로 운반하기를 청하였다.

이와 같이 외국의 貢獻物 「信物」이 內藏寮14)에 수납되는 것도 덴
노(天皇權)와 관련된 것이었다.

그런데 당시 內藏寮에 수납되는 外來의 物에는 공식사절에 의한

州, 其數極廣, 每州遣使朝集, 頗成勞擾. 應須朝賀, 委當蕃都督與上佐及管內
刺史, 自相通融, 明爲次第. 每年一蕃令一人入朝, 給左右不得過二. 仍各分頒
諸州貢物, 都督點檢, 一時錄奏.」 참조)과 다르다고 할 수 있다.

13) 설령 그것이 「交關(교역)」을 위한 物이었다 하더라도, 외래의 物에 대해서는
조정이 먼저 검교하는 것이 본래의 방침이었다(『群書類聚』 第6輯 卷第80 新
儀式 第5 大唐商客事 「大宰府言上商客着岸之由. 爲令檢頒貨幷行和布事. 差
藏人一人. 出納一人下道. (或不遣使付府官. 或被遣藏人所雜色等.) 使等檢頒
唐物參上. 厥後更遣出納一人. 令辨賜直. 令太政官奏.」 참조).
사례로는 『平安遺文』 111 僧 泰信 書狀(園城寺文書) 仁壽3(853)年 正月 4日
「(略) 從臺州, 四月 一日, 得疾病, 直到本國, 不可上鴻臚館, (略) 賴得拾括命,
今間從京中朝使來, 收買唐物, (略)」등.

14) 덴노의 보물이나 일상용의 물품을 조달, 보관, 공진 하는 일을 맡았다(養老
職員令7 內藏寮條 참조, 『日本思想體系 3 律令』 頭注 163쪽 참조).

「信物」뿐만 아니라, 사절과의 직접적인 교역에 의한 경우도 있던 점에 주목해야 한다.15) 즉 일본에 들어오는 物은 사절 스스로가 교역을 전제로 하는 物을 갖고 오게 되면서 한층 더 다양한 형태를 띄게 되었다. 따라서 조정의 內藏寮도 「諸蕃貢獻奇琦之物」(養老職員令7)의 職掌에 한정하지 않고 직접 교역에 참가하게 되었던 것이다.16) 더구나 9세기 후반이 되면 상인의 도착 보고에 대하여 「安置供給」을 명하는 勅의 사례를 빈번히 볼 수 있다.17) 이 점도 상인에 의한 교역물의 조치가 덴노의 의지와 관련되어 있음을 나타낸다. 다시 말해 그러한 교역의 物에 대해서도 덴노는, 공식의례상의 貢獻物과 마찬가지로, 그 우선적 권리를 保持하거나, 保持하려고 했던 것이다.

　이상과 같이 「信物」 또는 「交關(교역)」의 物에 대하여 덴노 家의 재산을 운영하는 內藏寮가 관여하고 있던 점, 상인의 「交關」 움직임을 덴노가 파악하고 거기에 대한 지시를 내리고 있던 점 등으로부터, 이들 物에 함유된 의의-8세기 이후 일본에 전래된 物에 부여된 (a) 상징성-을, 특히 덴노와의 직접적인 관련 속에서 이해할 수 있는 것이다.18)

---

15) 『三代實錄』 元慶7(883)年 5月 7日 「內藏寮 和氣朝臣彛範, 僚下를 이끌고 鴻臚館에 가서 交關하였다」
　　다음날 8日에는 內藏寮와 발해사의 교역이 이루어졌다. 또 그밖에 『類聚三代格』 卷4 太政官符 大同元(806)年 10月 11日, 『續日本後紀』 承和6(839)年 10月 25日, 『三代實錄』 貞觀14(872)年 5月 15日・20日・21日・22日條 참조.
16) 養老職員令7 內藏頭의 職掌에는 「諸蕃貢獻奇琦」만 보이는데, 후대에 성립한 延喜大藏省式 蕃客條에 內藏寮에 의한 「交關」을 기록하고 있는 것은(「무릇 蕃客이 來朝하여 交關해야 할 때는, 丞・錄・史生이 藏部 價長等을 데리고 客館에 가서 內藏寮와 함께 交關한다. 끝나면 色目(목록)을 기록하여 官에 보고한다. 그 價物은 東絁 100疋 (略)」), 그러한 시대 경향의 반영인 것이다.
17) 『三代實錄』 貞觀7(865)年 7月 27日條, 貞觀8年 10月 3日, 貞觀16年 7月 18日, 貞觀18年 8月 3日, 元慶元(877)年 8月 22日條 참조.
18) 당시의 성격을 국가차원보다는 덴노(왕권)에 초점을 두어 설명하는 관점

제2절 諸國 「信物(調)」의 국내적 효용
− 덴노(天皇)에 의한 재분배와 관련하여

외교관계에 있는 각 국의 貢獻物, 그 의미에서 알 수 있는 덴노 권위의 상징성에 대해 고찰해 보았다. 그런데 실질적으로 그 物에는 어떠한 효용이 있던 것일까. 新羅와 渤海, 唐으로부터 가져온 物에서 알아낼 수 있는 각각의 특징과 관련하여 이 점을 검토해 보겠다.

1. 신라

8세기 이후 신라−일본관계에서 보이는 것은, 일본조정은 前代이래의 「調」를 고집하는 한편, 신라사절들은 가끔 「私意」에 의한 「土物」을 가져오거나, 또는 「信物」이라 부르며 전달하는 모습이다.

『續日本紀』天平15(743)年 4月 甲午
檢校新羅客使 다지히노 마히또 하니즈꾸리(多治比眞人土作) 등이 보고하길 "신라사가 調를 土毛라 고쳐 불렀다"고 하였다. (略)
『同』寶龜元(770)年 3月 丁卯
(신라사) 金初正 등이 말하길 "(略) 또한 使를 보내는 참에 더불어 土毛를 받치는 것이다" 또 (신라사에게) 묻길 "신라가 貢調하는 것은 오래된 일이다. 土毛라 고쳐 부르는 뜻은 무엇인가?" 대답하길 "임의로 더불어 받

(李成市, 『東アジアの王權と交易−正倉院の寶物が來たもうひとつの道』, 靑木書店, 1997)은 참고할 만하다.

치는 것이므로 調라 칭하지 않았다"고 하였다. (略)

『同』寶龜5(774)年 3月 癸卯

(신라사) 三玄이 말하길 "우리 국왕의 말씀(教)을 받들어 예전과 같은 修好를 맺고 항상 서로 聘問(예물을 갖추어 방문)하기를 청한다. 아울러 國信物 및 在唐大使 藤原河淸의 서신을 가지고 來朝하였다"고 하였다. (略) 勅을 내리길 "신라가 원래 臣이라 칭하며 調를 받친 것은 고금에 자명한 바다. 그런데 古例에 따르지 않고 감히 새로운 의미를 지어서 調를 信物이라 칭하였다. (略)"

이상과 같이 「調」나 「土物」 등으로 신라-일본간에 일어난 갈등은, 그 物 자체, 이른바 내용물의 문제가 아니고 용어의 문제-형식상의 문제였던 것이며, 그것을 당시의 일본조정이 중시하고 있던 점에 주목해야 한다. 당시 국가 간에 왕래하는 物의 일반적인 호칭은 「信物」이었으나,[19] 신라와의 관계에서는 여전히 「調」를 고집하고

---

19) 일본에서 신라로 보낸 物도 마찬가지로 「(答)信物」로 표현하고 있다(寶龜11(780)年 2月 庚戌條)(그밖에는 「贈物」, 또는 『續日本後紀』 承和3(836))年 12月 丁酉條 인용의 신라 執事省牒속에는 「贄贐」라는 표현도 보인다). 또 일본에서 발해로 보낸 物도

『續日本紀』神龜5(728)年 4月 壬午(賜其王璽書)「信物」
『同』天平寶字3(759)年 2月 戊戌朔(賜高麗王書)「土毛」
『同』寶龜3(772)年 2月 己卯(賜渤海王書)「贈物」
『同』寶龜10(779)年 2月 癸酉(賜其王璽書)「信物」
『日本後紀』延曆18(799)年 4月 己丑(賜其王璽)「信物」
『續日本後紀』承和9(842)年 4月 丙子(賜渤海王書)「少國信」

이라고 기록하고 있다. 또한 일본에서 당에 보낸 物도 「國信(物)」이라 칭하고 있다(『日本後紀』延曆24(805)年 6月 8日 乙巳條, 『性靈集』卷5 爲大使與福州觀察使書註, 『入唐求法巡禮行記』 承和5(838, 開成3)年 8月條 참조). 선례로서는 『日本書紀』 推古16(608)年 8月 壬子條에 보이는 「大唐의 國信物」이 있다. 그리고 일본의 기록뿐만 아니라, 신라에서도 같은 경향을 볼 수 있는 등(『藍浦 聖住寺 朗慧和尙 白月葆光塔碑文』(신라 眞聖王4(890)年 庚戌 추정) 序에, 당의 僖宗이 신라 憲德王에 보낸 物이 「國信」으로 기록됨(「准南入本國 送國信 詔書等使 前東面都統巡官 承務郎 侍御史 內供奉 賜紫金魚袋 臣 崔致遠 奉教 撰」)), 당시 국제 간의 贈物에 대한 일반적인 호칭이 「信物」

있었던 것이다. 또한 8세기 초기까지도 확인되는 것처럼, 신라의 物은 여전히 「珍異의 財物」로서 귀하게 여겨졌다(『續日本紀』 文武4(700)年 10月 癸亥條, 養老3(719)年 閏7月 癸亥條, 天平4(732)年 5月 庚申條 참조. b적 요소가 깊게 잔존20)). 그러면서도 신라의 物도 「調」와 「別獻物」의 두 종류가 공식적으로는 타국과 마찬가지로 「貢(獻)調物(方物)」(또는 신라사절에 의해 「土物」이라고 불리는 物)로 일원화되었다. 그리고 덴노에게 일원적으로 수렴된 이러한 공적차원의 物이, 다시 덴노에 의해 大臣들에게 분여 · 사여되는 것에 그 용도 · 효용이 있었던 것이다.

> 『續日本紀』 神護景雲2(768)年 10月 甲子
> 左 · 右大臣에게 大宰綿을 각 2萬屯, 大納言 이미나(諱) · 유게노미끼요노 아손 기요히또(弓削御淨朝臣淸人)에게 각 1萬屯, 從2位 훈야노 마히또 죠산(文室眞人淨三)에게 6千屯, 中務卿 從3位 훈야노 마히또 오치(文室眞人大市) · 式部卿 從3位 이소노가미노 아손 야까쓰구(石上朝臣宅嗣)에게 4千屯, 正4位下 이호끼베노 오끼미(伊福部女王)에게 1千屯을 사여하여 신라의 交關物을 사게 하였다.

이처럼 덴노는 大臣에게 신라의 「交關物」을 사기 위한 大宰府綿을 「사여(賜與)」하였다―다시 말하자면 덴노가 大臣에게 신라 交關物에 대한 권익을 분여하는 형태가 취해졌다. 즉 8세기 이후 신라와의 관계 전개에 의해 들어온 物은, 덴노가 우선적으로 그 物의 소유권자이며 배분권자임을 내보임으로써 덴노 권위의 상징성에 기여하

이었음을 알 수 있다.

20) 7세기 중엽이후 신라-일본간의 문물교환은, 8세기 중엽경의 신라사 일행과 교역한 문물 내용과 유사하다는 지적(岡藤良敬, 「七世紀中葉~九世紀の日羅關係―九州地域史の視點から―」『福岡大學人文論叢』 28-4, 1997, 3月)도 참조.

는 면(a)이 있었고, 또 덴노에 의한 物의 재분배에 참가할 수 있었던
특정의 계층에게 物 그 자체의 실질적 권익을 주는 면(b)이 있었
다. 그리고 이 과정에서 덴노는 외교권 소지자로서의 권한을 대내적
으로 체현할 수 있었던 것이다.

2. 발해

8세기 聖武朝 이래 공식교류를 가지게 된 발해에 대해서는 처음부
터 「方物」, 또는 「(國)信物」(渤海王啓의 표현에는 「土物」이라고도 함)
이라는 용어로 대체로 정착하고, 9세기가 되면서 「王啓(書)」와 함께
－儀式化－해서 덴노에게 진상되었다(『日本紀略』弘仁11(820)年 2月
甲戌條에는 덴노의 服制 규정과 관련해서 「蕃國使表·幣를 받는다」, 弘仁·
延喜式部式에는 「諸蕃使의 表 및 信物을 받는다」, 『本朝法家文書目錄』의 編
目 가운데에는 「渤海國使, 王啓와 信物을 바치는 儀」가 보이는 것도 참조).
8세기 이후 신라의 物에 대해서는 이전과 같이 「珍異의 物」에 가
치를 두고, 그 호칭에 대해서도 전대 이래의 「調」 그대로를 주장하
였다. 거기에 비해 발해는 일본이 중국식 율령제국가로서 기세를 다
듬어가던 시기에 관계가 시작되었으며, 양국 모두 중국에서 모범을
구하려고 하던 공통점이 있다. 따라서 전대 이래의 관계에 영향을
받고 있던 신라와는 달리, 서로가 의례적 차원이 존중되는 면(「國
書·信物」이라는 형식)에서 외교가 전개되고 있었던 것이다. 그리고
大臣층을 위한 物의 재분배에는 특별히 大臣에 의한 개인적인 연회
장이 이용되고, 그것을 통해 大臣에 의한 교역이 이루어지고 있던
것으로 보인다.[21]

---

21) 左大臣·長屋王의 邸宅地跡 추정지에서 출토한 「渤海」木簡 (715年에서 729

『續日本紀』天平寶字3(759)年 正月 甲午
大保 후지와라노에미노 아손 오시까쓰(藤原惠美朝臣押勝)가 田村第에
서 외국(발해)사절에게 연회를 베풀었다. 內裏 女樂 및 綿 1萬屯을 勅賜
하였다. (略)

위와 같은 사례로부터 大臣宅의 연회 시에 교역이 이루어졌다는
것을 추측할 수 있다. 여기에 덴노로부터 「綿」이 사여된 것은, 신라
사와의 교역과 마찬가지로, 덴노에 의해 교역이 허가-분여권이 사
여-되었음을 의미한다. 그것은 또 唐客의 내조 시에도 볼 수 있는
경향이다.

『續日本紀』寶龜10(779)年 5月 庚申
右大臣이 第에서 唐客에게 饗을 베풀었다. 綿 3000屯을 勅賜하였다.

그런데 한 가지 주목되는 것은, 발해사가 가져온 物 속에는 「信物」
이외에도, 「大使에 의한 別貢物」이 종종 보인다는 점이다.

『類聚國史』天長元(824)年 4月 丙申
越前國으로부터 전해 올린 渤海國 信物 및 大使 貞泰等의 別貢物을 살펴

年까지의 木簡群, 東二坊坊間路西側溝(SD002, 뒤에 SD46999), 奈良文化財
研究所, 1989, 1991)도 이를 입증한다.

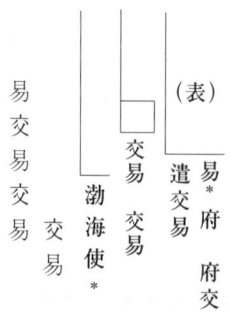

보았다. 또 契丹大狗 2口, 猧子 2口를 받쳤다.

(同庚子條에는 「渤海副使 璋璿의 別貢物을 돌려보냈다.」고 함)

『同』承和9(842)年 4月 辛未

渤海大使가 (略) 私的으로 方物을 받쳤다.

『同』貞觀元(859)年 6月 丁未

渤海使 孝愼이 별도로 土宜를 받쳤다.

『同』貞觀14(872)年 5月 癸巳

(발해) 大使, 掌客使 편으로 私的으로 壞奠을 天皇 및 皇太子에게 奉獻하기를 청하였다. 掌客使가 전하였다. 詔를 내려 이를 허락하였다.

『同』元慶元(877)年 6月 甲午

(略) 王啓 및 信物을 받지 않고 돌려주었다. (발해) 大使 中遠은 珍瓱·玳瑁·酒盂 등을 天子에게 받치기를 청하였으나 모두 받지 않았다.

『同』元慶6(882)年 5月 壬申

(발해) 大使가 별도로 方物을 받쳤다.

　이상에 의하면 「大使」에 의한 「사적」인 「別貢物」은 대체로 9세기 仁明朝(재위 833~850)부터 사례가 보이며, 그 이후에는 일반적인 경향—즉 儀式化한 형태로서 유지되었던 것을 알 수 있다. 그리고 그것이 「大使에 의한 私的」성격의 珍異 進物(ｂ)로 기록되었지만 주로 덴노(및 황위계승자인 皇太子)에게 바치기 위한 「別貢物」(ａ)[22]로 나타나는 점 역시 간과할 수 없다.[23]

---

22) 『扶桑略記』24, 延喜20(920)年 5月 15日, 「掌客使인 民部省 大丞(3등관) 季方이 (발해)大使 裴璆의 別貢物을 받아서 구로도노 도코로(藏人所)에 전하였다.」, 즉 別貢物이 덴노의 기밀을 보존하고 덴노에 밀착하여 문서와 소송을 담당하던 藏人所에 수장되었다는 사실을 보아도, 別貢物과 덴노와의 직접적인 관계를 확인할 수 있다.

23) 『續日本紀』寶龜8(777)年 5月 癸酉條에는 「발해사 史都蒙等이 귀국하였다. (略) 賜渤海王書에 이르길 "天皇敬問渤海國王. (略) 따라서 배를 만들고 使를 파견해 본국으로 돌려보낸다. 아울러 絹 50疋. 絁 50疋. 絲 200. 綿 300屯을 보낸다. 또한 都蒙의 請에 의해 黃金 小100兩, 水銀 大100兩, 金漆 1罐, 漆 1罐, 海石榴油 1罐, 水精念珠 4貫, 檳榔扇 10枝를 덧붙여 사여한다. 도착

3. 唐

당의 경우는 근소한 사례밖에 없지만 「信物」(「唐物」)이라 함을 알수 있고, 書(唐朝書·勅書)와 함께 전달되고 있다.[24] 즉 발해관계와동일한 유형이었다고 추측할 수 있으며, 그 物이 가진 의미도 당에서와 같이[25] 왕권의 표징에 기여하는 면이 컸다. 또 8세기에는 大臣宅의 연회장을 이용하여 당객과의 교역이 이루어졌으며(『續日本紀』寶龜10年 5月 庚申), 9세기 이후에도 親王 이하나 參議 이상 등에게「각각 사여」, 「나누어 사여」(『日本後紀』延曆24年 7月 辛卯,『日本紀略』大同2年 正月 丙辰)함으로써, 덴노에 의해 物에 대한 이익권이 분여·사여 되었음을 알 수 있다.

이상과 같은 고찰에 기초를 두고, 당시 대외교섭을 통해 조정에전해진 物이 공식적으로 파악되고 있던 과정상의 특징을 시기별로

하면 잘 받기를 바란다. (略)」라고 하여, 발해사 「都蒙의 請에 의해」「黃金
…」을 덧붙여 사여한다는 덴노의 뜻이 보인다. 그러나 그 物은 발해사 都蒙
개인에게 준 것이 아니라, 발해국왕 앞으로 보내는 國書 속에 기록되어 있
듯이, 발해국왕에게 보내진 物이었던 것이다. 즉 당시 발해사에 의해 「私」
적으로 가져와, 또는 「발해사의 請」에 의해 사여했다고 기록하고 있다하더
라도 그것은 덴노(國王)를 위한 物이었으며, 단순한 사적인 物은 아니었다
고 보아야 한다.

24) 『平安遺文』112號 唐僧 常雅 書狀(園城寺 文書)속에 「寶子書 및 信物」이라
고 보이는 것도 참조.

25) 중국에서는 「皇帝受蕃使表及幣」(『開元禮』卷79, 『新唐書』禮樂志 賓禮)라
고 보이듯이, 諸國 貢獻物(「幣」)을 받는 儀는 황제에 대해 행해지는 儀이었
던 점에 그 의의가 있다. 이러한 점을 당시 조정도 인식하면서 唐使로부터
「信物」을 받아 들였던 것이다. 그 「唐物」을 天皇家의 諸山陵에 바치는 것도
이런 면으로 이해할 수 있다.

도식화해 볼 수 있겠다.

(8세기 이전)

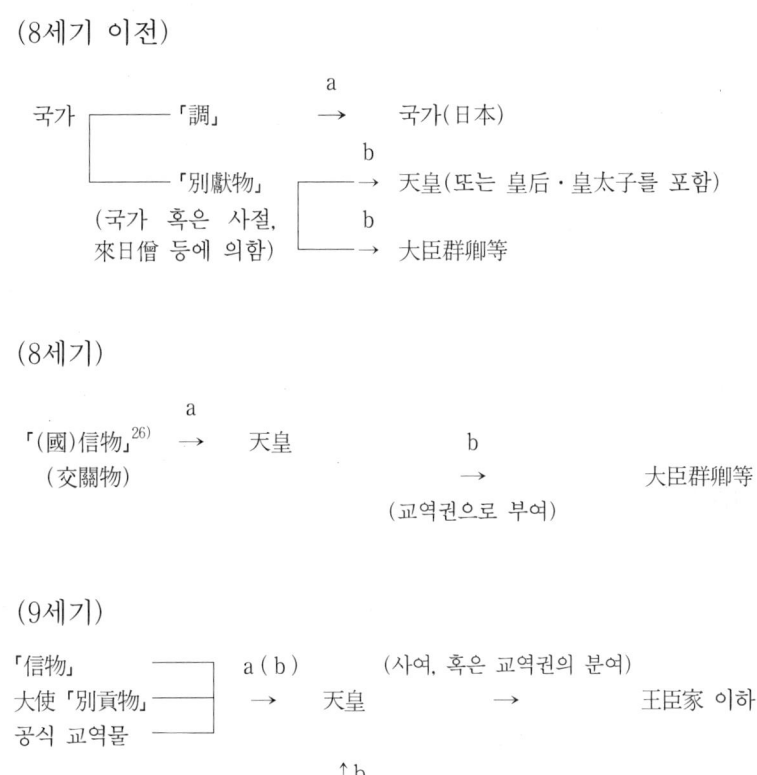

국가 ┬── 「調」   →ᵃ   국가(日本)
    │
    └── 「別獻物」   ┬─→ᵇ 天皇(또는 皇后·皇太子를 포함)
     (국가 혹은 사절, │ᵇ
      來日僧 등에 의함) └─→ 大臣群卿等

(8세기)

「(國)信物」²⁶⁾ →ᵃ   天皇   →ᵇ
 (交關物)   大臣群卿等
                        (교역권으로 부여)

(9세기)

「信物」   ┐   a(b)   (사여, 혹은 교역권의 분여)
大使「別貢物」 ├─→   天皇   →   王臣家 이하
공식 교역물   ┘
                  ↑b
비공식 교역물 ─────────────────────────→ 私交易

　이와 같이 시대가 내려감에 따라 발생한 物의 특징은, a면은 왕
(덴노)권에 있어 의미가 강화되고, b면은 교역으로 그 참가대상이
보다 넓어졌다는 점이다.²⁷⁾

———————————————————
26) 신라로부터는 「調」「方物」, 또는 사절에 의한 「土物」.
27) 물론 9세기 이전에도 그러한 동향이 있었을 것으로 추정된다. 그러나 사적
　　교섭·교역을 제한하려고 한 국가의 기본방침과 그 영향력을 고려하면, 시
　　대적 흐름에 따라 그림과 같은 경향을 볼 수 있는 것이다.

「國信」이나 「交關」에 의해 일본에 전래된 物에 대하여 덴노는 정점의 파악자이며, 第一의 소유권자임을 명시하였다. 「信物」이 덴노 권위의 상징성으로서 강조된 것, 덴노와 직접 관련 없는 사교역 금지의 원칙이 관철된 것[28] 등은 그러한 면을 잘 말해주고 있다. 그리고 이렇게 하여 덴노에게 결집된 物을, 덴노는 다시 사여하거나 또는 용익권·교역권으로 大臣(王臣)이하에게 재분배하였다. 그러면서도 일본고대국가의 物은 점점, 덴노를 위한 「國信」이나 특권층을 위한 교역에 집중되지 않고, 보다 광범위한 교역품으로 실질적 의의가 강화되었다.[29] 9세기 중반 이후에는 物에 대한 조정관리의 범위

---

28) 일본고대국가에서 대외 접촉은 대개 두 가지 점에서 제한되었다. 하나는 국가기밀과의 관련에서이다(公式令70, 職制律19 참조). 또 하나는 「交關」, 또는 「蕃客(외국사절)」의 출입에 따른 物에 대한 국가관리의 방침에서이다(關市令6·7·8·9, 延喜玄蕃式 諸蕃使人條 참조). 「蕃人」 혹은 「蕃國」과의 관계(交關·接觸)에서는 국가가 대표성을 가져야 한다는 원칙이 令文이나 式文 등의 법제를 통해서 변함 없이 관철되었다. 그것이 구체적으로 「蕃客」의 「所有物」에 대해서 「檢校」를 하며(關市令義解7), 「諸蕃使人」이 「國信物을 가지고 入京」하는 경우(延喜玄蕃式 諸蕃使人條)에 領客使를 교역에는 「官司」(關市令8)를 파견한다는 것으로 표현되고 있다. 그리고 延喜大藏省式 蕃客來朝應交關條에서 알 수 있듯이, 외국사절과의 교역에 관계하는 것은 우선 조정의 大藏省과 內藏寮였다(職員令3 大藏省 卿(장관)의 職掌 「諸方貢獻雜物」, 同令7 內藏寮 頭(장관)의 職掌 「諸蕃貢獻奇琦」 참조).

8세기 前代의 대외대표권이었던 외교지휘권과 전쟁지휘권은, 8세기 이후에는 그 일부가 「교역독점(지휘)권」을 통해 구현되었다. 令式文上의 제규정은 대체로 교역과 국가기밀의 양면에서 명시된 것, 또 실제적으로는 주로 전자와 관련된 것 등은 그것을 반증한다. 사교역을 금지하고, 외국인과의 접촉을 금지하려는 조정의 방침은, 이처럼 국가(조정)가 物을 통해 지도권을 발휘하고, 物을 관리하는 것에 의해 국가권력의 소재를 표징하려고 했던 면에서 이해할 수 있다.

29) 그림에 보이는 「교역」의 공식, 비공식면에 관해서, 아래와 같은 여러 차원의 양태가 구현되었다고 볼 수 있다.

1. 內藏寮가 관계하는 조정에 의한 교역
   : 주로 덴노의 재정과 관련됨
2. 大臣계층의 특권계층에 의한 교역

를 넘고야마는 상황이 확실히 나타난다(ｂ의 의의가 「珍異의 物」이라
는 면으로부터 일반보급품의 면에까지 확대되었다[30])).

맺음말

이상과 같은 고찰로부터 일본고대국가에 건너온 物을 파악하고
관리하는 시스템에 대해서 다음과 같은 결론이 가능하다. 8세기 전
후부터 공식적인 사절교섭에 의한 「貢獻物(信物)」에 대해서는, 조정
에서 諸使를 파견하는 등의 직접적인 관리가 이루어졌다는 점이다.
또한 9세기 이후의 시대적 동향을 반영하여 보다 다양화된 物에 대
해서도 마찬가지로, 기본적으로는 조정에서 使를 파견하여 점검하는
방침을 볼 수 있다. 즉 조정이-구체적으로는 內藏寮・藏人의 참가
로부터 알 수 있는 것처럼 주로 왕권의 기반과 관련해서-來日한 物
을 관리한다는 방침(원칙)이 변함 없이 관철되었던 것이다.

덴노는 대외교섭에 의한 「信物」을 받아들이는 賓禮 과정의 외교
대표권자이며, 그 재정기반인 內藏寮를 교역의 우선기구로 함으로
써 「信物」이외의 「交關(교역)」物을 포함한 外來物의 第一의 소유자
인 동시에 第一次的 배분권자의 권위를 유지하려고 하였다. 또한 특

     : 덴노에 의해 保持된 선매권의 행사 뿐만 아니라 개인적 움직임의 확대
   3. 그밖에 大宰府 官人에 의한 교역, 또는 공적 루트로는 파악할 수 없는 민
     간차원의 교역의 확대
  등.
30)『續日本後紀』承和8(841)年 2月 27日, 承和9年 8月 15日,『三代實錄』貞觀
   14(872)年 5月 21日, 22日條 사례 참조.

권충의 太政官 官人은 덴노에 의한 物의 재분배에 참가하여 그 실
질적 권익을 향유하는 한편, 스스로도 교역을 도모해 그 이익을 추
구하였다. 외교과정에서 들어온 物을 둘러싸고 양자는 시대적 조류
속에서 이상과 같은 관계를 유지하였던 것이다.

제3장 덴노(天皇)의 외교기능과
「入京」의 문제

머리말

일찍이 이시모다 쇼(石母田正)는 일본고대국가를 "아시아적 전제 국가의 유형"에 속하는 국가로 규정하였으며, 그 속에서 외교권은 "덴노(天皇) 고유의 大權 사항의 하나"라 하였다.[1] 이 같은 일본고 대국가의 외교권에 관련해서 일본학계 안에 대체로 다음과 같은 두 가지의 견해가 존재한다.

첫째, 天皇의 권한과 太政官을 대치시켜 양자간의 권력관계를 지 적하고, 그 연장선상에서 외교권에 대해 논의하는 견해

둘째, 天皇·太政官이라고 하는 조정의 中央權과 대치되는 大宰 府과 諸國의 地方權을 설정하고, 그 속에서 외교권의 소재에 대해 논의하는 견해 등이 그것이다. 이는 8세기 이후의 "天皇 專制權"을 인정하면서도, 9세기(중엽)이후에는 太政官의 외교참여로 의해 덴노 의 외교권이 상대적으로 약체화되었다고 보거나, 또는 大宰府나 地 方諸國의 "외교권"－"독자의 판단권"이라는 것을 中央權과 대치시

---

1) 同氏, 『日本の古代國家』, 岩波書店, 1971 참조.

켜 설명하는 것이었다.

그러나 위와 같은 주장에 대해서는 다음과 같은 의문을 제기할 수 있다. 과연 8세기는 덴노의 外交專權의 시대였으며, 덴노의 주도로 외교행사상의 제 기능의 전부가 행해졌던가—무릇 일본고대국가의 덴노에 대해 외교권을 비롯한 전제권을 인정할 수 있는가 라는 근본적인 문제점을 제기—하는 것이며, 이로부터 덴노의 외교권, 그 구체적인 내용에 대해서도 재해명되지 않으면 안될 것이다.

따라서 본 장에서는 먼저, 선행연구에서와 같이 天皇 대 太政官, 혹은 中央 대 地方이라고 하는 2항 대립적 권력관계 속에서 외교권 소재의 문제를 논하기보다는, 이들을 모두 대외문제를 해결하는, 혹은 강구하는 위에 기능하도록 설정된, 일본고대국가 외교행정체제상의 구성요소로서 파악하고자 한다. 예컨대 율령국가 덴노의 외교권이라는 것도 실제 어떠한 내용의 것이었는지, 이를 '덴노가 발휘한 외교기능'이라는 각도로 규명 가능하다.

그리고 구체적으로는 사절의 '入京'이라는 문제를 통해 고대일본 조정이 행했던 외교기능의 일단을 살펴보고자 한다. 즉 來日한 사절들을 조정까지 '入京'시켰는가 아닌가 하는 문제이다. 이 '入京'여부의 문제는 종래 덴노의 외교권 확립과 관련하여 8세기 이전의 시대가 주목받았다. 예를 들면 "외국사절이 畿內에 들어오는 것을 제한하고, 국가의 외교권을 덴노권(天皇權) 아래 확립하려고 했다"거나, 또는 "筑紫 大宰가 入國·放還의 선별에 관여하는 등, 국가외교권의 일부를 행사했다"고 설명하였다.[2] 그런데 8세기 이후에 대해서는 사절의 '不入京(혹은 '放還'—도착지에서 그대로 돌려보냄[3])'사건에

---

2) 田島公,「外交と儀禮」『日本の古代七まつりごとの展開』, 中央公論社, 1986. 田村円澄,「大宰府前史小論」『九州文化史研究所紀要』21 참고.

3)「放還」의 호칭에 대해서는 이 책「신라사절「放還」과 일본의 왕권」참조.

초점을 두어, 이를 사절과의 교섭 중에 일어난 충돌로 해석하고, 주로 대외문제의 차원에서 양국관계의 불화로 설명하는 등, 8세기 이전과 같이 일본국내사적 의의를 묻고 평가하려는 시점은, 필자가 아는 한도 내에서는 찾아볼 수 없었다.

따라서 본고에서는 8세기 이후의 '(不)入京'문제를 다루어 봄으로써 다음과 같은 점을 해명해 보고자 한다. 즉 일본고대국가가 실시한 외교조치, 외교정책상의 특징으로서 뿐만 아니라, 그러한 외교조치에 내포되어 있었던 일본사적 의의 - 덴노가 實在하는 조정을 중심으로 이루어진 외교기능의 일부로서 평가하고, 또한 '入京'에 관여한 명령의 체계를 둘러싸고 大寶律令(701년)・養老律令(718년) 성립 이후의 덴노의 외교기능과의 관련에서 어떤 점을 지적할 수 있는가 하는 점을 살펴보겠다.

제1절 8∼9세기에 보이는 외국사절의 「不入京」 사례와 특징

『續日本紀』이후의 일본의 대외관계의 전개에서 보면, 신라사의 入京은 文武 2(698)年 入京 이래 寶龜11(780)年까지 모두 13회를 기록하고 있으며, 발해사의 경우는 神龜5(727)年부터 延喜20(920)年에 이르기까지 모두 24회, 또 당사의 경우는 寶龜10(779)年의 1회를 기록하고 있다. '入京'에 의한 외교의례는 延喜20(920)年의 발해사의 입경기록이 최후가 되며, 결국 덴노나 귀족이 외국인과 만나는 것은 금기가 되었다.[4] 그렇지만 8∼9세기에도 외국사절이 來日하면 반드

시 京에까지 들어와서 접대를 받았던 덴노의 시기는 오히려 드물며,
8세기에는 文武(재위 697~707)·元明(재위 707~715)·孝謙(재위 74
9~758)덴노의 시기, 9세기에는 平城덴노(재위 806~809)의 시기 정도
이다. 그 밖의 시기에는 일본측의 사정, 혹은 사절 측의 違禮 등이
문제가 되어 사절이 入京하지 못할 사태가 번번이 발생했던 것이다.

이러한 '入京' 문제의 의의를 생각해 보기에 앞서, 우선 8세기 이
후의 사절들 '不入京' 발생 사례에 대해 검토해 봄으로써 본 과제에
접근해 보려 한다.

表1은 당시의 일본조정과 공식적인 외교관계에 있었던 신라, 발해
의 사절들이 來日했던 기록 가운데 '入京할 수 없었던, 혹은 入京하
지 않았던' 사례를 열거한 것이다(단 신라의 공식사절의 내일은 寶龜年
間(770~780)이 최후로 알려져 있으나, 본고에서는 仁明朝(재위 833~855)
의 1例와 光孝朝(884~887)의 1例도 포함시키기로 한다5)).

---

4) 『玉葉』 嘉應2(1170)年 9月20日條 참조.
5) 이 두 사례는 단순한 일반인의 차원이 아니라 신라가 공식적인 접촉을 바라
　고 온 경우라 할 수 있기 때문이다. 『續日本後紀』 仁明朝 承和8(841)年 2月
　27日 戊辰條에는 張寶高의 사신이 공식사절이 아니므로 放還한다는 기사가
　보인다. 그러나 張寶高는 당시 신라조정으로부터 정식 관직을 얻은 신분이
　었다는 점을 고려한다(『三國史記』 文聖王 元(839)年 8月條). 또 光孝朝의
　사례는 신라사절이 신라왕의 國書없이 執務省牒만을 가지고 와서 공적교섭
　을 하고자 했던 예이다(『三代實錄』 仁和元(885)年 6月 20日).
　그밖에도 『三國史記』 新羅本紀 憲康王 4年(878), 陽成朝 元慶2年의 「日本國
　使가 신라에 왔다」, 『同』憲康王 8年紀(882, 元慶6年) 「日本國王이 遣使하여
　黃金 300兩·明珠 10개를 받쳤다」, 『三代實錄』 貞觀12(870)年 11月 13日 辛
　酉條의 「筑前權史生 佐伯眞繼이 新羅國牒를 받쳤다」 등과 같이, 9세기 후반
　까지도 양국 간에는 여전히 그 각각의 조정이 파악하고 있는 범위내의 교류
　가 존재하고 있었음을 확인할 수 있다.

〈표 1〉 사절 '放還(不入京)'의 내용

時期 / 對象	新羅使	渤海使
元正 養老五(721)年 12月是月條	太上天皇의 登遐(사망)에 의함	
聖武 天平7(735)年 2月27日 　　　天平10(738)年 6月24日 　　　天平14(742)年 2月5日 　　　天平15(743)年 4月25日	(17日入京)國號를 王城國이라 함 大宰로부터 돌아감 恭仁宮의 미완성 調를 土毛라 함 : 常禮를 잃음	
孝謙 天平勝寶4(752)年 閏3月22日 　　　天平勝寶4(752)年 9月24日	(入京, 금후로는 國王이 入朝 또 는 表文을 지참할 것)	 (入京, 王啓가 臣名을 칭하지 않고 上表 없음 을 책망함)
淳仁 天平寶字4(760)年 9月16日 　　　天平寶字7(763) 2月10日 　　　天平寶字8年(764) 7月19日	使人이 輕微 (入京, 금후로는 王子, 혹은 執 政大臣이 入朝할 것) 不入京	
稱德 神護景雲4(770)年 3月4日	調를 土毛라 함	
寶龜2(771)年 12月21日 光仁 寶龜4(773)年 6月24日 　　　寶龜5(774)年 3月4日 　　　寶龜10(779)年 11月9日	貢調를 國信이라 함	(入京 : 表文無禮→改修) 表函의 違例 表의 無禮
桓武 延曆15(796)年 4月27日		(入京 : 王啓가 舊儀와 다름)
嵯峨 弘仁7(816)年 5月2日 　　　天長元(824)年 2月3日		勅書를 주지 않고 귀국 흉작·역병 때문에
淳和 天長4(827)年 正月2日		違期
仁明 承和8(841)年 2月27日	王의 사신이 아니므로	
淸和 貞觀元(859)年 正月22日 　　　貞觀3(861)年 正月20日 　　　貞觀14(872)年 5月15日		文德의 喪 違期·違例·가뭄 : 中 臺省牒만 진상 (入京 : 덴노는 만나지 않음)
光孝 仁和元(885)年 6月20日	王啓가 없음, 牒은 故實과 어긋남	
陽成 元慶元(877)年 6月25日		1年1貢 폐지를 청함→인 정하지 않고 放還
宇多 寬平4(892)年 6月29日		不入京

(( ) 안은 일단 入京은 했으나 放還될 문제의 소지가 발생한 경우)

일찍이 元正朝에 온 신라사가 太上天皇(元明)의 사망으로 의해 大宰로부터 放還된 사례가 있었다(『續日本紀』養老5(721)年 12月 是月條). 8~9세기 대외관계의 전개를 사절들이 '入京'했는지 아닌 지의 관점에서 파악할 경우, 元正朝로부터는 '入京'시키지 않은-하지 못했던-사건의 발단을 볼 수 있다. 그렇지만 이를 양국 사이에 외교접촉상의 '문제가 발생한 것'으로 해석할 수 있는 것은 聖武朝로부터라 할 수 있겠다.

聖武朝의 약 25년 간(724年 2月~749年 7月)에는 6차례의 신라사 來日과 이에 상응하는 5차례의 견신라사 파견이 있었으며, 8세기 이후의 신라-일본간의 공식사절 왕래 가운데 최다수를 기록하는 시기였다. 聖武朝에는 또한 새롭게 발해관계도 시작되었으며, 전 시기 이후 계속되어온 견당사 파견의 움직임 등, 국제관계의 전개가 두드러진다. 그러나 한편으로는 본격적인 의미에서의-외교상의 충돌이라 할 수 있는-신라사절에 대한 '放還'문제도 대두되는 것이다. 즉 6회의 신라사 來日 가운데 4회가 조정에까지 가지 못하고 도착지에서 그대로 돌아갔다. 그 4회의 '不入京'사건 가운데 일본측 사정에 의한 것 2회(『同』 天平10(738)年 6月 辛酉條, 天平14(742)年 2月 庚辰條)를 제외한 나머지 2회의 사례(『同』 天平7(735)年 2月 癸丑條, 天平15(743)年 4月 甲午條)가 이른바 신라 측의 문제였다. 즉 國號와 調의 호칭에 대한 문제가 발생해, 이것이 두 나라간의 원활한 외교교섭에 지장을 준 이유(명목)가 되었다. 737년 견신라사가 신라의 「失(常)禮」를 보고하여(天平9年 2月 15日條), 조정에서 「신라정벌」의 논의가 일어난 것(同21日條)도, 이 시기의 두 나라 관계를 상징하고 있다. 그러나 일본조정에서 이러한 「禮」의 문제가 일어난 것은, 735년 入唐留學生에 의해 唐禮(永徽禮)가 전수되게 된 것(天平7(735)年 4月 26日條 참조)과 무관하지는 않을 것이다.

孝謙朝(재위 749~758)에는 실제 사절들에 대한 '放還(不入京)'조치는 보이지 않으나, 일본조정은 「表」의 문제를 들어 신라사나 발해사를 '放還'시킬 '여지'를 보이고 있다. 孝謙朝에는 신라사·발해사가 각각 일회씩 來日했는데, 752年 閏3月에 도착한 신라사에 대해서는 「王이 入朝하지 않는다면 대신 表文을 지참할 것」을 요구하였고, 또 同年 9月에 도착한 발해사에 대해서도 「(발해) 王啓가 臣名을 칭하지 않고, 上表가 없다」고 문책하고 있다. 聖武의 시기와는 다른, 외교형식상의 변화를 찾을 수 있다. 다음의 淳仁朝(재위 758~764)가 反新羅·親渤海的 성격의 외교를 관철한 것이나, 또한 稱德朝(재위 764~770)에 신라사가 對馬에 도착(神護景雲3(769)年 11月 來日, 寶龜元(770)年 3月 丁卯條 참조)했던 사례를 제외하면, 孝謙朝 이후의 일본의 외교교섭장에서는 表文(函)을 크게 문제시하는 태도가 보인다. 따라서 孝謙朝는 8세기 중반 이후의 일본조정이 대외교섭에 임하는 태도의 방향성을 결정한 시기라 할 수 있다. 당시 조정에서는 唐 칙천무후의 시책을 모방하려는 방침이 前시기의 天平(729~749) 末부터 시작되었고,[6] 「表(文)」의 요구 또한, 당에서 행해지고 있었던 외교형식을 추구하려 했던 조정의 분위기 속에서 이해해 볼 수 있다.

다음으로 淳仁朝(재위 758~764)에 보이는 '不入京'사례를 검토하기 위해서는 우선, 淳仁朝가 표방한 대외방침을 이해해 둘 필요가 있다. 즉 淳仁朝의 대외관계추진 의욕은 견발해사와 견당사 파견의 2대사업으로 요약할 수 있다.[7] 그러한 대외관계 추진 속에서 淳仁

---

6) 孝謙女帝時代의 4字年號 등은 그 한 예라 할 수 있다(岩橋小彌太, 「仁正皇太后と藤原仲麻呂」 『歷史教育』 2-5, 1954, 林陸朗, 『光明皇后』, 吉川弘文館, 1961, 1951 참고).

7) 『萬葉集』 4514, 『續日本紀』 天平寶字2(758)年 2月 10日, 同2年 3月 16日, 同4(760)年 11月 11日, 同7年 8月 12日, 同8(764)年 正月 7日 등을 참조하면, 天平寶字年間(757~764)의 일본의 대외관계의 역점은 對唐·對渤海 관계에 있었음을 확인할 수 있다.

朝의 賓禮儀式의 대상이 된 것은 신라와 긴장관계에 있었던 발해였다. 天平寶字7(763)年 2月의 신라사 '放還'은, 마침 발해사가 前年 閏12月 19日에 入京하여 方物을 바치고(正月 3日), 敍位 받고(同月 7日), 太師(乾政官) 후지와라노에미노 아손 오시까쓰(藤原惠美朝臣 押勝)에 의해 연회가 열리는(2月 4日) 등, 접대가 한창이던 시기였다(同月 20日 귀국). 이 같은 정치과정 속에서 대 신라관계의 의의도 저하했을 것으로 볼 수 있으나, 그렇다면 신라사절에 대한 '放還'이란 신라-일본간의 직접 충돌에 의한 것이라기 보다는, 주변 국제관계나, 그에 대한 일본조정의 대외정책 방향의 표출이었다고 해석할 수 있다.

'放還'의 대상이 신라사절로부터 발해사절로 옮겨가는 전환기는 8세기 후반의 光仁朝(재위 770~781) 때이다. 신라사절에 대해서는 寶龜5(774)年 3月 4日, 그리고 발해사절에 대해서도 寶龜4(773)年 6月 24日・寶龜10(779)年 11月 9日의 '放還' 기사가 있다. 특히 光仁朝에는 침체된 稱德朝의 대외관계를 다시 개화시키려는 움직임이 있었으며, 신라사 2회・견신라사 1회, 발해사 5회・견발해사 3회, 당사 1회・견당사 2회라는 활기를 띄었다. 그러면서도 그 밖의 鐵利人을 포함하여 到着人 제반에 대해서 일본조정은 '放還'과 '入京'의 조치를 반복하는 태도를 취하고 있다. 그런데 光仁朝의 외교전반에서 살펴보면 신라에 대해서는 공식사절이나 일반인의 '귀화' 등의 사례를 포함해서 모두 '放還'시키는 반면, 발해에 대해서는 「表無禮」에도 불구하고 그 관계를 능동적으로 추진하려는 특징을 보이고 있다.

寶龜3(772)年의 예로 보면 일단 「表의 무례」를 책하고는 있지만(『同』 寶龜3(772)年 正月 丁酉條), 결국은 사절에 의한 자체적인 「表의 改修」를 인정해(同年 正月 丙午條), 常例의 賓禮로 대우하였다(同年 2月 癸丑條). 同年 2月 己卯條에 의하면 발해사가 가져온 「書(문서)

의 무례」란, 「日下(날짜 밑부분)에 官品·姓名을 注記하지 않고, 문서 말미에 거짓으로 天孫僭號를 칭」한, 즉表文 작성-형식상-의 문제였던 것인데, 그것을 일본조정은 단지 「착오」로 받아들이고 있다(同2月 己卯條). 또 773(寶龜4)年에도 마찬가지로 발해와의 사이에서 「表函」문제가 발생했지만 사절의 잘못은 아니라고 하고, 멀리 바다를 건너 온 것을 가상히 여기며(寶龜4(773)年 6月 戊辰條), 그 귀국 시에는 送使도 함께 파견하였다(同年 10月 乙卯條).[8] 또한 이 때 「舊例대로 筑紫道로 來朝할 것」을 요구는 하였으나, 이는 보통의 발해사 도착지(出羽·越前·越後·能登·隱岐·出雲·加賀 등의 國. 이 773年 이후에도 越前國에 도착했다(寶龜7(776)年 12月))로 보면 실현 가능성이 적은 요구였다. 光仁朝에는 신라사에 대해서 뿐만 아니라 발해사에 대해서도 실제로 '放還'을 실행할 수 있다고 하는 태도를 취하는 한편, 국내적인 儀式 정비와 더불어 來客의 入朝 루트를 규정화하려는 방침을 나타내고 있다.

桓武朝(재위 781~806)에는 한 차례, 「발해왕의 啓가 舊儀와 다르다」고 문제삼으면서도 '入京'시킨 사례(『類聚國史』延曆15(796)年 4月 27日)가 있으며, 또한

『日本後紀』延曆15(796) 10月 15日壬申
지금 올린 (발해왕) 啓는 서두와 끝 부분이 禮에 어긋나지 않았고, 그 언사에 진실함이 보였다. 群臣이 上表하여 축하하여 말하길 "(略)" (덴노가) 詔를 내려 말하길 "(略) 기쁘고 기쁘다 (略)"고 하였다.

---

8) 또한 전후의 例가 없는 것으로, 宴會와 賜祿 후, 다시 한번 덴노가 발해사에 대해서 詔를 내려 가상히 여기는 뜻을 나타내고 있다(寶龜10(779)年 正月 戊申條). 이렇듯 光仁朝에는 대 발해관계를 호의적으로 전개시키려는 태도를 취하고 있다.

견발해사가 귀국(同10月 2日)하여 가져온 발해왕 啓의 「서두와 끝부분이 禮를 잃지 않고 있으므로」 群臣과 더불어 기뻐하고 있다. 孝謙·光仁朝와 같이 桓武朝에서도 國書(王啓, 表)의 「禮」는 일본조정의 대외교섭태도를 결정하는 중요한 쟁점이었다. 794年 鴻臚館을 갖춘 平安京으로 천도하였던 桓武朝의 대외관계는, 발해에 대해 來日의 年限도 정하지 않고 있으며(『類聚三代格』570 延曆18(799)年 5月 20日), 客院을 만들고(延曆23(804)年 6月 27日), 3차례나 발해로 사절을 보내는 등, 적극적인 자세를 보이고 있다.9)

嵯峨朝(재위 809~823)에는 발해사의 來日이 7차례나 있었다(견발해사 파견은 弘仁2(811)年 1회). 그 가운데 발해사절이 '入京'하지 않은 것은 2차례(『類聚國史』弘仁7(816)年 5月 2日·『同』天長元(824)年 2月 3日)로, 그것도 元正朝 때와 같이 별다른 외교상의 충돌이 있었던 것이 아니라 일본국내의 사정, 즉 흉작과 역병 등에 기인한 것이었다. 嵯峨朝에도 기본적으로는 발해관계에 대한 호의성을 엿볼 수 있다.10) 즉 '不入京'사태가 있어났어도, 그것이 전부 양국 간의 불화를 의미하는 것은 아니었던 것이다.

淳和朝(재위 823~833)에서는 발해사에 대한 '放還'의 이유가 지금까지와 달리 「違期」로 변한 점을 지적할 수 있다. 또한 이후의 淸和朝(재위 858~876)나 陽成朝(재위 877~884)에도 발해사 來日의 시기가 외교교섭시의 문제의 초점이 된 것을 알 수 있다. 淳和朝의 발해사는 한 차례 「違期」로 인해 放還 되었다(『續日本後紀』天長4(827)年

---

9) 延曆18(799)年 正月 丙午朔條의 「皇帝 大極殿에서 朝를 받았다. 四拜를 감하여 再拜로 하고, 拍手하지 않았다. 발해국사가 있었기 때문이다.」와 같이 발해를 의식한 儀式면의 재정비도 볼 수 있다.

10) 『日本紀略』弘仁5(814)年 5月 乙卯條의 「制」(賓禮의 기준을(예컨대 신라왕자를 대우하는데 있어) 「발해의 例」로 한다는 방침), 弘仁6(815)年 3月 癸酉條의 「制」(발해사의 입조에 대비해 客館의 檢校를 명함) 등이 그 근거가 된다.

正月 2日). 그러나『類聚國史』淳和 天長3(826)年 3月 1日條에 의하면 「違期」와 「商旅로 온 것」에 대해 入京시키지 말도록 上表하고 있는 右大臣의 의견에도 불구하고 발해사의 '入京'은 덴노에 의해 강력하게 추진되었다(入京하고, 同5月 8日 鴻臚館에 安置, 10日 敍位 후술).11)

淸和朝(재위 858~876) 이후는 사절 拜朝의 儀에 덴노가 참석하지 않는 등, 사절의 '入京(3회의 발해사 내일(『三代實錄』貞觀元(859)年 正月 22日・貞觀3(861)年 正月 20日・貞觀13(871)年 12月 11日) 중, 1회만 入京(貞觀14(872)年 5月 15日), 덴노는 만나지 않음)' 때 덴노가 그 모습을 보이는 경향은 감소하였다. 즉 '入京'의 의의 자체가 변했다고 해석할 수 있다. 본래는 조정에서 행해지고 있었던 중요 賓禮의 의식이, 도착의 緣辺國에서 행해지게 된 것12)도 사절의 '入京'의의의 변질을 재촉했을 것으로 보인다. 한편 陽成朝(재위 877~884)・宇多朝(재위 887~897)에도 각각 두 차례의 來日 가운데 한 차례씩의 '放還' 사례(『三代實錄』元慶元(877)年 6月 25日,『日本紀略』寬平4(892)年 6月 29日)가 보인다.

이상에서 8~9세기의 대 신라・대 발해 관계의 전개 속에 보이는, 일본조정에 의한 사절 '放還(不入京)'사례를 살펴보았다. 8세기 전반 신라사절에 대한 '不入京(放還)'의 이유로는 사절들이 자칭한 國號 또는 獻物의 호칭 문제, 혹은 사절 신분의 문제가 초점이었다. 이에

---

11)『日本後紀』淳和朝의 발해사절에 대해서는 「蕃客」(中華意識이 담긴 표현) 의 단어가 사용되지 않고, 「客徒」 등으로 불린 점이 지적되고 있다(笠井純, -「續日本紀と日本後紀-撰者と「蕃」人をめぐる一問題」『續日本紀研究』300, 1996, 6월). 淳和朝가 발해관계에 임하는 태도를 상징한다고 볼 수 있다.

12) 貞觀元(859)年 正月 22日 발해사 能登 도착, 同2月 4日 加賀 安置, 同3月 13日 越前權少掾을 加賀에 파견하여 대접, 同5月 10日 加賀國司, 啓牒・信物를 進上, 同6月 23日 勅書・太政官符 사여, 同7月 21日 加賀로부터 귀환, 貞觀3(861)年 正月 20日 出雲 도착, 同21日 발해사에 대한 供給을 위해 出雲穀을 사용, 同28日 渤海領客使 補任, 同5月 21日 발해사의 入京을 정지하고 出雲絹綿을 사여함, 太政官・渤海中臺省에 牒, 大使에게 賜物하는 등.

비해 발해사절에 대해서는 일본국내사정 이외에, 國書(王啓, 表)의 지참이나 그 서식 형식상의 문제, 來日의 시기가 주된 문제의 원인으로 등장하고 있다. 신라와 발해에 대한 대응이 상이한 것은, 前시기 이래의 관계를 의식하는 신라와의 관계와, 일본조정이 중국적인 율령제 국가를 의욕적으로 추진해 갔던 시기에 시작된 발해와의 관계에서 오는 기본적인 의식차이에 의한 것으로 볼 수 있다. 즉 '放還' 조치를 행하는 일본조정의 자세에는 그 시기의 대외정책 추진방향뿐만 아니라, 국가가 중점을 두고 있던 당면과제나 문제점이 반영되고 있었던 것이다. 특히 光仁朝에는 대 발해 관계를 중심에 두고 대외관계에 추진해 가는 방향으로, 자세의 전환이 보였다.

이상과 같은 '放還'이나 '入京'이라고 하는, 일본조정이 표명한 외교상의 조치에 대해서는 다음과 같은 국내외적 차원에서의 두 가지 의미를 지적할 수 있겠다.

첫째로, 대외관계 위에서 일본조정은 8세기 전반기 이후의 신라, 그리고 8세기 중반기 이후의 발해와의 관계를 주체적으로 주도했다는 것을 표현하려 했던 점이다. 당시의 조정이 지향했던 외교교섭상의 방침을 상대국에 주장하며 '放還'을 행하는 모습 등이 그것이다. 두 번째로는, 사절들에 대한 '放還'이나 '入京'의 결정은 대외관계의 차원에서뿐만 아니라, 국내의 제사정에 맞추어, 국내정세와의 관련에서 취해진 조치였다는 점이다. 즉 반드시 '외교의 불화'를 의미하는 것은 아니었으며, 각 덴노별 시기의 상황, 정책추진의 방침 속에서 등장한 조치의 하나였다는 것이다.

제2절　入京 문제의 의의

그런데 이상과 같은 사절들의 '不入京'사건은, 외교 교섭 중의 불화나 혹은 일본국내사정 등에 의해 '돌연적'으로 발생했다고만은 볼 수 없는 점이 있다. 이에 대해 자세히 검토해 보고자 한다.

다음의 式文을 참고하면 '不入京'이라는 것은 하나의 예상 가능한 사태였음을 알 수 있다(밑줄은 필자에 의함. 이하 同).

> 延喜玄蕃寮式[13]　諸蕃使人條
> 무릇 諸蕃使人이 國信物을 가지고 入京하면 領客使의 도착을 기다릴 것. 그 이용하는 馱夫(고용 인부)는 領客使가 도중 國·郡에게 위임하여 놓을 것. 獻物의 다소 및 客 소유의 의복과 물품의 送迎은 지급정도에 준할 것. (略) 그 밖의 雜物과, 入京하지 않는 경우에는 임시로 當處의 창고에 넣어 두고 돌아가는 날 내어 줄 것. (그리하여) 왕복하는 경로에서 이용하는 馱夫 등에게 무리한 수고를 하지 않게 할 것.

「諸蕃使人(외국사절)」에는 「國信物을 가지고 入京해야 하는」경우가 있으며, 또한 그 밖의 「(사절이) 入京할 수 없는 경우―이 경우에는 임시로 당처(사절 도착·安置地)의 창고에 보관하고, 돌아가는 날에 꺼내 주도록―」도 있었다. 이 「入京할 수 없는 경우」란, 원래 入京할 수 있는 인원에는 제한이 있었으므로(후술), 도착지에 남는 사

---

13) 延喜玄蕃式의 원형은 거의가 貞觀玄蕃式에서 정립된 것이다(宮城營倉, 『延喜式の研究』論述篇). 그 성립은 延曆11(792)年頃(『類聚三代格』 卷18, 延曆11年 6月 9日勅 이후)으로 추측되고 있다(平野卓治).

람들의 경우를 포함하여, 실제 入京 못하게 되는 경우를 가리키는 것이라 할 수 있다. 또

延喜太政官式 蕃客條
무릇 蕃客의 入朝에는 存問使·掌客使·領歸鄕客使를 각각 2명씩 임명한다. 隨使 「各」 1명, 通事 1명 [入京時에는 存問使로 하여금 領客使를 겸하게 한다]. 또한 미리 郊勞使·慰勞使·勞問使·賜衣服賜를 각 1명 지정한다. 宣命使·供食使는 각 2명 [豊樂院 각 1명. 朝集堂 각 1명]. 賜勅書使·賜太政官牒使는 각 2명 [史 1명은 官牒使를 따라 客館에 도착].

위에서 「入京時에는 存問使로 하여금 領客使를 겸하게 한다」라는 부분에 주목할 필요가 있다. 무릇 외국사절이 도착하면 그곳으로 存問使를 파견했으나, 入京하도록 결정되면 存問使가 사절을 京까지 인도하는 領客使의 역할도 겸하게 되는 것이다. 이 규정에 관해서는 실제 다음과 같은 사례를 볼 수 있다. 承和8(841)年 12月 22日 발해사 105명이 도착했다는 長門國의 보고(『續日本後紀』同丁亥條) 뒤에, 同25日 存問渤海客使가 임명되었다(『同』同庚寅條). 다음해 2月 이윽고 발해사의 入京 허가가 내려졌으며(『同』承和9(842)年 2月 20日乙酉條), 同年 3月 6日에는 存問兼領渤海客使가 앞서 (발해) 王啓의 案(필사본)과 中臺省牒의 案을 조정으로 보내왔다. 일행이 京에 도착한 것은 3月 27日인데, 入京 당일에는 郊勞使도 파견되고 있으며, 따라서 위 式文 속의 「또한(又)」 이하는 이처럼 入京이 결정된 시점에서 임명되는 使이었던 것을 알 수 있다.14) 또한

───────

14) 그밖에도 『續日本後紀』 嘉祥2(849)年 2月 1日丙戌朔條의 存問使 임명 후, 同3月 28日壬午條 存問使로 하여금 領客使를 겸하게 하였고, 同4月 28日辛亥條 入京하는 등의 사례도 참고.

延喜玄蕃寮式 新羅客入朝條
무릇 <u>新羅客이 入朝하면 神酒를 지급할 것</u>. (略) 만약 <u>筑紫로부터 돌아가면 酒肴를 지급할 것</u>. (略) <u>책망 받아 돌아가면 지급하지 말 것</u>. (略)

위의 新羅客入朝條를 보면 ① 新羅客이 入朝하는 경우, ② 筑紫로부터 돌아가는 경우, ③ 책망 받아 돌아가는 경우 등이 각각 달리 처우되도록 규정되어 있다. 따라서 사절을 '放還' 시켰다 할 지라도, '放還'의 사유가 명확히 상대국-혹은 그 사절-측에 있지 않은 ②와 같은 '不入京'의 경우도 있었음을 확인할 수 있다.

이상에서 본 바와 같이 '不入京'이란 하나의 있을 수 있는 사태로서, 일본조정이 이에 대비하고 있었던 것을 알 수 있다. 또한 다음과 같은 令集解 인용의 穴記가 보인다.

養老營繕令集解6 在京營造條
(略) 경상 외로 별도로 사용할 데가 있어 품목을 추가 내지 流用轉換해야 할 경우에는 또한 太政官에게 보고한다.
穴記-(略) 경상 외로 별도의 營作이 있어 품목을 추가 내지 유용·전환해야 할 경우가 이것이다. 가령 <u>蕃客(외국사절)이 入朝하게 되어 임시로 營作 및 貯備해야 할 때</u>. (略)

穴記의 인용기사를 참고하면 다음과 같은 해석이 성립하게 된다. 「蕃客(외국사절)이 入朝(本條는 '在京造營'에 관계하는 사항이므로 여기서 말하는 '入朝'란 入京을 가리킨다[15])하게 되어 임시로 營作하거나 貯備해야할 때에는 太政官에게 보고」하는 것이었다. 이 때의 「蕃客

---

15) 이처럼 '入朝'가 '入京'을 의미하는 것으로는 延喜左右京職式 蕃客條, 延喜神祇三 臨時祭蕃客送條 참조. 또한 '入朝'가 단순히 '化內의 地', 즉 '天皇의 統治地域內(『日本思想體系 律令』 頭注, 岩波書店)'으로 들어오는 것을 의미하는 경우는 公式令89 遠方殊俗條, 延喜太政官式 蕃客條 참조.

入朝」란 蕃客(외국사절)이 내일하면 반드시 入京하기로 정해진 것이
아니라, 入京하도록 결정된-즉 그리하여 임시의 營作이나 貯備를
하지 않으면 안되게 된 때의 예로서 들어진 것이다. 즉 '入京'이란
'임시'의 사태이며, 더불어 '不入京'이라는 것도 예상 가능한 사태로
준비되었던 것이다.16) 따라서

> 『類聚國史』 貞觀14(872)年 5月 丁亥
> 渤海國王의 啓·信物을 검령하였다. 啓에 이르길 "(略) 부디 바라건대,
> (略) 遠客을 가련히 여겨 例에 준하여 入都시키길 청합니다."
> 『類聚國史』 元慶元(877)年 4月 己丑
> (발해)王啓에 이르길 "(略) 간절히 바라옵건대 大道를 막지 않고 관대히
> 받아들여 例에 준하여 入都시키길 바랍니다."

위의 渤海王啓 속에 보이는 것과 같이 '入京(入都)'는 사절을 파
견한 나라쪽(여기서는 발해)에서도 「간절히 바라는」바였던 것이다.
776年 12月 22日에는 발해사가 越前國에 도착해서 加賀에 安置되었
는데, 그 다음해 2月에는 다음과 같은 기사가 보인다.

> 『續日本紀』 寶龜8(777)年 2月 壬寅
> 발해사 史都蒙 등 30명을 불러 入朝시켰다. 그 때에 都蒙이 말하길 "都蒙
> 等 160여명은 멀리서 皇祚를 축하하여 바다를 건너 來朝하였습니다. (그
> 런데) 갑작스런 풍파로 인해 120명이 사망하고 다행히 살아남은 자는 겨
> 우 40명뿐입니다. (略) 지금 듣자하니, 16명이 별도로 처치되어 해안에
> 남아 있다 합니다. 이는 한 몸을 갈라 나누고, 사체를 잃고 포복한 것과
> 같습니다. 바라옵건대 살펴서 함께 入朝하기를 허락하소서"라고 하였다.

---

16) 唐의 예로 보아 賓禮의 제일 조건은 도착지에서 放還하지 않고 入京을 허락
하는 것이었는데(田島公, 「日本の律令國家の賓禮－外交儀式より見た天皇
と太政官－」『史林』68-3, 1985 참조), 일단 '不入京'의 사태도 예상되어 있
어, 그 때에 행하는 賓禮에 대해서도 규정된 것으로 볼 수 있다.

이를 허락하였다.

위의 기사로부터 알 수 있듯이 발해사 都蒙이 따로 해안에 유치 중이었던 일행과 함께 入朝(入京)하기를 희망하고 있는 것은, 사절이 내일하면 언제나, 또는 전원이 모두 반드시 '入京' 가능했던 것은 아니었기 때문이었다.17) 來日한 사절에 있어서 '入京'할 수 있는가, 없는가, 혹은 몇 명 정도가 입경가능한가 등은 중요한 관심사가 될 수밖에 없다.

뿐만 아니라 일본조정측도 來日한 사절에 대한 처우의 분기점으로서 '入京'에 대해 각별한 주의를 기울이고 있었음을 알 수 있다. 예컨대 사절의 入京시에는 畿內諸國의 騎兵을 징발하고 장군을 임명하여 맞이한다든지(『續日本紀』慶雲2(705)年 11月 己丑條, 和銅7(714)年 11月 乙未條, 和銅7(714)年 12月 己卯條, 寶龜10(779)年 4月 庚子條), 領客使와 郊勞使가 入京을 인도하는 등(『續日本後紀』承和9(842)年 3月 壬戌條, 『類聚國史』承和9(842)年 4月 辛亥條, 『續日本後紀』嘉祥2(849)年 4月 28日條), 조정은 사절들의 入京에 대해 중요한 의의를 부여하고, 이를 대비하였음을 알 수 있다. 그리하여 사절들이 入京하는 과정의 모습을 의식적으로 국내외에 보이려고 하였던 것으로 생각된다.

그밖에도 入京의 과정을 자세히 기록하고 있지는 않더라도, 「신라사 金相貞, 京에 들어왔다」(『續日本紀』天平7(735)年 2月 癸卯條 등), 「고려사 王新福 등, 京에 들어왔다」(『同』天平寶字6(762)年 12月 癸巳條 등)와 같이 사절들의 도착 기사와는 별도로 「京에 들어온」 때를 正史 속에서 명기하고 있는 점18)도 주목할 만하며, 역시 조정이 부

---

17) 이러한 면은 당시대의 외교사절파견에 보이는 하나의 경향이라 할 수 있다 (『唐會要』24, 森克己, 『遣唐使』, 日本歷史新書, 至文堂, 1962, 71쪽 참조).

18) 또한 조금 시대를 내려가나, 『扶桑略記』24, 「延喜20(920)年 5月 5日, (발해)客徒가 京에 들어오는 날을 정했다. (略)」등에 의하면, 入京하는 날을 조

여한 특수한 의의가 있었음을 확인할 수 있다.

그런데 이상과 같은 入京 문제는 단순한 외교 賓禮적 차원에서만 그 의의를 가진 것은 아니었던 것으로 추측된다. 다음의 令集解를 보자.

> 養老公式令集解72 事有急速條
> 무릇 일이 긴급하여 勅旨를 낼 수 없는 경우, 만약 太政官에 의한다면 지연될 염려가 있는 경우에는 中務(省)이 먼저 所司에 移를 보내고, 그 正勅은 나중에 시행한다.
> 穴記 - 蕃客에게 지급하는 類이다. 이 條는 在京諸司를 위한 것이다.(畿) 外國에서 행하는 것이 아니다. (略)

穴記에 의하면 「蕃客(외국사절)에게 지급하는」것과 같은 급속한 일은 中務省이 먼저 所司에 移를 보낸 다음에 正勅을 행한다고 하면서, 단지 「이 條는 在京諸司를 위한 것이며, (畿) 外國에서는 (이렇게) 행하지 않는다」라고 하여, 「在京」과 「外國」을 별개로 대응시키는 견해를 보이고 있다. 또 일본의 대외파견 使에 관해서도[19]

> 延喜式部省式 上
> 무릇 遣唐 및 (遣)渤海 등의 사절이 歸朝하는 날, (略) 그 水手를 마땅히 敍位해야 할 경우 京·畿人은 모두 內位에 敍位할 것.

遣使의 水手에게 敍位해야할 경우, 「京·畿人」은 모두 內位의 위계를 지급할 것을 별도로 규정하고 있는 점, 또

정에서 결정했음을 알 수 있다.

19) 「견신라사 (略) 京에 들어왔다」(『續日本紀』 天平8(736)年 9月 辛丑條 등)와 같이, 일본의 대외파견사의 歸朝 때에도 '入京'에 대해 特記하고 있다.

延喜大藏省式 入諸蕃使條
(略)
무릇 渤海·新羅의 水手等, 때가 熱序에 해당하면 綿襖子袴를 그만두고 細布袴를 지급할 것. 使에게 주는 것은 <u>入京에 임하여 지급할 것</u>.

위와 같이 「入京에 임하여 지급한다」라는 別記가 있는 등, 특히 '京'-혹은 '京畿'-와 그 밖의 지역을 구별하려고 하는 방침을 확인할 수 있다. 따라서 이 점에 대해서는 일본고대국가의 京에 대한 특별한 인식이라는 차원을 이해하지 않으면 안될 것이다.

먼저 京은 '祓(祓除)'의 경계-'他界'와 '我界'를 나누는 경계였던 점을 지적할 수 있다. 외국사절에 관련된 다음과 같은 式文이 있다.

延喜神祇三 臨時祭 唐客入京條
　<u>唐客入京路次神祭</u>
幣帛 (略) 使 2명을 파견. (畿內·(畿)外國 각 1명) 中臣氏도.
延喜神祇三 臨時祭障神祭
(略)
위는 客等의 入京 2일전. <u>京城四隅에서</u> 障神祭를 지냄.
延喜神祇三 臨時祭蕃客送條
　蕃客送堺神祭
(略)
위는 蕃客이 入朝할 때, 畿內의 경계에서 맞이하고, 送神을 물리치는 祭. 그 客徒等은 <u>京城에 도착할 즈음에</u> 祓麻를 지급하여 (祓)除하고 (京城에) 들어오게 한다.

외국사절이 入京하는 경로, 또는 京城四隅에서 祭를 올린다든지, 외국사절이 京城에 이르러서 祓除한 후에야 京으로 들어갈 수 있게 한다든지 하는, 京을 중심으로 하는 특별한 경계의식을 확인할 수 있다. 또 이상과 관련하여 다음과 같은 사례도 들어볼 수 있다.

『三代實錄』貞觀14(872)年 正月 20日辛卯
이 달에 京邑에 咳逆病이 발생해 사망하는 자가 많았다. 사람들이 말하기를 "渤海客이 와서 異土의 毒氣로 그렇게 된 것이다." 이 날 建禮門前에서 크게 祓除하고 이를 기피하였다.
『同』同年 3月 23日癸巳
금년 봄 이후 내외에서 자주 괴이한 일이 일어났다. 때문에 使者를 諸 神社에 나누어 보내 幣를 올렸다. (略) 石淸水社告文에 이르길 "云々" 또한 마지막 인사로 말하길 "작년에 陰陽寮에서 점을 쳐 말하길 '蕃客의 도착으로 不祥事가 있다'고 하였다. 지금 渤海客이 年紀를 채워 來朝 하였으니, 어쩔 수 없이 國憲으로서 불러들여야 한다. (略)"

　　이것은 前年 12月 11日 加賀國에 도착한 발해객이 아직 入京(5月 15日)하기 전의 상황으로, 단지 存問使가 임명된 단계(正月 6日)였다. 때는 발해사의 도착 이전부터 역병 등의 재해가 빈번하여 이로 인한 大祓除가 이루어지던 시기이기도 하였다(貞觀13(871)年 11月 29日條 참고). 「京邑」의 咳逆病의 발생원인을 異土(발해)의 毒氣 때문이라 생각하는 의식이 있었다는 점이 주목을 끈다. 이 때 「어쩔 수 없이, 國憲으로서(나라가 정한 법대로) 불러야 한다」-즉 어쩔 수 없이 入京시킨다고 하는 것은, '入京'시키는 일 자체가 외국사절에 대한 처우의 중요한 분기점이었기 때문으로 볼 수 있다. 또한 이처럼 異國 사절에 대해 「祓除」하는 경계가, 사절들의 도착지인 緣辺諸國이 아니라, '京'이었던 점을 간과해서는 안 된다.
　　그런데 이처럼 조정이 외국사절에 대해 국경 이외의 또 하나의 경계로서 표징하고 있었던 京이란, 실은 열도내의 異民族視 되었던 집단-예를 들면 '俘囚'[20] 등-에 대해서도, 또한 內國人 官人과 범죄자를 포함한 일반인에 대해서도,[21] 그 이동이 체크되는, 배타

---

20) 夷俘의 出境(入京)문제에 대해서는 『續日本後紀』承和2(835)年 12月 甲戌條 참조.

적·비개방적인 성격의 공간이었다는 점에 유의해야 한다. 단지 외국사절의 入京문제는 8세기부터 그 사례가 보이나, 열도내의 사람들에 대한 京의 폐쇄성은 특히 9세기 이후에 두드러진다는 점도 지적해 둔다.[22]

이상과 같이 일본고대국가의 외교정책의 하나, 사절들의 '入京' 문제를 고찰하는 데에는 "외교충돌"이나 "무례하므로 賓禮로 대하지 않는"것 같은 대외관계문제의 차원이나, 조정에 의한 대외교섭의 자세라는 면만을 주장해서는 안 된다. 즉 당시의 일본조정이 창출했고 또한 유지해 가고 있던 특수한 지배공간이었던 '京'에 대한 상징적·관념적 차원에서의 인식, 그리고 또 한편으로는 일본조정의 영역지배체제상의 특성[23] 등을 동시에 고려하지 않으면 안 된다. 뿐만 아니라 이에 대해서는 그 중심에 있던 세력 스스로가 부여하고, 또 유지하려고 했던 의미라는 측면의 이해도 필요하다고 판단되는데, 이하에서 이 점을 검토해 보겠다.

---

21) 罪人, 官人의 入京문제에 관해서는 『類聚三代格』 19 禁制事(618~621쪽), 『日本後紀』(『類聚三代格』 298, 『政治要略』 411) 弘仁格 大同元(806)年 6月 1日, 『續日本後紀』 承和11(844)年 3月 22日, 同12(845)年 3月 25日, 嘉祥 2(849)年 10月 26日, 嘉祥3(850)年 3月 18日, 『日本紀略』 承和12年 3月 25日, 『類聚三代格』 301 貞觀10(868)年 6月 2日, 『三代實錄』 元慶4(880)年 6月 7日 條 참조.

22) 이에 관해서는 平安京에 대한 정책－"京이라는 儀式 공간의 정비"－의 정점이 弘仁(810~823)·天長(824~833)年間, 貞觀年間(859~876)에 나타난다는 점을 지적한 北村優季의 견해가 참고가 된다(同氏, 「第一平安初期의 都市政策」『平安京－その歷史と構造－』, 吉川弘文館, 1995).

23) 이에 대해서는 畿內制의 성립에 대한 연구(曾我部靜雄, 「日中의 畿內制度」『律令を中心とした日中關係史の硏究』吉川弘文館, 1968, 西本昌弘, 「畿內制の基礎的考察－日本における禮制の受容－」『日本古代儀禮成立史の硏究』, 塙書房, 1997), 畿內의 특성에 관한 연구(「畿內政權論」의 諸說－關晃, 「律令支配層の成立とその構造」, 新日本史大系2, 『古代社會』, 朝倉書店, 1952, 同氏, 「畿內制の成立」『山梨大學學藝學部硏究報告』 5, 1954 등과 吉川聰, 「畿內と古代國家」『史林』 79－5, 1996)를 참조.

제3절 「入京」문제에 있어서의 덴노

8~9세기 일본조정이 대응했던 외교자세의 하나로 사절에 대한 '入京'문제가 있었다. 그런데 한편 공식사절 뿐만 아니라 고대국가에는 그밖에도 「歸化」나 「漂着」으로, 또는 「交關(易)」 등을 목적으로 來日하는 사람들이 많았는데, 그들에 대해서도 '入京'은 쉽게 허락되는 성질의 것이 아니었던 것으로 보인다. 이에 여기서는 일본조정의 외교적 조치로서만 '入京'문제를 다루는 것이 아니라, 공식사절 이외의 국내외 일반인도 포함시킨 범위에서 검토함으로써 '入京'문제의 본질을 해명해 보고 싶다. 이 때 특히 대부분의 '入京'조치가 天皇의 勅, 또는 太政官處分 등에 의해 이루어졌다는 점에 주목해 본다. 즉 본 검토를 통해 이하와 같은 의의를 찾고자 한다.

우선, 조정이 京에 부여했던 특별한 의의를, 실제의 '入京'조치를 내린 명령주체와의 관계에서 이해해 보는 일이다. 그리하여 이 같은 '入京'이라는 구체적인 명령조치를 통해 나타나는 고대일본조정의 외교기능의 성격에 대해서도 엿볼 수 있을 것이다.

『續日本紀』이후의 五國史로부터 '入京'에 관한 사례를 그 명령주체별－天皇(勅)·太政官(處分等)－로 분류해 보면 다음과 같다. 한편 사료로부터 판단해 보건대 조정의 使를 파견하여 '入京'을 선고하는 형태와, 도착지의 大宰府나 國司로 하여금 이를 처리하도록 명하는 형태라는 두 가지 처리의 방법이 있었음도 지적할 수 있다(表에서 밑줄은 공식사절이외로 파악되는 일반인의 경우).

〈표 2〉'入京'의 결정

	勅 (대상 : 명령의수행)	太政官處分 (대상 : 명령의수행)	기타	勅 : 太政官處分
淳仁 762 763	送唐使 : 大宰府?	新羅使 : 遣左少辯· 讚岐介		1 : 1
光仁 777 778 778 778 780	遣渤海使 : 越前國 遣唐使 : 大宰府 新·唐使 : 大宰府 新羅使 : 筑紫府		渤海使 : 許	4 : 0
嵯峨 816			新羅人 : 大宰府	
仁明 834 836 847	唐人 : 肥後守 遣唐使 : 大宰(勅符) 遣唐使 : 大宰			3 : 0
清和 872 870	渤海使 : 勅遣近衛少將 新羅人 : 大宰			2 : 0
回	10	1		10 : 1

表에서와 같이 그 사례24)는 8세기 중기의 淳仁朝부터 보이는데, 다음과 같은 점을 지적할 수 있다.

1. '入京'의 결정은 주로 덴노의 의사로서 표명되었다는 점이다. 예

---

24) 正史의 기록 이외에는『入唐求法巡禮行記』承和14(847)年 10月 19日條「太政官符가 大宰府에 내려왔다. 円仁 등 5人은 속히 入京시키라고 하였다」(이 때의 官符는 入唐僧에 대한 기타의 사례로 보아, 奉勅官符이었을 것으로 추측된다), 또한 명령계통이 분명하지 않은 사례로서『平安遺文』4337, 大同 4(809)年 7月 16日「僧 空海의 入京을 허락하였다」등이 있을 뿐이다.

를 들면 遣唐使의 파견 중지로, 또는 그 귀국 후의 入京을 결정할 때는 덴노로부터의 勅이 내려졌다.

> 『續日本紀』天平寶字6(762)年 8月 乙卯
> 勅을 내려 "唐人 沈惟岳 등이 府에 도착하면 先例에 따라 安置供給할 것. 그 送使는 海·陸 2路를 이용하여 편리를 헤아려 모두 入京시킬 것. 그 가운데 水手는 그 곳으로부터 본국(고향)으로 放還할 것"이라고 하였다.

前年 8月, 高元度와 함께 大宰府에 도착한 唐使 일행을 보내는 견당사가 임명되었으나, 이 해에 파견이 중지되고, 入京시켰다(『續日本後紀』承和3(836)年 8月 2日癸亥條에도 견당사 파견중지의 勅符가 내려져 判官 이하 水手의 入京을 명하였다). 또한 견당사 귀국에 경우에도 예를 들면 『續日本紀』寶龜9(778)年 10月 28日 大宰府에 勅이 내려와 「唐使는 府가 잘 遣使하여 勞問」하되 「(遣唐)判官 시게노(滋野)는 신속히 入京하도록」하였다.

다음과 같은 사례도 들어볼 수 있다. 『類聚國史』天長3(826)年 3月 1日 당시 도착한 발해사의 入京을 저지하려고 하는 우대신(右大臣) 후지와라노 오쓰구(藤原緒嗣)의 上表가 보인다.

> 右大臣 從二位兼行皇太子傅臣 藤原朝臣緒嗣가 말하였다. "臣, 天長元(824)年 正月 24日의 上表에 의해 발해의 入朝는 1紀(12년)로 정하여졌습니다. 그런데 지금 靈仙에 핑계 대고 교묘하게 약속한 시기를 어겼으므로 (발해사를) 돌려보내야 한다는 것을 작년 12月 7日에 말씀 올렸습니다. (略) 그러나 渤海 客徒는 이미 詔旨를 어기고 마음대로 入朝하였습니다. (略) 실은 이는 商旅이며 隣客으로 대하기에는 부족합니다. (略) 뿐만 아니라 근경에 雜務行事로 (略) 경영이 겹치고 소동이 끊임없습니다. 또한 요즘 가뭄과 역병이 겹쳐서 사람과 물품이 함께 고갈되었습니다. (略) 하물며 또한 농사철에 임하여 운송에 피폐가 많으며, 사람들은 差役에 지치고 稅는 공급을 잃었습니다. (略) 부디 청컨대 客徒의 入京을 정지시키고

도착한 國으로부터 還却시키기를 원합니다. 또한 조정의 위엄을 보이고, 民의 고통을 덜기를 원합니다. 단지 年期를 지켜 入朝하면 古例대로 할 것을 청합니다. (略) 삼가 거듭 表를 올려 (天皇의 말씀을)듣고자 합니다." 고 하였다. (그러나) 이를 허락하지 않았다.

사료에서 보이는 것과 같이 右大臣의 上表에 대해 덴노는 「허락하지 않았다」고 하며, 발해사는 翌年 5月에 入京하여 鴻臚館에 安置되었다. 이처럼 右大臣이 발해사의 「違期」[25]와, 그들이 「商旅(장사꾼)」일 것이라고 호소함에도 불구하고, '덴노'가 그들을 '入京'시켰다. 그 이유에 대해서는 同3月 15日辛巳條의 賜渤海國王書에도 나타나있듯이 실은 이 때의 발해사가 「在唐學問僧 靈仙의 表物」을 전하러 온 使이었기 때문으로 보인다. 사실 그 밖의 발해사 「違期」가 문제가 되었을 때는 不入京처분을 하는 것이 보통이었기 때문이다 (예를 들면 『續日本後紀』 天長4(827)年 正月 2日 但馬 도착, 違期를 책하여 不入京, 『三代實錄』 貞觀3(861)年 正月 隱岐 도착, 違期 문제로 不入京, 『同』 貞觀18(876)年 12月 出雲 도착, 王啓의 내용 가운데 1紀(12년) 1貢의 폐지를 요구하나, 인정하지 않고 放還). 즉 견당사 뿐만 아니라 在唐僧에 관해서도 덴노의 높은 관심을 표현하고 있다. 이 때문에 天長 3年에도 국내적으로 상황이 어려웠음에도 불구하고 덴노에 의한 외교의사의 표현으로 발해사의 '入京'을 실행시켰다.

이상과 같이 특히 대 당 관계에 관련하는 견당사와 입당승의 동향, 그들의 '入京'을 결정하는 데에는 덴노의 역할로서 표명되고 있

---

25) 右大臣가 문제시하고 있는 발해사 來期의 경위는 다음과 같다. 延曆17(798)年 12月에 도착하여 入京한 발해사는 「六年一貢」의 단축을 청하는 발해왕의 친서(啓)를 받췄다. 이에 의해 일본조정은 발해사의 수시 入朝를 인정하였다. 또 弘仁14(823)年 11月 加賀國에 도착한 발해사는 흉작·역병 때문에 入京할 수 없었는데, 이 때 일본조정은 入朝의 期를 「一紀(12년)一貢」으로 하도록 하였다(『類聚三代格』 570 天長元(824)年 6月 20日). 그런데 또 발해사가 이 天長2(825)年 12月 3日 隱岐에 온 것이다.

음을 알 수 있다. 또 이 같은 덴노에 의한 '入京'결정의 기능이라는 시점에서 보면, 다음과 같은 사례도 논거가 된다.

『續日本後紀』嘉祥2(849)年 4月 辛亥
(領客使等이 발해사를 인도하여 入京) 左近衛少將을 보내 慰勞하고 鴻臚館에 安置하였다. 宣命하길 "天皇의 詔旨를 전한다. 有司가 주상하길 '그 나라(발해)의 왕은 1紀를 年期로 하여 朝拜의 使를 보내야 합니다. 그런데 이번 사절은 시기를 어기고 왔습니다. 보통 같으면 만나지 않고 국경으로부터 돌려보내야 마땅합니다'고 하였다. 그러나 멀리서 거센 파도를 건너 왔으므로 (略) 불쌍히 여겨 용서한다"고 하였다. (略)

위의 덴노 詔旨의 내용으로부터, 有司는 발해사가 期에 어긋났으니까, 常例대로 국경에서부터 돌아가게 하자고 주상 하였음을 알 수 있다. 즉 有司는 발해사의 入京을 반대했으나, 그럼에도 불구하고 덴노의 뜻으로 入京시켰다고 하는 내용을 宣命 속에서 특히 강조하고 있음을 볼 수 있다. 또

『三代實錄』貞觀元(859)年 6月 丁未
太政官이 中臺省에 보내는 牒에 이르길 "(略) 올 시기가 안 되어 왔다. 有司는 (발해사를) 맞아들여 대접하는 것에 수긍하지 않았다. 勅을 받드니 '(略) 忠節의 効는 가상히 여길 만하다. (略) 단지 나라에 兇喪이 있고 계절이 荒饉에 속하니 (略) 특별히 영접하고, 임시로 入都를 정지하여 安存을 꾀하고자 한다. 지급하고 사여하는 것은 例에 준하라'고 하였다. (略)"

위의 발해 中臺省으로 보내는 太政官牒로부터 알 수 있는 것은, 무릇 有司는 발해사가 와야할 시기를 지키지 않았으므로 入京시키는 것을 찬성하지 않았다는 것, 그러나 덴노는 발해사의 충절을 가상히 여겨 入京시키려 했다는 뜻을 표현하고 있는 점이다. 결국 임

의로 入都를 정지-不入京-시키기는 했으나, 이는 兇喪이나 荒饉 등과 같은 국내사정에 의한, 어쩔 수 없는 이유이었음도 밝히고 있다. 즉 이상과 같은 사례에서는 우선, 有司는 발해 측의 違期 문제를 들어 발해사를 入京시키지 않으려고 주상한 것, 그러나 결국은 덴노의 뜻-가상히 여김-이 최종적으로 入京시키도록 결정했다고 하는 점이 명시되고 있다. 有司가 사절의 (不)入京에 대해 의견을 제시할 수 있다는 점도 중요하나, 그 최종결정자로서 덴노를 명시하고 있는 점에 특히 주목해야 한다.[26]

또한 이러한 과정은 외교적 처분을 둘러싼 덴노와 有司 양자의 의견대립이라고 보기보다는 오히려 상대국에게도 알리려고 하는, 외교행정처리상의 한 과정·방법이었으며, 덴노의 이름으로 외교기능을 발휘하는 장면이었다고 볼 수 있다. 상기한 바와 같이 고대국가의 '京에 들어오는'것에는 특별한 의미가 부여되어 있었으며, 또한 그러한 '入京'의 결정에는 덴노의 허가라는 과정이 필요했다는 점[27]을 함께 고려해 보아야 한다. 즉 일본조정이 채택하고 있던 天皇制의 이데올로기를 덴노가 실존(직할)하는 공간-京-을 통해 구현화하려고 했다는 점을, 이 같은 '入京'문제를 통해 알아낼 수 있는 것이다.

따라서 사절 앞에 덴노의 직접적인 참석이 없어진 시기에는, 덴노와의 직접적인 접촉을 갖는 것에 중요한 의의를 가지고 있었던 '入

---

26) '入京'에 덴노의 허가가 필요했다는 것은, 唐의 경우에도 마찬가지였다(円仁, 『入唐求法巡禮行記』 承和5(838)年 9月 20日條 참고).
    『續日本紀』에 「(都蒙이 말하길) "(略) 부디 바라옵건데 (略) 함께 入朝하는 것을 허락하소서" 이를 허락하였다」 「발해사 史都蒙 등을 불러 入朝케 하였다.」(寶龜8年 2月 壬寅條)-즉 入朝(入京) 허가가 내린 것과, 「발해사 史都蒙 등이 入京하였다」(同4月 庚寅條)-실제 入京한 것이 별도로 기록되어 있는 것도 이 사실을 증명한다.
27) 또한 외국인 일반인의 入京 문제에 대해서도 덴노는 勅을 내리고 있다(『日本紀略』 承和元(834)年 3月 16日 勅, 『三代實錄』 貞觀12(870)年 2月 20日 勅).

京'의 의미도 변질되었다고 볼 수 있다. 그러나 어쨌든 9세기 후반에 이르기까지 덴노가 '入京'의 여부를 결정하는 주체자로 표현되는 것에는 변함이 없었다. 8세기 대보·양로율령 성립 이후의 여러 법식으로부터도 '入京'문제의 의의를 추찰해 볼 수 있었는데, 특히 이 '入京'의 문제를 중심으로 하여 덴노가 발휘하였던 외교기능의 활용을 구체적으로 살펴볼 수 있었다.

맺음말

이상에서 8~9세기의 '入京'의 문제를 다루어 보았다. '入京'의 결정은 외국사절에 대한 처우의 한 기점일 뿐만 아니라, 넓게는 내외국인을 포함하는 각종의 관계에 대응하는 조정 의지의 표현이기도 하였다. 또한 그 결정 과정에는 덴노의 勅과 太政官 處分이라고 하는 두 계통의 명령이 있었다. 그러나 '入京'을 결정하는 조치, 특히 대 당 관계에 관여했던 사절과 승려에 대해서는 덴노의 의사로서 그 것이 표현되는–허가되는–성격이 현저했다. 즉 8세기 이후에 보이는 사절 '入京'문제에 대해서는, 고대국가의 京을 중심으로 존재했던 특수한 관념(의식)을 바탕으로 하여, 그곳에 실재하며 그곳만을 직할할 수 있었던 일본고대국가 덴노가 발휘할 수 있는 외교기능의 하나였다고 할 수 있다.

제2부

일본고대국가 중앙조정의 외교기능

제1장 고대일본의 공식외교담당기구 겐방료(玄蕃寮)에 대한 고찰

머리말

古代史는 정치사와 밀착된 관점에서 해석되는 경향이 강하다. 예컨대 일본고대국가의 외교에 관해서도 주로 국내외의 정치정세나 권력론 안에서 소재로 다루어지는 것에 지나지 않았다. 따라서 외교의 본질을 이해하기 위해서는 그 같은 접근을 지양하고 외교행정상의 각각의 구성요소들을 검토하여 그 역할을 평가하는 작업이 필요하다. 이 논문은 일본고대국가 조정의 공식 외교 담당 기구였던 겐방료(玄蕃寮)의 기능을 구체적으로 밝히는 것을 목표로 삼는다. 이러한 작업은 일본고대국가의 내적(內的) 발전사 속에서 외교행정체제의 정비과정을 검토하는 의의를 지닌다.

제1절 겐방료(玄蕃寮)의 職掌에 대한 비교검토

令制下에서 일본고대국가에 來日한 공식사절 등(「蕃客」이라고 기록하고 있음)을 관장하는 조정의 기구는 治部省 관하의 겐방료(玄蕃寮)였다. 이는 다음의 養老職員令文에 나타나 있다(이하 養老令文(718년 성립)은 國史大系本 『令集解』 참조).

養老職員令18 玄蕃寮 頭(장관)	職掌
「佛寺. 僧尼名籍」	（A）
「供濟」	（B）
「蕃客辭見. 讌饗送迎」	（C）
「在京夷狄」	（D）
「監當館舍」	（E）

이상의 養老令制下 玄蕃寮 頭(장관)의 職掌에 대해서는 「佛教·僧尼」관계의 A·B와, 「蕃客」관계의 C·D·E로 크게 나누어 볼 수 있다. 이와 같은 겐방료의 직장은 同令16 治部省 卿(장관)의 직장 가운데 「諸蕃朝聘」, 考課令 治部之最條에 「僧尼合道」라고 명시되어 있듯이 治部省에 「관례(管隷)」되는 것이었다.[1]

겐방료가 「佛教·僧尼」와 「蕃客」의 양 분야를 모두 직장으로 할 수 있었던 것은 본디 불교가 외래종교였던 점, 그리고 僧尼의 대내

---

1) 겐방료는 8省 가운데 하나인 治部省의 被官이며, 겐방료가 治部省의 被官이 된 시기는 다이죠관(太政官)-六部 기구가 성립한 이후(天武)로 추측된다(熊谷公男, 「治部省の成立」, 『史學雜誌』881, 1979).

외적 활동이 활발했던 시대적 배경과 관계되었다. 僧尼는 令制의 겐방료 기구 성립[2] 이전부터 국가사절을 응대하고 있었던 것이다.[3] 또 考課令集解25 玄蕃之最條에 인용된 古記(大寶令 주석, 8세기 전반에 성립)에는 다음과 같이 나타나 있다.

> 「蕃客得所」라는 것은, (蕃客이)원하는 바를 물어 (太政)官에 보고하여 처분하는 것을 말한다. 問. "蕃客과 夷狄은 어떻게 구별하는가?" 答. "蕃客이라 칭하는 바는, 朝聘 및 在京夷狄 등을 함께 말하는 것이다. 단지 夷狄이라고 칭하는 바에는 朝聘의 使는 들어가지 않는다."

겐방료는 大寶令制(701년 성립)하에서도 「朝聘과 在京夷狄等」의 「蕃客」을 관장하는 官司이었음을 알 수 있다. 「玄蕃寮」라는 직명[호후시(法師 : 玄) 마라히토(稀-드물게 오는- 人, 客人, 賓 : 蕃)노 츠카사(司)]의 관사가 성립한 것 자체가, 일본조정이 그에 부여하려고 한 「蕃客(人)」(외국사절, 외국인)관계의 직무가 존재했음을 입증한다. 적어도 대보령제 이후 「蕃客」에 관한 직무를 담당하는 중앙의 관사로 위치하고 있었던 것은 治部玄蕃寮이었다.

그런데 일본고대국가의 외교의 차원에서 보면, 겐방료가 국가의

---

2) 玄蕃寮의 성립에 관해서는 『日本書紀』推古32(624)年 4月 戊午條·推古32年 秋9月 丙子條 참조. 推古·大化의 「法頭」가 持統4(690)年頃에 (淨御原令 시행에 의해) 玄蕃寮로 성립되었다(田村圓澄, 「玄蕃寮の成立」 『飛鳥佛敎史硏究』, 塙書房 참조).

3) 『善隣國寶記』天智天皇3(664)年 「海外國記曰, 天智天皇三年四月, 大唐客來朝, (略) 遣大山中安女通信侶, 僧智辯等來, 喚客於別館, 於是智辯問曰, 有表書幷獻物, 以不, 使人答曰, 有將軍牒書一函幷獻物. 乃授牒書一函於智辯等而奉上, 但獻物檢看而不將也, 九月, 大山中津守連吉祥, 大乙中伊岐史博德, 僧智辯等, 稱筑紫大宰辭(實是勅旨)告客等, 今見客等來狀者, 非是天子使人, 百濟鎭將私使, 亦復所賚文牒, 送上執事私事, 是以使人不得入國, 書亦不上朝廷, 故客等自事者, 略以言辭奏上耳.」이라고 하여, 그 가운데 보이는 僧智辯등의 역할 등을 참조할 수 있다.

외교에 관계하고 있었음을 보여주는 사례가 극히 적어,4) 그 실태를 구체적으로 알기는 어렵다. 따라서 이하에서는 唐의 유사 직장과의 비교검토를 통해 일본조정의 「蕃客」－즉 외교담당기구인 겐방료의 특성을 살펴보고자 한다.

통설적으로 일본의 治部省은 唐의 禮部의 職掌을 모방하고,5) 겐방료는 鴻臚寺의 직장을 모방했다는 이해6)가 일반적이다. 그러나 예를 들어 治部卿의 「諸蕃朝聘」 직장에 대비해 보면, 唐의 경우 禮部尙書의 主客은 「諸蕃朝見」(『新唐書』), 禮部의 賓禮는 「蕃國王來朝」「戒蕃國見」「蕃王奉見」「蕃國王朝見」(『大唐六典』)에 관한 직장으로, 기본적으로 「蕃國王(君)」의 「朝見」을 전제로 하였다. 또한 이 점은 鴻臚寺의 직장에서도 동일하다.7)

그러나 同令集解 諸說을 참조하면 알 수 있듯이 治部卿의 「諸蕃朝聘」은 기본적으로 「卿大夫가 오는」 경우를 대비하는 직장이었던 것이다. 또 鴻臚寺는 그 자체에 典客署나 崇玄署라는 屬官을 두고 「蕃客」과 「佛敎·僧尼」를 각각 관장하지만, 일본에서는 屬官이 없는 겐방료가 양편의 직장을 담당한다는 점도 상이하다. 또 鴻臚寺는 「凶事·儀式 및 喪葬」을 관장하는 司儀署도 屬官으로 하였는데 비해, 일본에서는 治部省 관하의 喪儀司가 이러한 흉사를 별도로 관장하였으므로 겐방료와의 직접적인 관련은 없다. 長安 체재 중에 외국

---

4) 뒤에 서술함.
5) 禮部와 治部省(職員令16 「本姓. 繼嗣. 婚姻. 祥瑞. 喪葬. 贈賻. 國忌. 諱. 及 諸蕃朝聘.」)에는 공통의 직장이 있다(「祥瑞. 喪葬. 贈賻. 國忌. 諱. 諸蕃朝聘.」).
6) 『職原抄』上, 「玄蕃寮는 唐名으로 鴻臚寺이다. 頭(장관)는 한 사람이며, 權官이 없고, 從五位上에 상당한다. 唐名으로는 鴻臚卿이다. (略)」 참조.
7) 鴻臚寺
「四方夷狄君長朝見」(『大唐六典』)
「酋渠首領朝見」(『大唐六典』,『新唐書』 典客署)

사절이 사망하는 경우는 典客署에서 처리하였지만, 겐방료가 「蕃客」
사망에 관계했는지는 분명치 않다. 따라서 일본의 겐방료는 令制上
의 직장내용으로 보면 唐의 鴻臚寺나 典客署의 職掌과 그대로 일치
하는 관사였다고는 볼 수 없다.

典客署는 「蕃客」관계를, 겐방료는 「蕃客」+「佛敎」관계를, 鴻臚寺
는 「蕃客」+「佛敎」+「凶喪」관계를 관장한다는 점에서 보면 겐방료
는 典客署와 鴻臚寺의 중간에 해당하는 직무를 담당한다고 볼 수
있다. 그리고 무엇보다도 唐의 鴻臚卿 직장과 대비되는 것은 「諸蕃
大酋渠有封建禮命則受冊而往其國」(『大唐六典』 卷1)[8])에 관한 사항
이다. 당이 주변제국과 관계(책봉)를 맺을 때 鴻臚寺는 그 실질적인
사무를 집행하는 기구였으며, 따라서 그 이름도 주변 나라들에 잘
알려져 있었다.[9] 그러나 일본의 겐방료에서 관인을 대외에 파견했
다는 사례는 보이지 않는다.

그런데 겐방료의 A·B 불교관계의 직장은 당의 관사 가운데 鴻
臚寺보다는 6部의 禮部尙書 祠部의 직장과 유사한 점이 있다.[10] 또
당에서의 學問僧의 관리기구가 최초는 祠部이었지만, 나중에 左右
街功德使로 개정되고 최후에는 鴻臚寺에 귀속되었다는 것도 겐방료
에서는 찾아보기 어려운 점이다.[11]

---

8) 『通典』 卷26 職官8 諸卿中 「冊諸蕃」, 『新唐書』 卷48 志38 百官3 「諸蕃冊命」
　　도 참조.
9) 예를 들면 『三國史記』에도 鴻臚寺 또는 그 관직명이 때때로 보인다(『三國
　　史紀』 聖德王33年 4月, 孝成王2年 2月, 哀莊王9年 2月, 憲德王17年 5月, 文
　　聖王2年條). 참고로 발해에서도 외교를 담당하는 司賓寺의 차관 「司賓少令」
　　이 대외적으로 파견된 사례가 보인다(『續日本紀』 寶龜(776)年 12月 乙巳條
　　참조).
10) 이에 대해서는 王金林, 「奈良文化と唐文化」, 『東アジアのなかの日本歷史』 2,
　　六興 出版, 1988, 142쪽 참조.
11) 일본의 學問僧과 入唐僧은 덴노와 직접적으로 관련되어 있었다(이 책 「일본
　　고대 율령제하 덴노의 외교기능에 대한 분석」 참조). 학문승에 관해서는 田

또한 式文을 검토해 보면 다음과 같다.

『唐律疏議』衛禁律31 疏議
(略) 또한 主客式에 준하면 "蕃客入朝하면 在路에서 客과 交雜해서는 안
된다. 또한 客과 말을 하여서도 안 된다. 州縣官人은 만약 (특별한)일 없
이 (略) 客과 交關(교역)해서는 안 된다. (略)"

위와 같이 사교역 금지를 규정하는 主客式[12]의 내용을, 일본에
서는 延喜玄蕃寮式 諸蕃使人條를 통해 도입하였던 것으로 판단된
다(「(略) 그 在路에서 客과 交雜해서는 안 된다. 또한 사람과 말을 해서도
안 된다. 경로의 國·郡 官人은 일없이 客과 만나서도 안 된다. 숙박하는
곳에서 客이 마음대로 출입하는 것도 허락하지 않는다」[13]). 이처럼 겐방
료의 직장에서는 당의 主客(禮部 四部課의 하나)과의 관련성도 찾을
수 있다. 즉 겐방료의 기능은 아래와 같은 계승관계에 있었다.[14]

·(禮部尙省)
　祠部의 기능 → (A · B),
　主客·禮部(燕饗等을 중심으로 하는 賓禮)의 기능 →
　　　　(C, 특히 延喜式等의 式文의 성립과 관계 깊다)
·(九寺鴻臚寺)
　典客署의 기능 → (C · D · E)

村圓澄, 『古代朝鮮佛教と日本佛教』, 吉川弘文館, 1980 참조.
12) 同式文은 開元式逸文에 의거하였다(瀧川政次郎, 「唐格式と日本格式」『法制
　　史論叢』第1冊, 『律令格式の研究』所收, 1967, 初出은 1965).
13) 「其在路不得與客交雜. 亦不得與人言語. 所經國郡官人. 若無事亦不須與客相見.
　　停宿之處. 勿聽客浪出入.」
14) 唐史料로는 『唐令拾遺』復原唐開元25年 職員令, 『大唐六典』尙書 禮部 卷4,
　　『通典』卷23 職官5 尙書下, 『通典』卷26 職官8 諸卿中, 『新唐書』卷46 志36
　　百官1, 『新唐書』卷48 志38 百官3, 『唐會要』下卷 66, 『隋書』卷27 志22 百官
　　中, 『隋書』卷28 志23 百官下, 『大唐六典』卷4 禮部尙書祠部 참조.

이와 같이 겐방료의 직장은 祠部와 主客等의 禮部尙省의 기능도
계승하였다. 그러므로 일반적으로 治部省을 六部의 禮部尙書에, 治
部省 소관의 겐방료를 九寺系의 鴻臚寺에 대응시켜온 기존의 견해
는 재고되어야 한다. 여기서 당과 대비되는 일본적 특징으로는 겐방
료의 직장 중 불교관계는 불교를 신봉, 우대했던 덴노와의 관련이
깊었다는 점,15) 蕃客(외국사절)의 사망이나 官人의 대외파견 및 學
問僧에 대해서도 겐방료보다는 덴노가 직접 관여했다는 점을 지적
할 수 있겠다.

중국에서는 後漢으로부터 六朝에 걸쳐 天子의 비서인 尙書가 세력
을 신장해 丞相의 직무를 담당하고, 그 밑에 직속했던 六部가 발달하
면서 결국 九寺와 중복되어 점차 九寺쪽이 무력해졌다.16) 즉 六部尙
書와 九寺鴻臚寺 사이에 직접적인 관할관계는 없었다. 그러나 직할관
계에 있었던 일본의 治部省－겐방료 사이에서는 중국의 九寺와 六部
사이에서 보이는 정치적 갈등관계가 있었다고 생각하기는 어렵다.

만일 六部와 九寺 사이에서 나타난 것과 같은 외교직장의 갈등을
일본에서 찾는다면, 太政官과 治部玄蕃 사이에서 찾을 수 있겠다.
그 이유는 治部省의 職掌「諸蕃朝聘」이 701年에 시행된 大寶令에서
는 左大臣의 職掌이었을 가능성이 있기 때문이다.17) 위에서 인용한
考課令集解25 玄蕃之最條 所引 古記도 참고가 된다.「蕃客得所, 謂
問聞情願, 申官處分, (略)」이라고 하여, 玄蕃頭는 (蕃客의)원하는 바

---

15)「供齋」는 원래 禮佛, 즉 덴노의 사적인 佛寺라는 의미가 있으며, 겐방료「供
   齋」는 율령국가의 공적 불교수용과 궁정의 사적인 불교수용과의 중층성을
   나타내고 있다는 견해(田村円澄,『奈良佛教史硏究』, 93쪽)도 참고.
16) 和田淸,『支那官制發達史』, 1942 참조.
17) 職員令集解 2 太政官條 所引 古記의 원형,『古本令私記』의 형태 등에 의해
   「諸蕃朝聘」은 大寶令에서는 左大臣의 職掌이었을 가능성이 제기되었다(『日
   本思想體系『律令』補注, 松原弘宣「『令集解』における大寶令」,『史學雜誌』
   83－11, 1974 참조).

를 물어, 治部省이 아닌 「太政官에게 上申하여 처분한다」는 것이다.
또 「蕃客」에 대한 관할관계가 불명확한 점은 式文에서도 찾아볼 수
있다. 예를 들면 「蕃客入朝」에 대응하기 위한 諸使의 조직을 治部省
式 蕃客條에서 규정할 뿐 아니라 太政官式 蕃客條에도 유사한 조직
을 규정해 둔 것이다.[18] 만일 大寶令에서 左大臣이 「諸蕃朝聘」을
관장하였다면, 그것이 왜 718年의 養老令에서는 보이지 않게 되고
(또는 治部卿의 직장으로 되었으며), 또 왜 式文上에는 諸使 조직을 통
해 太政官이 「蕃客入朝」에 관계함을 명시하였는지, 이러한 점들이
유기적으로 설명되지 않으면 안 된다.[19] 실제 사례를 통해 보면 禮
部尙書가 관장하는 「賓禮」의 「燕」(『大唐六典』尙書 禮部卷4)을 일본
에서는 大臣 등의 太政官 官人이 직접 관여하고 있었다.[20] 또 이하

---

18) 延喜太政官式 蕃客條
　「凡蕃客入朝. 任存問使. 掌客使. 領歸鄕客使. 各二人. 隨使「各」一人. 通事一人
　（入京之時令存問使兼領客使）. 又預差定郊勞使. 慰勞使. 勞問使. 賜衣服使各一
　人. 宣命使. 供食使各二人（豊樂院各一人. 朝集堂各一人）. 賜勅書使. 賜太政官
　牒使各二人（史一人隨官牒使到客館）.」
　治部省式 蕃客條
　「凡蕃客入朝者. 差領客使二人（掌在路雜事）. 隨使一人（掌記錄及公文事）. 掌
　客人（掌在京雜事有史生二人）. 共食二人（掌饗日各對使者飲宴. 自餘使見太政
　官式）.」
　또 治部省使인 「領客使」의 직장이 「在路雜事」이었던 점으로 보아 본래 「蕃
　客」의 「入京」을 보조했을 것이나, 「存問使（太政官使）로 하여금 領客使（治
　部省使）를 兼職시킨다」(延喜太政官式蕃客條)는 방침으로 보면 太政官使가
　주도하는 체제였다고 할 수 있다.
19) 물론 太政官은 治部省을 「因事管隷」(항시 감독할 뿐만 아니라 일에 따라 지
　휘한다. 太政官과 八省, 太政官과 國 사이 등. -職員令集解 2 所引 「義解」,
　『日本思想體系 律令』補注11 a, 646쪽 참조-)하는 관계에 있지만, 그렇다고
　하더라도 養老令制에는 太政官大臣 직장에 「諸蕃」에 직접 관여하는 조항은
　보이지 않는다.
20) 宮衛令集解22 元日條 「蕃客의 宴會·辭見에는 모두 儀仗을 세운다.」에 대해,
　所引의 古記에 「蕃客宴會·辭見 때, 左大臣 이상의 任授（蕃客에게 임명·수
　여）가 있으면 모아 기를 세우고, 징·북을 친다」는 것도 참조.

의 사료도 참고할 수 있다.

『類聚國史』延曆15(796)年 5月 17日丁未
그 (발해)왕에게 사여하는 璽書에 이르길 "덴노가 渤海國王에게 敬問한
다. (略) 그런데 有司가 주상하여 '勝寶(749~756) 이전의 몇 번의 (발해
왕)啓에는 자못 체제가 있었고, 문투와 뜻이 가히 볼만하였습니다. 지금
(발해사)定琳이 올린 啓를 살펴보니, 首尾가 확실치 않고, 이미 舊儀와 다
릅니다.'고 하였다. 朕은 (略) 단지 定琳等이 邊夷에 표착하였으므로 (略)
넉넉히 상을 주고 위로하여 돌려보낸다 (略)"

『續日本後紀』嘉祥2(849)年 4月 28日辛亥
(領客使等이 발해사를 인도하여 入京)左近衛 少將을 파견해 위로하고 鴻
臚館에 안치하였다. 宣命하여 이르길 "덴노의 말씀(詔旨)을 알린다. 有司
가 주상하길 '그(발해) 국왕은 1紀를 期로 하여 朝拜의 使를 보내야 합니
다. 그런데 이번의 使節은 期를 어기고 왔습니다. 보통 같으면 만나지 않
고 국경으로부터 돌려보내야 합니다'고 하였다. 그러나 멀리 거친 파도를
건너 왔으므로, (略) 가련히 여겨 용서한다" (略)

　위의 덴노 勅書·詔旨 안에는 발해왕의 국서(啓)가 舊儀(예전의
형식)와 다른 것, 발해사절의 내일 시기가 틀린 것에 대해 이의(異
議)를 제기하는 有司의 견해가 보인다. 그러나 그 다음에 「넉넉히
상을」 준다든지 「가련히 여긴다」고 하는 덴노로부터의 특별한 처우
를 명시하고 있다. 여기에 보이는 有司란 덴노의 勅을 받들어 사절
들을 「恒禮로 대접하는」 관사를 말함인데,21) 그 관사를 꼭 治部玄
蕃이라고 확정할 수는 없는 것이다.

『續日本後紀』嘉祥2(849)年 5月 12日乙丑
太政官牒에 이르길 "일본국 太政官이 渤海國中臺省에 牒한다. (略) 마땅

21) 『類聚國史』弘仁6(815)年 正月 22日甲午條 참조.

히 돌려보내 그 잘못을 징계해야 한다. (太政)官이 진상을 자세히 하여 (덴노에게) 奏聞하였다. 勅을 받드니, '(略) 특별히 은혜를 베풀어 入覲하는 것을 허락한다. (略)'고 하였다."

앞의 嘉祥2年 4月 28日 기사에서는 有司가 발해사 違期를 문제시하던 점을 기록하고 있는데 반해, 이 5月 12日의 太政官牒에서는 (太政)官이 발해사 違期를 힐책해 돌려보내도록 주상하였다고 기록하고 있고, 또 그러나 덴노는 특별한 은혜를 베풀어 入覲(入朝)을 허락했다고도 기록하고 있다. 또 다음과 같은 발해사에 대한 宣勅 (勅의 내용을 전함)에도

『續日本後紀』 承和9(842)年 3月 29日甲子
덴노의 詔旨를 고한다. "有司가 주상하길 '그(발해) 국왕이 받친 啓 이외의 別狀等에 대해 存問使가 힐문하여 잘못된 점을 알려왔습니다. 이에 따라 그 나라(발해) 使節을 常例로 대우해서는 안 됩니다.'고 하였으나, 年紀를 지키고 멀리서 왔음을 생각하여 특별히 가상히 여겨 용서한다." (略)

라고 하여 有司에 의한 문제제기와, 덴노의 「가상히 여김」에 의한 특별 대우라는 대비가 보인다. 그리고 같은 상황을 묘사하고 있는 太政官牒에는

『續日本後紀』 承和9(842)年 4月 12日丙子
太政官이 中臺省에게 보내는 牒에 이르길 "(略) 啓函의 修飾이 舊例에 따르지 않았다. 官議(太政官의 議政)에 의해 잘못으로 쳐서 (덴노에게)올리지 않으려고 하였다. 그 후 (덴노의 명을)받들어 이를 바꾸었다. (略)"

고 하고 있다. 즉 위의 사례들에서 나타나는 有司란, 存問使를 파견하여 사절의 來着地로부터 제반 상황을 파악하고 있던[22] 太政官임

을 알 수 있는 것이다.[23] 이상의 고찰에서 분명해진 것은, 일본고대
국가의 외교직장에 대해서는 太政官과 治部玄蕃을 모두 검토하는
것이 필요하다는 점이다.[24]

위와 같이 당의 외교담당관사와의 비교를 통해 겐방료의 직장을
검토해 보았다. 그 결과, 당의 관사에 일본 겐방료의 직장을 그대로
대응시켜 이해해서는 안 된다는 점을 지적하였다. 또한 공식사절을
담당함에 있어 일본에서는 덴노에 의한 직절(直截), 또는 太政官과
治部玄蕃사이의 職掌적인 중복 혹은 상충관계가 상정 가능하다는
점도 밝힐 수 있었다.

제2절 외교에서의 겐방료의 기능

일본고대국가의 외교라는 차원에서 보면, 겐방료는 특히 내일한

---

22) 예를 들면 嘉祥2(849)年 3月 14日戊辰條의「能登國에 存問渤海客使 少內記
縣犬養大宿祢貞守等을 보냈다.」, 同年 同月 21日乙亥條「存問使 등이 馳驛으
로, 客徒等이 違例로 入覲한 이유를 힐문한 問答文等을 보냈다」 등에 보이는
「存問使」(延喜太政官式)의 역할을 참조.

23) 그밖에, 『三代實錄』 貞觀元(859)年 6月 23日丁未條(「太政官이 中臺省에 보
내는 牒에 이르길 "(略) 미처 올 시기가 되지 않았다. 有司는 (발해사를)받
아들여 대접하는 것에 찬성하지 않았다. (그러나) 勅을 받드니 '(略) 忠節의
効는 긍휼히 여길 만하다. (略)단지 나라에 兇喪이 있고 계절이 荒饉이 속
하니 (略) 특별히 영접하고, 임시로 入都를 정지하여 安存을 꾀하고자 한다.
(略)'고 하셨다"」)에 보이는 有司도 太政官을 가리킨다고 볼 수 있다.

24) 양 기구에 관해서는 唐처럼 정치정세를 반영하는 갈등관계가 아니라, 일본
고유의 면(大臣層에 의한 외교)과, 唐制의 도입(治部겐방료의 정식관제를
둠)이라는 두 가지 상황이 병존하고 있었음을 먼저 이해해야 할 것이다.

공식사절인 「蕃客」 또는 「在京夷狄」을 관장하였고, 그 일부는 太政官이 담당하고 있었음을 알았다. 그렇다면 令制의 對「蕃客」기구인 겐방료의 역할은 구체적으로 어떠한 것이었을까? 이 점의 고찰을 위해 먼저 겐방료가 담당하고 있던 외교관계의 직장(職員令18 玄蕃寮條의 C·D·E)에 관해 검토하겠다.

우선 C의 「蕃客」에 관한 직장을 「辭見(1) 讌饗(2) 送迎(3)」의 세 부분으로 나누어 볼 수 있다. 令制의 「蕃客」담당기구-겐방료의 직장에 대해서는 同令集解 諸說과 式文, 또한 실제 사례를 통해 다음과 같은 점들을 지적할 수 있다.

1. 「辭見」이란 「入城에 의한 面參(見)과 尊者를 離別(辭別)함」(令釋·義解)이라는 두 가지 뜻을 의미하며,[25] 大寶令에서부터 그러한 의미로 쓰여졌다(宮衛令集解22 元日條 古記 「蕃客의 宴會·辭見」 참조). 그러나 실제 사례에서 강조된 것은 「見」의 儀(「拜朝」의 儀)이며, 「辭」에 대해서는 확실하지 않다. 예를 들면 사절이 귀국할 때는 단지 「歸蕃」 「還蕃」 「却還」 등으로 표현되어 있는 것에 불과하고, 별도의 의식이 실제로 행해졌는지는 알기 어렵다. 또 이러한 「辭見」에 관해 겐방료 官人이 실제로 어떠한 역할을 하였는가도 사례로부터 알아내기는 어렵다. 하지만 다음의 2. 「讌饗」이나 諸儀式 과정을 참조하건대 客을 의식장소로 인도하는 역할이었을 것으로 추측된다.

2. 「讌饗」에 관해 주목되는 것은 本條集解에 인용된 穴記에 「少」를 「讌」, 「大」를 「饗」이라고 분별하고 있는 점이다. 宮衛令集解22 元日條 穴記에도 「또한 이르길 朝堂의 會를 饗이라고 한다.」 「혹은 이르길 燕·會는 두 가지 일이다.」고 하여, 宴會의 의식은 2儀로 분

---

25) 儀制令集解4 車駕巡幸條에 덴노의 출발 때 奉見하는 것을 「辭」라 한다. 또 儀制 令集解6 文武官三位條 古記에 의하면 물러갈 때 대면하는 것을 「辭」라 하고, 還參할 때 대면하는 것을 「見」이라 한다. 宮衛令集解22 元日條(元日·朔日, 외국사신의 宴會·辭見時의 儀仗에 관한 규정)도 참조.

류되어 있다.[26] 한편, 『通典』 卷74 禮34 沿革34 賓禮1의 「迎勞饗(原作享)燕侯之禮」 「受饗受燕」을 통해 중국에서는 「饗」과 「燕」의 2儀가 있었음을 알 수 있다. 또 『開元禮』 卷79, 『新唐書』 禮樂志賓禮를 참조하면 「皇帝宴蕃國主」와 「皇帝宴蕃國使」가 있어, 皇帝가 주최하는 「宴」이 2儀로 설정되어 있음을 알 수 있다.

穴記가 「饗」・「讌」을 서로 다른 儀로 이해하고 있는 것은 이상과 같이 중국의 경우를 참고한 것으로 보인다. 한편 일본에서도 「饗」과 「宴」의 儀를 구별하였다는 견해가 있다.[27] 그러나 『開元禮』와 비교할 경우, 중국에서는 상대국 사절의 신분을 「蕃國王」과 「蕃國使」로 구별하여 「宴」하는 것이지만, 일본에서는 단지 「宴」의 대소의 규모에 의해 구별하려고 했던 점이 다르다. 또한 중국에서는 皇帝가 宴의 주최자로 되지만, 일본에서는 특별히 덴노가 주최한다는 전제가 없었다는 점도 다르다. 그리고 다음과 같은 사례도 보인다.

> 『三代實錄』 貞觀14(872)年 5月 15日甲申
> 右京人 左官掌 從8位上 고마비또노 우지모리(狛人氏守)에게 나오미치노 쓰꾸네(直道宿祢)의 姓을 賜하였다. 우지모리(氏守)는 사람이 長大하며, 용모와 예의가 가히 볼만하다. 임시로 玄蕃屬(겐방료의 4등관)으로 삼아 고로칸(鴻臚館)에 가서 讌饗・送迎에 대해 준비하게 하였다. 이에 우지모리의 신청에 따라 改姓을 허락한 것이다. 그 선조는 고구려 사람이다.

위는 겐방료 관인이 「蕃客」직장에 종사했다는 것을 확인할 수 있

---

26) 「蕃客」에의 「饗」 「讌(宴)」에 대해서는, 職員令集解 造酒司條・大炊寮條 古記에 인용된 「別記」에 「客饗」, 延喜左右衛門府式・左右兵衛府式・左右近衛府式의 中儀條에 「饗賜蕃客」, 延喜雅樂式 蕃客條에 「賜蕃客宴饗」, 延喜治部省式 蕃客條에 「供食二人. 掌饗日各對使者飲宴」, 延喜式部式下 蕃使祿條에 「賜蕃國使宴」, 延喜式部式上 蕃客條에 「賜宴蕃客」이라는 표기가 보인다.
27) 田島公, 「日本の律令國家の「賓禮」」 『史林』 68-3, 1985, 第3表, 56쪽 참조.

는 많지 않은 사례 중의 하나이다. 이 기사를 통해 鴻臚館의 「讌饗」
에 대해 겐방료가 관여했다는 점이 입증되는데, 이것을 보아도 「讌」
과 「饗」이 서로 다른 儀였다고는 해석되지 않는다.[28] 즉 겐방료의
職掌 「讌饗」에 대해서 히라노(平野卓治)의 견해와 같이 "덴노와의
공동 飮食-동일공간의 공유"[29]라는 의의가 있었다고 말할 수는 없

---

[28] 겐방료와 직접적인 관련은 확인할 수 없지만, 예를 들어 8세기의 신라사절에
대한 사례(『續日本紀』)를 들어보면 다음의 표와 같다.

年·月·日	饗宴(場所)	賜物·授位　各種行事等
大寶3(703)·4·1	饗(難波館)	賜布帛
慶雲3(706)·1·7	饗(朝堂)	賜祿·授位
和銅2(709)·5·27	宴(朝堂)	賜祿
靈龜元(715)·1·16	宴(中門)	賜祿,奏諸方樂·大射(1·17)
		賜綿·船(3·23：大宰府)
養老3(719)·閏7·11	宴	賜祿
養老7(723)·8·9	宴(朝堂)	奏諸方樂·賜射
神龜3(726)·6·6	饗(朝堂)	賜祿
天平4(732)·5·21	饗(朝堂)	賜祿
天平10(738)·6·24	饗(大宰府)	
天平14(742)·2·5	饗(大宰府)	
勝寶4(752)·6·17	饗 (朝堂)	賜物·授位
		賜 布·酒肴(7·24：難波館)
寶龜元(769)·3·4	饗(大宰府)	賜祿
寶龜11(780)·1·6		賜當色·履·授位
1·7	宴(朝堂)	賜祿·賜射·踏歌·(1016)

이상의 사례에서 볼 때, 「饗」할 때나 「宴」할 때, 「授位」·「賜祿」 등의 행사의
存否에 커다란 변화는 없고, 연회 규모, 주최 (덴노의 참석)에 통일적인 경
향이 있었다고는 판단되지 않는다. 『懷風藻』(『日本古典文學大系本』, 岩波書
店, 1964)에는 長屋王宅의 酒宴에 관해 「初春에 左僕射(左大臣)長王의 宅에
서 讌(우따게)하였다.」(75, 正六位上但馬守 百濟公和麻呂의 1首), 또는 「가
을 어느날, 長王宅에서 신라의 客을 宴(우따게)하였다.」(77, 同人의 1首)라
는 등, 당시 「讌·饗」 사이를 특별히 구별하려는 인식은 보이지 않는다. 이
점은 大宰府의 帥(장관)의 직장 「饗讌」에 대해서도 마찬가지다. 예를 들면
"羅日간의 충돌"로 해석되는, 大宰府로부터 신라사절이 「放還」되는 때에도
(『令集解』 所引諸說에 의하면 「大」(大規模, 大會)의 「饗」이 있었던 것이다.
[29] 同氏, 「律令位階制と『諸蕃』」 참조.

다. 다만 「饗」이나 「宴」・「讌」은 그 전체로 「饗燕의 禮로써, 四方의
賓客과 친밀을 도모한다」(『周禮』 春官, 大宗伯이 「燕會의 禮」)라는 의
미가 있었다고 말할 수 있다. 따라서 겐방료 관인의 「讌饗」에 관한
역할이란, 앞의 貞觀14년 5月 甲申條처럼 그 의식을 위해 준비한다
든지, 延喜式部式下 蕃使祿條 「賜蕃國使宴」의 儀에 「治部玄蕃이
客徒를 데리고 들어옴」이라고 보이는 것처럼, 연회장으로 외국사절
를 인도하는 것이었다고 할 수 있다.30)

　3. 외국사절의 「送迎」에 관해 겐방료는 어떠한 역할을 하였는가,
다음의 令集解 諸說을 참고할 수 있다.

> 養老賦役令集解34 車牛人力條
> 「무릇 公事를 위해 車・牛・人力을 이용해 傳送해야 할 때, 令條에(관련
> 조문이) 실려있지 않은 경우에는 모두 임시의 勅을 들을 것.」
> 　義解－가령, 蕃客의 來朝시 사용하는 車・牛・人力의 類를 말한다.
> 　令釋－가령 蕃客의 入朝時 마땅히 車・牛를 사용해 傳送해야 하는 類
> 　　　　이다.
> 　穴記－蕃客等의 類이다. (略)

> 「差科(선발・부과)하는 날에 모두 所司로 하여금 사용해야할 수를 量定하
> 여 아래로 내려 실행하게 한다. 在下(하부 관사)에서 疑(수량이나 일시를
> 명시하지 않는 일)가 있으면 안되며, 백성으로 하여금 勞擾하게(몹시 시달
> 리게) 하는 일이 있어서도 안 된다.」

---

30) 그 밖의 諸儀式 순서에 보이는 治部玄蕃寮 관인의 역할도 유사하다.
　　『神道大系 朝儀祭祀 編1, 儀式』 卷6 元日 朝賀儀, 卷7 正月 7日儀, 正月 16日
　　踏歌儀, 正月 17日 觀射儀 참조.
　　唐의 典客署는 「만일 蕃으로 돌아갈 때는 그 사여에는 각각 차가 있다. 朝堂
　　에서 지급할 때, 典客이 그 受領을 도와 그 拜謝의 예절을 가르친다.」(『大唐
　　六典』卷18)라고 하여 蕃客에 대한 사여 때 그 수령을 보조하는 역할을 하
　　였다. 治部玄蕃의 「蕃客」에 대한 역할이란, 그와 같이 의식장에서의 보조 역
　　할이었다고 볼 수 있다.

義解-所司란 治部玄蕃을 말한다.

令釋-별다름 없다.

古記-問. '「모두 所司로 하여금 量定하게 한다.」 아직 알지 못하는 것
    은 所司란 무슨 司인가?' 答. '일에 관여하는 司, 이를 所司라 할
    따름이다. 가령 蕃客入朝에 의해 사용할 경우에는 治部玄蕃을
    所司라 칭할 따름이다.'

穴記-所司란 治部를 말한다. 만약 蕃客에 관한 일이 아니라면 物을 사
    용해야 하는 司가 量定할 따름이다.

위의 古記·義解 등의 諸說에 의하면, 「車牛人力」을 이용해 「傳送」하는 類의 「公事」-「蕃客來朝시」에는 治部玄蕃이 所司로서 「사용할 수를 정해 아래로 내려 실행」하는 것이었다. 실제의 「送迎」의 과정에서는 領客使가 파견되어 入京을 인도하는 것이었다(延喜玄蕃寮式 諸蕃使人條, 同蕃客往還條 참조). 延喜治部省式 蕃客條에 「무릇 蕃客이 入朝하면 領客使 두 사람을 파견할 것(在路雜事를 관장). 隨使 1人 (기록 및 公文에 관한 일을 관장)」라고 하여, 「蕃客」의 「送迎」과정에는 「在路의 雜事」(領客使)와 「記錄·公文」(隨使)이 관련된 것을 알 수 있다. 단지 실제 사례로는 앞의 『三代實錄』 貞觀14年 5月 15日甲申條가 겐방료 관인의 「送迎」 역할을 엿보게 하는 유일한 것이다.

다음은 D 「在京夷狄[31]」에 대해서 살펴본다.

겐방료가 이들과 관계해서 어떤 일을 했는지 구체적인 내용은 알기 어렵다. 그러나 同令集解에 인용된 諸說을 통해 다음과 같은 점을 지적할 수 있다. 우선 「在京夷狄」에 대해서는 「朝聘을 제외한 在京唐國人等」(古記), 「朝聘을 제외한 蕃人」(令釋), 「朝聘이 아니면서

---

31) 「在京夷狄」에 대해서는 小林隆, 「律令制下의化內·化內人について」, 『新しい
    歷史學のために』 212, 京都民科歷史部會, 1993. 12, 今泉隆雄, 「律令における
    化外人·外蕃人と夷狄」, 『中世의政治と宗教』 所收, 吉川弘文館, 1994, 熊田亮
    介, 「古代國家と南島·隼人」, 『歷史評論』 555, 1996. 7 참조.

오는」(穴記), 「蕃人일지라도 國使는 아닌」(跡記) 등으로 설명되어
있다. 즉 겐방료의 「在京夷狄」이란, 공식사절 이외의 在京의 일반
外來人(「蕃人」)에 관련한 직장이었다고 할 수 있다. 또 同條集解 所
引의 師云에, 「(겐방료는) 그 몸을 불러들여, 아직 본관이 정해지지
않은 동안에 관장한다」는 언급도 참고할 수 있다.

玄蕃頭의 職掌「在京夷狄」에 상당하는 典客令의 직장「在國夷狄」
(『通典』 26 職官8 諸卿中, 『新唐書』 卷48 志38 百官3)이란, 夷狄等의 「歸
化해서 蕃에 있는 자의 名數」를 관장하는 것(『大唐六典』 卷18 「東夷西
戎南蠻北狄歸化在蕃者之名數」)이었음을 볼 때, 겐방료의 직장도 附貫
(호적에 등재하고 본관을 정함) 이전의 「在京夷狄(在京의 일반 外來人)」
의 名數를 관리하는 것이었다고 추측된다. 그밖에 考課令集解25 所
引 義解((略) 「蕃客得所」란, 멀리서 사람이 새로 왔을 때는 물과 땅에 이
기지 못하고, 풍속에 익숙하지 않다. 有司가 存檢하여 혼란되지 않게 하는
것을 말한다. —「蕃客得所」, 이를 玄蕃의 最(勤務評定)로 한다.)에 보이는
「存檢」이라는 것도 겐방료의 직장 내용이었다고 볼 수 있다.

따라서 令制의 玄蕃頭의 직장「在京夷狄」이란, 附貫 이전의 在京
의 일반 外來人에 관한 직장으로써, 그들을 「存檢」하거나 名數를 관
리하는 것이었음을 알 수 있다.

다음으로 E 「館舍」에 대해서이다. 겐방료가 「監當(감독·담당)」하
는 「館舍」란 京의 客館[32]을 말한다(同條集解 諸說 참조). 율령 안에서
는 단지 「館舍」로 지칭되어 있지만 天長10(833)年에 작성된 『令義
解』에는 「鴻臚館」이라는 말이 등장한다. 또 京의 客館에 대해서는
겐방료 이외에도 彈正臺나 左右京職(검교·경비·청소), 木工寮(파

---

32) 『續日本紀』 天平4(732)年 10月 3日癸酉條 「처음으로 造客館司를 두었다」,
同天平12年 正月 29日丙辰條 「遣使하여 客館에 가서 渤海大使에게 증여하
였다. (略)」를 참고하면, 京內의 客館은 실제 天平년간(729~748)에 설치된
것으로 보인다.

손·부패를 수선)[33])가 각각 관계하고 있었다. 그런데 「客館」에서는
「발해사에게 答書를 사여」하는 것(延喜式 內記式)과, 「交關」(延喜大
藏省式 蕃客條)도 행해졌지만, 이것과 겐방료와의 관계는 확실치 않
다. 다시 말해 京의 「客館(舍)」이라 할지라도, 그곳의 행사 전부를

---

33) 다음의 기사를 참고할 수 있다.
　『三代實錄』 貞觀15(873)年 3月 28日條
　勅을 내려 木工寮와 右京職으로 하여금 함께 鴻臚館을 監守하게 하였다.
　『三代實錄』 貞觀16(874)年 5月 28日條
　이전에 右京職과 木工寮로 하여금 함께 鴻臚館을 監護하게 하였다. 만약
　檢校가 疎略하여 파손이 있어, 寮·職의 장관이 교체되는 날에는 解由(후
　임자가 전임자에게 건네는 사무인계서류. 전임자는 이것을 上司에 제출하
　여 임무를 종료하게 됨)를 가지고 할 것. 이 날 정하기를, 寮·職의 主典(4
　등관) 이상이 함께 監護할 것. 그 解由는 長官과 마찬가지로 할 것.
　延喜彈正臺式
　임시로 鴻臚館을 檢校할 것.
　『日本後紀』 弘仁6(815)年 3月 2日條
　(略) 蕃國使의 入朝에는 시기가 있다. 客館의 설비는 항상 굳건해야 한다.
　근자에 질병에 걸린 백성이 이 객사에 오거나, 喪을 만난 사람이 숨는 장소
　로 삼기도 한다. 관사와 담이 파괴되고, 정원과 길이 더럽혀지고 있다. 彈正
　臺 및 京職으로 하여금 檢校하게 하였다.
　延喜左右京職式
　무릇 宮城辺의 朱雀路의 도랑은 모두 고용인을 시켜 청소하게 할 것. 또한
　左京은 大學·神泉苑·鴻臚東館, 右京은 穀倉院·鴻臚西館으로 客徒의 入
　朝時 客館의 안을 고르게 나누어 左·右京이 함께 청소할 것.
　무릇 蕃客이 入朝하면 屬·史生 각 1人을 받칠 것. 書生2人, 兵士6人을 데
　리고 館東門을 수호할 것. (南門 옆쪽에 임시 옥사를 만들어 官人 이하가
　숙직할 것. 단지 幄幕은 (太政)官에 신청해 사용하고, 일이 끝나면 돌려줄
　것.) 右京이 南門을 수호하는 것도 이에 준한다.
　守客館 2人은 右京에만 둘 것. 左京은 둘 필요 없음.
　延喜民部省式 下
　守客館
　『神道大系 朝儀祭祀 儀式』 卷7(貞觀)正月 7日儀
　(略) 掌客使 및 左右京職을 함께 鴻臚館으로 보낸다.(略)
　그밖에 『拾芥抄』 中末, 第19 宮城, 『帝王編年記』 卷15 延曆8(789)年條 참조.

겐방료가 관장한 것은 아니었던 것이다. 실제 사례 가운데 客館에서의 외국사절에 대한 행사에 겐방료가 관련된 것으로는 앞의 貞觀 14年 5月 15日條가 있는 정도이다.

이 밖에도 養老職員令 玄蕃寮條에는 보이지 않지만, 治部玄蕃寮의 외교 관련 사무 중에는 외국사절의 소유물 또는 공식 선물인 國信物에 관련된 부분이 있었다는 점을 지적할 수 있다.[34] 이 점에 대해서는 다음과 같은 사료를 참고할 수 있다.

> 養老關市令7 蕃客條
> 「무릇 蕃客이 최초로 關을 통과하는 날, 소유물 하나 이상을 關司와 當客官 人이 자세히 기록하여 所司에 보고할 것. 關 하나를 통과한 이후에는 다시 검사할 필요가 없다. 만약 關이 없는 곳에는 최초로 통과하는 國의 國司가 이에 준한다.」
> 　義解－關이라는 것은 최초로 통과하는 關을 말한다. 만약 關이 없다면 國司가 檢校한다. 當客官人이란 領客使이다. 所司란 治部省이다.

> 延喜玄蕃寮式 諸蕃使人條
> 「무릇 諸蕃使人이 國信物을 가지고 응당 入京해야 할 때에는 領客使의 도착을 기다린다. (略)」

이상에 의하면, 「蕃客」(외국사절)이 入朝하면 領客使가 파견되어 사절의 「소유물 하나 이상」을 검교하고, 治部省에 보고한다. 또 國信物을 소지한 외교사절에 대해서도 治部省 관하에서 領客使를 파견하여 그 관리 하에서 入京시켰다. 이러한 점을 義解의 해석이나 式文을 통해 찾아낼 수 있다는 것은, 養老令制 성립(718년) 이후의 시대적 변화를 반영한 것으로 해석할 수 있다.

---

34) 이 직장은 鴻臚寺 典客令이 化外 蕃域의 羈縻州로부터의 「조공」을 관할하였던 면의 계승으로 추측된다.

제3절 관할범위에 대하여

養老職員令 겐방료의 직장 가운데 외교와 관계 있는 C·D·E 에 대해 고찰해 보았다. 그런데 同令集解 所引의 諸說에는 그밖에도 주목해야 할 점이 있다. 그것은

C에 관하여
○ 義解 : 무릇 諸蕃의 入朝는, 入城부터 시작하여 辭別로 끝날 때까지 讌饗·送迎 등, 전부를 담당한다. 送迎이란 京內에서만 이루어지며 畿外를 나가지 않는다.

D에 관하여
○ 朱說 : 참고자료를 조사해 보았는데, 戶令의 「寬國에서 본관을 정하여 안치할 것」과는 어떻게 구별하는가? 戶令은 (畿)外國을 다스리기 위한 것이며, 이 說은 在京을 다스리기 위한 것인가, 아닌가?
· 師云 : 國司가 보고하는 날, 國에 본관을 정한 무리는 國司가 관장하고, 京에 본관을 정한 무리는 京職(이 관장한다). 단지 이(玄蕃) 寮는 그 몸을 불러들여, 아직 본관지가 정해지지 않은 동안에 관장할 뿐이다.

E에 관해서도
○ 令釋 : 京 및 津國에 있는 館舍 등을 말한다.
○ 古記 : 館舍란, 京 및 津國에 있는 館舍를 전부 檢校하는 것이다.
○ 穴說 :
· 古私記에 '京 및 津國에 있는 館舍는 전부 檢校한다'고 한다. 무릇 攝津職은 在京諸司이기 때문에 이렇게 말하고 있다. 그러나 지금은 맞지 않는다. 畿內로 되었기 때문이다.

라고 하여 C京內 D在京 E京·津國 등, 주로 在京(京內) 또는 畿
內라고 하는 그 관할범위를 설명하고 있다는 점이다.[35] 즉 「蕃客의
辭見·讌饗·送迎」에 대한 겐방료의 관할범위는 주로 京內—적어도
畿內를 넘지 않는—를 중심으로 하는 것이었다. D의 경우 중국의
典客署條의 「在國夷狄」(唐에 降附해서 羈縻州에 편입되어 그 본국에 있
는 외국인)이 일본에서는 「在京夷狄」으로 된 이유도, 중국과 같은
기미주가 설치되지 않았기 때문이기도 하지만, 특히 「在京」으로 한
것은 겐방료가 관장할 수 있는 범위에 제한되었기 때문인 것이다.
玄蕃頭의 직장과 관계 깊은 典客令은 「東夷·西戎·南蠻·北狄의
귀화하여 蕃에 있는 자의 名數」(『大唐六典』卷18)를 관장했던 것으
로 알려져 있다. 그러한 「歸化」에 관한 직장은 玄蕃頭에는 없고, 大
宰帥이나 壹岐·對馬·日向·薩摩·大隅 등의 大國守의 직장에 「蕃
客」과 함께 「歸化」가 보이는 것에 유의해야 한다(養老職員令69 大宰
府條·同令70 大國條 참조).

즉 唐에서는 「蕃에 있다」하더라도 「歸化」한 자에 관해서는 典客
令이 관장하지만, 일본에서는 「京」 이외의 사항은 겐방료가 아닌 大
宰府나 諸國의 지역에서 관장한다는 방침이었던 것이다. 또 公式令
89 遠方殊俗條 인용의 古記에는 "所司란 겐방료이다. 지금의 행사
로는 최초로 도착한 곳의 國司가 차례를 자세히 하여 보고한다"고
되어 있다. 즉 「먼 곳으로부터 다른 풍속을 가진 사람이 와서 입조

---

35) A만 「諸國」에 관계하고 있고, B에 대해서도 주로 京內(+宮內)를 범위로 하
    는 직장임을 기술하고 있다.
    ○ 義解 : 宮內 및 在京의 佛事
    ○ 穴記 : 七大寺 및 宮內
    ○ 令釋 : 宮內 및 在京의 禮佛
    즉 불교·승니 관계에서도 겐방료의 관할범위는 京—畿內를 넘지 않음—이
    중심이었음을 알 수 있다.

(遠方殊俗來入朝)」했을 경우, 각각 圖를 만들어 奏聞하는 「所在官司」란 본래는 겐방료이지만, 요즘에는 최초로 도착한 곳의 國司가 행한다고 기록하고 있다. 이것도 겐방료의 관할이 현지에 이르지 않고 國司와의 사이에 지역적인 分掌 관계를 갖고 있던 결과로 해석할 수 있다. 그리고 그러한 관점에서 보면 E 「館舍」의 경우도, 唐의 鴻臚寺로부터 유래하는 「鴻臚館」의 명칭을 겐방료가 관할하는 客館뿐 아니라 大宰府의 客館에도 동일하게 붙인 의미를 이해할 수 있는 것이다.

이와 같이 외교에 관한 겐방료의 C · D · E 각각의 직장은 기본적으로, 大宰府 · 諸國司의 제기능과 지역적인 分掌관계에 있었던 점을 지적할 수 있다. 養老令 玄蕃寮條 集解 諸說의 대부분이 京內를 중심으로 하는 玄蕃療의 관할범위에 대해 기술하고 있는 것은 이러한 점을 명시하는 것이다. 그리고 무엇보다도 겐방료의 외교관계의 직장에는 대외사절파견과의 관련이 전혀 보이지 않는다. 職員令 集解16 治部省條 인용의 朱記의 문답에도, 治部省도 겐방료도 "蕃國이 우리나라에 올 때만 관장한다"고 기록하고 있다. 견당사 파견 의식(『儀式』10 賜遺唐使節刀儀, 遣唐使進節刀儀 참조)에도 겐방료와의 관계는 보이지 않는다. 즉 治部玄蕃寮는 일본고대국가의 외교관계 일반에 관계한 것이 아니라, 주로 京內를 중심으로 한 儀式장소에서 외국사절의 출입을 인도하는 역할을 하였던 것이다. 강조하자면, 令制의 외교담당기구 治部玄蕃寮의 기능이란, 京(畿內)에서 賓客에 관한 賓禮의 보조와, 在京의 일반 外來人에 관한 「存檢」(또는 그 名數의 관리)을 담당하는 것이었다.

제4절 賓客 대우의 사례

겐방료 관인36)이 「蕃客」(외국사절)에 관해 담당한 역할을 분명히 알 수 있는 사례는 正史 가운데 세 개정도 보이는데, 그 특징에 대해 검토해 보겠다.

『續日本紀』寶龜9(778)年 12月 庚寅
玄蕃頭 從5位上 袁晋卿에게 기요무라 쓰꾸네(淸村宿祢)의 姓을 사여하였다. 晋卿은 唐人이다. 天平7(735)年에 우리 사절을 따라 歸朝하였다. 때는 나이 18, 9세였다. 文選·爾雅의 音에 능통하여 大學의 音博士가 되었다. 이후에 大學頭(大學寮의 장관)·安房守(安房國의 장관)를 역임하였다.

이 寶龜9年 12月 庚寅條는 겐방료 頭(장관)인 唐人 袁晋卿에 대한 賜姓 기사이다. 이것은 唐使가 同年 10月 22日에 來日해서 翌年 4月 30日에 入京, 5月 3日에 朝見, 27日에 귀국한 일정 중에 일어난 일이었다. 袁晋卿의 玄蕃頭 임명은 寶龜9(778)年 2月이었으니(『續日本紀』同庚午條), 唐使 來日과 직접적인 관계는 없었을 것이다. 그러나 玄蕃頭 袁晋卿에게 특별히 일본식의 姓을 사여한다고 하는 처치가 唐使 入京 바로 전에 있었다는 그 의미를 간과할 수는 없다.37)

---

36) 玄蕃頭 취임자를 일람하면 諸王과 外交官人 경험자가 산견한다(森公章,「袁晋卿の生涯」『日本歷史』580, 1996. 9, 9쪽의〈표 1〉奈良時代·平安時代初期の玄蕃寮官人 참조).

37) 袁晋卿이 玄蕃頭에 취임한 것은 寶龜9(778)年 2月이므로, 森公章은 袁晋卿의 玄蕃頭 취임과 同年 10月의 唐使 내일과는 별도로 생각해야 한다고 하였다(앞의 글,「袁晋卿の生涯」, 그러나 玄蕃頭 취임에 직접 관계는 없었다 하

또한 그밖에도, 玄蕃官人과 來客과의 관계가 보이는 것으로 앞의
貞觀14(872)年 5月 15日 기사, 그리고 元慶7(883)年 4月 28日에 入
京하여 鴻臚館에 안치된 발해사에 대해 玄蕃 官人이 파견된 사례
가 있다.

> 『日本紀略』元慶7(883)年 4月 21日丁巳
> 從五位上行式部少輔兼文章博士 加賀權守 스가노 아손(菅野朝臣)을 임의
> 로 治部大輔(治部省의 차관)의 일을 담당하게 하였다. 從五位上行美濃
> 介 시마다노 쓰꾸네 츄신(嶋田宿祢忠臣)을 임의로 玄蕃頭(겐방료의 장
> 관)의 일을 담당하게 하였다. 渤海大使 裴頲를 상대하기 위하여 그렇게
> 한 것이다.[38]

앞에서 든 貞觀14(872)年 기사에는 右京人 左官掌 고마비또노 우
지모리(狛人氏守)가 「임의로 겐방료의 屬(4등관)」이 되어 「鴻臚館에
가서 讌饗·送迎에 관한 일」을 채비하였다고 하였는데, 이 元慶
7(883)年의 기사에도, 발해사절이 入京하고 있을 때 「權(임의)」의 治
部省 大輔(차관), 「權(임의)」의 겐방료 頭(장관)의 직무를 행하였음
을 알 수 있다. 治部·玄蕃寮 관인이 來客 접대에 임한 이들 사례로
부터 다음의 세 가지 점을 지적할 수 있겠다.

1. 貞觀14年·元慶7年의 기사에서 알 수 있듯이 治部玄蕃寮 관인
의 직무란 실제, 來客이 있을 때에 비로소 이루어지는 임시직이었다.
즉 唐의 鴻臚寺와는 달리, 令制의 겐방료 직장이 「蕃客」과 「佛教·

더라도, 同年 12月에 賜姓이 있었던 것을 단지 우연이라고 볼 수만은 없다.
역시 唐客의 來日과 관계가 있었기 때문이라고 해석된다.
38) 渤海末期에 大使한 來日한 裴頲이라는 인물은, 「七步 걸을 때마다 詩를 한
편 지」을 정도로 才氣가 넘쳤던 것으로 유명하다(『菅家文草』卷7「鴻臚贈
答詩序」). 이에 대해 자세히는 村井章介「漢詩와 外交」『アジアのなかの日本
史』, 東京大学出版会, 1993, 184~185쪽 참조.

僧尼」를 함께 관장하도록 되어, 「蕃客」에 대해서는 「權(임시)」職으로 대응하였던 것이다. 다시 말하면, 일본고대국가가 국외사절을 맞이하여 외교기능을 발휘할 때는 일반적으로 「權」職－임시직으로 그것을 담당시키고 있었던 것이다. 물론 養老職員 治部省 卿(장관)의 「諸蕃朝聘」, 또 그 관하의 玄蕃寮 頭(장관)에 「蕃客」(외국사절)이라는 직장이 명기되어 있고, 延喜太政官式・同玄蕃寮式에는 「蕃客」 접대를 위해 근무하는 諸使나 國司 등에 의한 迎接・補援이 규정되어 있다. 그러나 실제 來日한 사절이 조정의 治部省이나 玄蕃寮의 관장을 받는 것은 入京한 뒤이며, 그 入京조차 來日 사절 전부에게 있는 당연한 일은 아니었으므로,[39] 「權・假」의 직장으로서 대응하였던 것이다.

2. 右京人 左官掌 從八位上 고마비또노 우지모리(狛人氏守)가 「權의 玄蕃屬」이 되어 「讌饗」을 준비할 수 있었던 것은 「사람이 長大하고 용모와 예의가 가히 볼 만하기 때문이었듯이, 겐방료 관인에게 중시된 것은 용모[40]와, 賓客과의 문답에 대응할 수 있는 언어, 문장능력[41]－唐使에 대해 唐人의 袁晋卿, 渤海使에 대해 高句麗系의 狛人氏守, 그리고 당대의 유명한 漢詩人 文章博士 菅野道眞와 嶋田忠臣 등을 임명한 것에서 알 수 있듯이－이었다.

3. 寶龜9年, 貞觀14年의 사례에서 보았듯이 賜(改)姓 조치와의 관

---

39) 이 책 「덴노(天皇)의 외교기능과 '入京'의 문제」 참조.
40) 『類聚國史』 元慶7(883)年 5月 乙亥條에도 「朝集堂에서 渤海客徒에게 饗을 베풀었다. (略) 五位 이상으로 용모와 예의가 있는 자를 골라 堂上의 座에서 모시게 하였다. 從五位下守左衛門權佐 藤原朝臣良積가 客을 데리고 와서 西의 堂座에서 共食하였다. (略) 良積는 예의와 용모가 있음으로 해서 갑자기 이에 뽑힌 것이다. (略)」 등과 같이, 來客에 임하는 官人에게는 용모가 중시되었다.
41) 사절과의 문답이나 「唱和」에 응할 수 있는 官人을 賓客禮에 담당시켰던 예는, 앞의 『三代實錄』 天安3(859)年 3月 13日 癸巳條를 참조.

런도 지적할 수 있다. 貞觀14年, 狛人氏守는 玄蕃屬으로 鴻臚館에서의 「讌饗·送迎」에 관계하는 급부로써 「改姓」을 신청하였다.

지금까지 겐방료의 관인이 외국사절의 「讌饗·送迎」에 관한 직무를 수행한다는 令制의 방침이 실천되는 면을 볼 수 있었다. 寶龜9(778)年, 元慶7(883)年의 겐방료 관인으로서의 조치에 대해서도 같은 의미가 있었다. 그러나 8세기부터 9세기에 걸쳐 통산 수십 회나 되는 외국사절의 來日빈도에 비하면, 겐방료 관인의 실질적인 움직임을 볼 수 있는 사례는 극히 적다. 그것도 사절의 在京中이나 在館中에 「權」職(임시직)으로 파견된 형태이며, 사절과 같은 출신의 사람이거나 용모, 또는 漢詩 등의 능력에 중점이 두어졌다는 점에서 추측하면, 그들이 賓客에게 행한 외교교섭내용에 국정결정이나 대외문제 등의 중대한 일이 포함되었다고는 보기 어렵다. 寶龜9年, 貞觀14年 사례에서 알 수 있듯이, 그들이 겐방료 관인으로 선발되는 의의는 오히려 賜姓의 기회를 얻어 일본관료로서의 아이덴티티를 확립하는데 있었던 것이다.

외교면에 있어 겐방료 관인이란 在京(또는 在館)中의 사절을 응대한다는 상징적 의미를 가진 실무관료였다고 할 수 있다. 賓禮의 의식에서 治部玄蕃의 주된 역할이 사절을 그 장소로 인도하는 것이었던 점도 그러한 면을 시사하고 있다.

요컨대 일본고대국가의 외교담당기구인 겐방료는 조정에서 행하는 외교행사 중의 한 부분-「京(혹은 京의 客館)」에서의 「蕃客」행사-을 담당하는 상징적 실무관사였다고 평가할 수 있다.

맺음말

治部玄蕃寮는 외국사절에 대한 교섭주체가 아니며, 주로 在京 중심의 접대 역을 맡고 있었다. 즉 겐방료는 외교라는 중요한 직장을 담당하고 있었음에도 불구하고, 실제적으로는 한정된 영역에서의 상징적인 실무만을 담당하였던 것이다. 그렇다면 養老令의 太政官 직장에 외교에 관한 명기가 없고(혹은 삭제되고), 治部玄蕃寮의 직장으로써 「蕃客」이라고 명시된 것에는 어떠한 적극적인 의미가 있을까?

이에 본 연구에서 주목한 점은, 겐방료가 외교에서 담당하는 범위였다. 겐방료가 담당해야 할 외교관계의 직장이란 외교교섭 내용에 관계된 것이 아니었다. 大宰府나 諸國의 「蕃客」직장과 마찬가지로 「京」에서의 「蕃客」접대(儀式 보조)가 겐방료가 맡은 외교기능의 내용이었던 것이다. 또한 京(畿內)과 大宰府, 諸國사이에 각각 「蕃客」에 관한 직장의 지역적인 분담관계가 전제되어 있었다는 점도 간과할 수 없다. 職員令 玄蕃寮條 集解의 諸說이 커다란 관심을 보이고 있는 것이 겐방료의 관할영역이었다는 점에서도 그 점은 분명하다. 일본고대국가에 있어 가장 중요한 외교관계의 직장을, 太政官이나 8省의 治部省이 아니라 그보다 하부기관인 玄蕃寮 또는 大宰府와 緣邊諸國의 직장으로써 「蕃客」이라고 명기한 것은 그와 같은 실무관계의 내용에 기초하였기 때문이었다.

제2장 使者의 지방파견을 통해 본 고대일본중앙의 외교기능

머리말

외국사절이 일본고대국가의 영역에 도착하면, 중앙의 조정은 그 상황을 신속히 파악하여 외국사절에 대한 처우를 결정하고, 이를 위한 행동에 나서게 된다. 『續日本紀』이하 일본의 正史 기록에 의하면 외국사절이 도착한 곳―주로 大宰府 소관의 西海道 諸國이나, 山陰道·北陸道 등의 緣海諸國―으로 중앙조정의 使者―朝使―를 파견하여 사절에 응대하였다는 것을 알 수 있다. 이같이 중앙이 朝使를 지방으로 파견하여, 외국사절과의 통교(접촉)에 관해 지시·명령하고, 관련사무를 수행시켰던 것을, 일본고대국가 중앙의 朝使 파견체제에 의한 외교기능으로 파악해 볼 수 있다.

여기서는 고대일본조정이 행했던 朝使 파견에 의한 외교행정기능의 면모를, 8~9세기 일본에 온 각국 사절과 대응하는 모습 속에서 살펴보고자 한다. 즉 朝使의 역할 내용을 통해 일본고대국가 조정―구체적으로 덴노(天皇) 또는 太政官을 중심으로 한 기구1)―이 실

---

1) 일본고대의 '律令制 國家'는 덴노를 중심으로 한 중앙호족이 지배층을 구성

제로 발휘하였던, 혹은 발휘할 수 있었던 외교기능의 일면과 그에
드러난 특징점을 밝혀보고자 하는 것이다.

제1절 式文을 통해서 본 朝使 파견 체제

　외국사절(「蕃客」이라 표현됨. 이하 본문가운데 「 」는 式文·令文 등의
법조문구, 正史 등의 사료의 인용을 뜻함)이 일본고대국가 영역의 緣海
國에 도착하고, 또한 緣海國으로부터 入京을 위해 조정으로 향하게
되면, 賓禮의 제 과정에 맞추어 일본조정에서는 諸使를 파견하도록
제정하고 있다. 그것을 다음과 같은 延喜式文[2]을 통해 확인할 수가
있다(( ) 속은 『續日本紀』이하 五國史에 보이는 실 사례의 初見(天皇과
연도)을 표시함).

　　延喜太政官式 蕃客條
　　무릇 蕃客의 入朝에는 存問使(聖武727 또는 仁明842)·掌客使(淸和
　　872)·領歸鄕客使(淸和872)를 각 2사람 임명한다. 隨使 [各] 1명, 通事
　　1명 [入京時에는 存問使로 하여금 領客使를 겸하게 한다(仁明842)]. 또
　　한 미리 郊勞使(仁明842)·慰勞使(仁明842)·勞問使(光仁778, 또는

하였다. 덴노의 의사는 詔·勅을 통해 전달되며, 덴노의 지위와 권한은 법
적으로는 명확히 규정되어 있지 않다. 중앙관제로는 국정을 총람하는 太政
官을 중심으로 8省이 정무를 나누어 담당하고 각 省아래에는 職-寮-司
등의 下級官司가 각기 전문직을 담당했다. 예컨대 治部省 산하에 玄蕃寮가
있어 승려·외국사절에 대해 담당하는 등.
2) 본문에서 주로 참고하는 延喜式은 藤原時平·忠平가 905(延喜5)년에 醍醐
天皇의 명에 의해 편찬에 착수한 것으로 927년에 완성되었다.

清河872)・賜衣服賜(聖武727 또는 淸和872)를 각 1명 지정한다. 宣命使(光仁779)・供食使(陽成883)는 각 2명 [豊樂院 각 1명. 朝集堂 각 1명]. 賜勅書使・賜太政官牒使(양쪽이 함께는 仁明842)는 각 2명 [史 1명은 官牒使를 따라 客館에 도착].

延喜治部省式 蕃客條

무릇 蕃客의 入朝에는 領客使(光仁779) 2명을 파견한다[在路雜事를 관장]. 隨使 1명 [記録 및 公文事를 관장]. 掌客 2명 [在京雜事를 관장. 史生 2명]. 共食 2명 [饗日에 각각 使者에 대해 飮宴하는 것을 담당. 그 밖의 使는 太政官式에 보임].

延喜玄蕃寮式 諸蕃使人條

무릇 諸蕃使人이 國信物을 가지고 入京할 때는 領客使의 도착을 기다릴 것. 그 사용하는 駄夫(고용인부)는 領客使가 路次國郡에게 위임하여 둘 것. 獻物의 多少 및 客소유의 衣物은 지급에 준하여 迎送할것. 그리하여 國 별로 國司 1명이 人夫를 部領하여 防援하고 경계를 지날 것. (略)

延喜玄蕃寮式 蕃客往還條

무릇 蕃客의 往還에 만약 水・陸 2路가 있으면 領客使와 國・郡司가 서로 맡아서 임의로 1 路를 정할 것. 사용하는 船・駄人夫等의 數는 명확히 기록하여 客 도착시에 이르러 날마다 前所(목적지)에 牒을 보낼 것. (略)

이상에 의하면 외국사절이 「入朝」3)하게 되면, 太政官이나 또는 治部省・玄蕃寮 관할 하에서 諸使가 파견되는 것이었음을 알 수 있다. 그런데 위의 延喜太政官式 속에 「入京時에는 存問使(太政官使)로 하여금 領客使(治部省使)를 겸하게 한다」라고 하는 점으로 보아, 入京을 기준으로 해서 入京前에는 「存問使」를 파견하는 것, 즉 「存問使」란 사절 入京의 여부가 아직 결정되지 않는 상태에서 파견하는 使이었다는 것을 알 수 있다. 또 入京할 때에는 「領客使」 혹은 「存問

---

3) 「入朝」에 대해서는 1. 일본고대국가의 영역에 들어감, 2. 入京 이라는 두 가지 의미의 해석이 가능하다.

兼領客使」가 파견된다는 것. 따라서 「領客使」 혹은 「存問兼領客使」
는 사절이 入京하도록 결정된 단계에서 파견하고, 사절의 入京 과정
을 인도하는 使이었을 것으로 추측된다. 이처럼 入京전과, 入京시의
파견 朝使에는 구별이 있었음을 알 수 있다. 이를 또한 治部省式 蕃
客條와 더불어 살펴보면 「외국사절(蕃客)이 入朝(이 때의 入朝는 入京
의 뜻)」할 때에 그 각각의 과정에 대응하는 使-「在路」에서 담당하
는 使, 「在京」중에, 그리고 「客館」에서 담당하는 使-가 있었음을 알
수 있다. 따라서 이상을 고려하면, 외국사절이 일본고대국가의 영역
에 도착하면 조정이 파견하게 되는 諸使에 대해서는 다음과 같은 분
류를 시도해 볼 수 있다.

(1) (사절들이) 入京前에 파견되는 朝使
(2) 入京시 파견되는 朝使
(3) 入京後, 在京(「在館」)기간 중에 파견되는 朝使
(4) 귀국할 때 파견되는 朝使

이에 본고에서는 위와 같은 분류에 따라서 일본조정의 사자 파견
에 의한 외교행정의 일단을 검토해 보려 한다(사례는 新訂體系國史大
系本의 『續日本紀』이하 正史, 『類聚國史』, 『日本紀略』 참조).[4]

---

4) 그 가운데서 특히 『日本後紀』의 桓武(재위 781~806년, 그 동안 신라사 1
   회·발해사 3회 來日)·平城(재위 806~809년, 발해사 1회 來日)·嵯峨(재
   위 809~823년, 발해사 7회 來日)·淳和(재위 823~833년, 발해사 2회 來日)
   天皇의 시기에는 이 같은 朝使體制에 관한 사례를 검출하기 어렵다는 점을
   알려둔다. 이는 『日本後紀』가 應仁·文明의 亂(1467~1477)으로 소실되어
   전 40권 가운데 10권만이 현존하는 것과 관련 있을 것이다. 기타의 30권에
   대해서는 『日本紀略』, 『類聚國史』등에 의해 일부분 밖에 복원되지 않는다.

제2절 사례를 통해 본 朝使 파견 체제

일본조정이 어떠한 역할을 분담하는 諸使를 파견하였는지, 8~9세기에 걸쳐 확인되는 朝使 파견의 사례를 상기한 (1)·(2)·(3)·(4)의 각 단계별로 분류하여, 시대적 추이에 따라 고찰해 보고자 한다.

(1) 사절 入京前 - 도착지에 파견되는 朝使

〈표 1〉 사절 入京前(도착지)에 파견되는 朝使의 예

시기	來日使節	朝使(役職)→파견지	내용	그 외 조정의 명령
文武(697~707) 697·11·11	新羅使	務廣肆·進大壹→陸路 務廣肆·進廣參→海路	筑紫로부터 맞이함	
聖武(724~749) 727·9·21 742·2·5 743·4·25	渤海使 新羅使 新羅使	使→出羽國 右大辯→大宰府 檢校新羅客使→筑前國	常禮를 失함(調를 土毛라 改稱, 書奧에 物數를 注記함)을 보고	存問兼時服을 賜함 饗·放還 太政官處分: 返却, 失禮한 내용을 고할 것
孝謙(749~758) 752·10·7	渤海使	左大史→越後國	消息을 물음	
淳仁(758~764) 760·9·16 762·1·6 763·2·10 764·7·19	新羅使 唐人 新羅使 新羅使	陸奥按察使→大宰府 參議→大宰府 左大辯·讚岐介→大宰府 右少辯·授刀大尉→大宰府	來朝한 이유를 물음 饗 약속을 어긴 이유를 물음 온 이유를 물음	却迴 乾政官處分: 入京시킬 것(今後 王子가 아니면 執政大夫를 入朝시킬 것) 大宰府牒(乾政官符)

稱德(764~770) 769 · 11 · 19	新羅使	員外右中辯 · 攝津大進 →大宰府	온 由緖를 물음	賓禮로 대우 안함
770 · 3 · 4	新羅使	左大史→大宰府	宣告(大宰府에 명 해 安置 · 賜饗)	
光仁(770~781) 774 · 3 · 4	新羅使	河內守 · 大內記→大宰 府	來朝한 이유 물음	勅 : 渡海料를 지급, 放還
773 · 6 · 24	渤海使	使→能登國	宣告(太政官處分 : 表函은 返却 · 築紫 道로 來朝할 것)	
777 · 1 · 20	渤海使	使→越前國	約束을 어긴 이유 를 물음	(同4 · 9入京)
778 · 11 · 19	唐使	左少辯 · 勅旨員外少輔 →大宰府	勞問	
779 · 9 · 14	渤海使	使→出羽國	勅 : 給饗放還 · 船 을 修造할 것	
779 · 11 · 3	新羅使	勅旨少輔→大宰府	入朝 이유를 물음	
779 · 11 · 9	渤海 · 鐵 利人	檢校渤海人使→出羽國	勅 : 表 무례. 筑紫 로 오지 않았음을 힐책	
779 · 11 · 10		檢校渤海人使	渤海 · 鐵利人의 爭 坐를 보고	太政官處分 : 列位 를 달리 할 것
779 · 12 · 22	渤海使	檢校渤海人使	발해사의 청을 보고 (배 9척을 언어 귀 국하려 함)	허락
仁明(833~850) 842 · 3 · 6	渤海使	存問兼領渤海客使(式 部大丞 · 少內記)→長 門國	上奏 : 客徒의 文 · 啓案 · 牒案 등의 문서를 勘問	
849 · 3 · 14	渤海使	存問使(少內記)→能登 國	奏上 : 渤海客徒의 啓 · 牒案	
849 · 3 · 21		存問使等	馳驛奏 : 客徒等이 違例入覲한 이유를 힐문한 問答文	同3 · 28 存問使로 하여금 領客使를 겸 하게 함

清和(858~876)				
859·5·10	渤海使	存問兼領渤海客使(大內記·直講)→加賀國·加賀國司	奉信：啓·牒·信物	
859·7·21		存問兼領渤海客使(直講)	奏言：加賀國으로부터 귀국	
861·5·21	渤海使	存問兼領客(但馬權介)→出雲國	啓案의 違例 많음을 보고	宣告：入京停止, 中臺省牒 진상, 出雲絹綿을 頒賜
872·4·13	渤海使	存問渤海客使(少外記·直講)→加賀國	馳驛奏上：啓牒函의 違例를 힐문한 問答狀, 途中消息 記錄	
陽成(877~884)				
877·4·18	渤海使	存問兼領渤海客使(少外記等)→出雲國	啓·牒를 필사해 馳驛上奏	太政官宣：一期 來朝 요구, 道粮·饗을 지급
883·2·25	渤海使	存問兼領客使(辯官·史生)→加賀로 押送	領客使 冬時服를 頒賜	衣·袴를 한 벌씩 賜함

8~9세기 외국의 사절이 일본과의 교류를 꾀하여 일본고대국가의 境域에 도착하면, 이에 대한 보고가 일본조정으로 올라가게 되고, 조정에서는 이에 대응하는 조처에 나서게 된다. 즉 구체적으로 다음과 같은 朝使를 사절 도착지로 파견하였던 것이다. 사절이 도착한 현지로 다음과 같은 내용의 역할을 하는 朝使가 시기별로 조정으로부터 파견되었다.

1. 「筑紫으로부터 (사절을) 맞아들이는 使」

『續日本紀』에 최초로 등장하는 文武朝(재위 697~707年)의 외교는 文武元(697)年 10月 28日에 온 신라사절(白村江의 役 후, 통산 26차,

신라 孝昭王代에서는 4번째)에 대한 것이었는데, 현지의 관리에게 맡기지 않고, 조정으로 맞이해 들이기 위해 직접 使를 파견하고 있다.

同年 11月 癸卯條에 의하면 「務廣肆(從7位下) 사까모또노 아손 시까따(坂本朝臣鹿田)・進大壹(大初位下) 야마또노 이미끼 이호따리(大倭忌寸五百足)를 陸路로, 務廣肆(從7位下) 하지노 쓰꾸네 오마로(土師宿祢大麻呂)・進廣參(少初位上) 스게노 무라지 모로꾸니(習宜連諸國)를 海路로 보내 신라사를 筑紫로부터 맞이했다」는 것이다. 상기 延喜玄蕃式 蕃客往還條에 「무릇 蕃客(외국사절)의 往還」시에는 「한 코스를 정한다(「更定一路」)」라는 것과, 이 같은 文武朝의 사례를 비견해 볼 수 있다. 이처럼 특히 海・陸 양편에서 외국사절을 맞이해 들이는 모습은 그밖에 元明朝(재위 707~715)의 709年 3月 14日辛未條 「海・陸 兩道를 이용해 신라사 金信福等을 불렀다」는 한 예가 있을 뿐이며, 持統朝(재위 690~697年)까지의 사절의 入京시, 또한 이후의 8세기 奈良時代에도 거의 그 사례가 보이지 않는 특이한 대우였다. 즉 이 같이 入京의 경로에 대해 세심한 주의를 기울여 朝使를 파견하는 것은, 당시의 조정이 신라사절의 來日에 중요한 의미를 부여하고 있었음을 나타낸다.

또한 이 때의 조정 사자 사까모또노 시까따(坂本鹿田), 야마또노 이호따리(大倭五百足), 하지노 오마로(土師大麻呂), 스게노 모로꾸니(習宜諸國)의 역할은 조정까지 사절들을 인도하기 위해 일부러 파견되었던 것으로, 후대에 보이는 「領客使」(후술)의 선례적 형태로 간주할 수 있다. 즉 「외국사절을 (조정으로) 맞이하기 위해」 파견되었던 使는, 8세기 후반 이후에는 「領客使」라는 명칭의 使로 정착되었던 것이다.

2. 「存問(혹은「消息을 물음」) 겸 時服을 사여하는」 使

聖武朝(재위 724~749年)에는 발해사절이 도착한 出羽國으로 朝使를 파견하여 「存問을 겸해서 時服(계절에 맞는 의복)을 사여하」였다(『續日本紀』 727年 9月 21日庚寅條). 公式令集解 存問致仕人事條를 참조하면 「存問」이란 「안부를 물어 奏聞(보고하고 天皇의 처분을 듣는)」하는 것이다. 이러한 「存問」 기능과 유사한 것으로 孝謙朝(재위 749~758年) 752年 10月 7日庚辰條에 越後國에 太政官의 左大史를 파견하여 「渤海客等의 消息을 물었다」는 예가 있다.

이 같은 「存問」이나 「消息을 묻는」 使는 延喜太政官式 蕃客條에 보이는 「存問使」의 선례적 형태라 할 수 있다. 그밖에도 『日本紀略』823年 12月 8日戊子條를 참조하면 「存問渤海使의 파견을 정지하였다. 금년에는 눈이 많이 와서 왕래가 불통이었다. 勅을 내려 "(加賀) 守(장관)・掾(3등관) 등으로 하여금 例에 준하여 存問하게 하여라"고 하였다(停止存問渤海使. 今年雪深. 往還不通. 勅. 令守掾等准例存問.)」는 사례가 보이므로 9세기 전기에도 「存問使」의 존재가 추정 가능하다. 그러나 현존하는 사료로 보면(표 1) 「存問使」란 명칭의 使가 활약한 것은, 9세기 중반 仁明朝(재위 833~850) 이후가 명확하다(후술의 10).

3. 「饗」·「放還(귀국)」[5]을 행하는 使

742年 2月 5日에는 신라사에게 「饗」을 베풀고, 또 「放還」하기 위해[6] 太政官의 右大辯이 파견되었다. 元正朝이후 외국사절을 「饗」또는 「放還」한 사례가 확인되는 聖武朝(742年 2月 5日 신라사에 대한 「饗」·「放還」)·淳仁朝(762年 1月 6日 唐使를 「饗」)·光仁朝(779年 9月 14日 발해사를 「饗」·「放還」)·淸和朝(859年 7月 21日·861年 5月 21日 발해사를 「放還」)의 8~9세기에 이르기까지 변함 없이 조정으로부터 덴노(天皇)의 勅使 혹은 太政官使를 파견하는 체제가 유지되고 있음을 알 수 있다. 즉 현지에서 사절에게 「饗」을 베풀고[7] 또는 「放還」을 선고할 때는 반드시 덴노 또는 太政官의 使者가 파견되어 이를 주도하였던 것이다.

이 같은 「饗」 또는 「放還」을 행하는 使에 관해 延喜式에는 상당하는 규정이 보이지 않는다. 그것은 본디 「饗」이 정상적인 賓禮의 과정에서는 조정에서 이루어지던 의식의 일부였던 바, 사절이 入京할 수 없는 '불의의' 사태에 도착지에서 「饗」이 이루어지고, 또 「放還」되었던 것과 관계 있을 것이다. 사절이 도착한 현지에서 「饗」이 벌

---

5) 「放還」은 종래 일본의 上國的 입장에 의한 「추방」으로 해석되기도 하였으나, 반드시 그렇지만은 아니며, 단순히 「귀국」으로 해석해도 무방하다(이 책 「신라사절 「放還」과 일본의 왕권」 참조).

6) 742年에 신라사절을 放還한 이유는, 양국의 불화 때문이 아니고, 「新京이 아직 완성되지 않았기 때문」이라는 일본조정의 사정에 의한 조치였다.

7) 이처럼 조정의 諸使가 파견되어 「饗」을 베푼 사례는 7세기 후반에서부터 찾아볼 수 있다. 예컨대 『日本書紀』681年 10月 도착한 신라사에 대한 筑紫에서의 饗, 685年 11月 도착한 신라사에 대한 饗, 686年 正月·5月 29日 筑紫에서의 饗·賜祿, 687年 9月 도착한 신라사에 대한 筑紫館에서의 饗·賜祿 등.

어지고, 또한 入京하지 못하고 사절이 「放還」 되었다 하더라도, 8~9 세기에 걸쳐 변함 없이 이를 현지 관리의 처리에 맡기지 않고 조정 의 使를 파견하였다는 점에서 그 의의를 찾을 수 있다.

4. 「檢校新羅客使」

聖武朝에는 또한 신라사를 위해 「檢校新羅客使」가 筑前國에 파견 되었다((『續日本紀』743年 4月 25日甲午條). 3月에 신라사 薩湌 金序貞 등이 來朝했다고 하는 筑前國司로부터의 보고가 있자(乙巳條), 이에 따라 從5位下 다지히노 마히또 하니즈꾸리(多治比眞人土作)와 外從5 位下 후지이노 무라지 히로나리(葛井連廣成)를 「供客의 일을 檢校시 키기 위해」 筑前國로 파견한 것이다. 式文에 그 명칭이 보이지 않는 이 檢校使의 역할이란, 筑前國에서 신라사를 응대(「供客」)하는 것을 檢校하는 것(a)이 본래의 목적이었던 것이다. 그러나 이때의 신라 사가 「調를 土毛라 칭하고, 문서의 안쪽에 직접 物數를 기록하는」등 의 「常禮를 벗어난」 행동을 하자 이를 太政官에게 보고하였다.[8]

---

8) 이 743年 기사에 보이는 「檢校新羅客使」에 대해 선행연구에서는 「問(新羅) 來朝由使」(후술의 5)와 동일한 기능의 官人으로 해석하기도 하였다(石井正 敏, 「大宰府の外交面における機能－奈良時代について－」『法政史學』22, 1970 年 7月). 이에 비해 河內春人, 「新羅使迎接の歷史的展開」(『ヒストリア』170, 2000年 6月)에 의하면 檢校使란 入京시키지 않는 외국사절을 내착지에서 영접(燕饗)하기 위해 중앙으로부터 파견되었다고 하고 이에 대해 問入朝由 使는 사절을 입경시킬까 어떨까 하는 賓禮의 적용을 심사하기 위해 파견되 는 것으로 구별하고 있다. 또 부르스 바톤은 이를 「檢校新羅入朝由使」제도 의 확립으로 간주한다(同氏, 「律令制下における新羅・渤海使の接待法」『九 州史學』83, 1985年 7月). 그밖에 이같이 신라사에 대한 官人을 모두 「問新 羅入朝由使」라고 하고, 그 역할에 대해서도 「來朝의 由」를 심문하는 것뿐만 아니라, 「국서의 개봉」까지 했다고 하는 등, 일괄해서 평가하려는 견해(中野 高行, 「日本古代における外國使節處遇の決定主體」『日本歷史』593, 1997年

檢校新羅客使 多治比眞人土作가 말하길 "신라사가 調를 土毛라 고쳐 부르고, 문서의 안쪽에 직접 物數를 기록하였다. 이를 舊例에 비교해 보니 크게 常禮를 벗어난 것이다."고 하였다. 太政官 處分하길 "마땅히 水手 이상을 불러 失禮의 狀을 고하고, 즉시 放却하라."

즉 사절이 가져온 물품과 문서를 조사하고, 「失禮」여부도 판단하는 기능(ｂ)을 이 같은 檢校使가 발휘하고 있는 것이다.

이처럼 8세기 전반의 文武朝·聖武朝에는 일반적으로, 사절이 도착하면 그 도착지까지 조정에서부터 직접 諸使가 파견되어 存問·의복의 사여·饗·放還·供客의 檢校와, 더불어 사절이 가져온 문서의 常禮여부를 판단하는 역할을 하였음을 알 수 있다.

다음으로 사례를 들 수 있는 것은 淳仁朝(재위 758~764)인데, 淳仁朝에도 빈번히 외국사절―주로 신라사를 도착지(大宰府)로부터 그대로 귀국시키는 모습을 볼 수 있으며, 이 때 사절의 귀국은 역시 현지 관리의 처리에 맡기지 않고, 조정의 遣使를 통해서 직접 처리하고 있다. 그런데 이전 시대와 비교하여 淳仁朝 이후에 파견된 使에는 당초부터 사절을 조정으로 불러들이려는 자세를 찾기 어려우며, 예를 들어 사절의 「來朝한 이유를 묻기」위해서, 또는 「(이전 사절이 했던) 약속을 어긴 이유를 묻기」위해서 파견되었다.

5.「來朝한 이유를 묻는」使

淳仁朝의 8세기 중반이후 朝使가 행한 중요한 역할의 하나로 도착한 외국사절에게 「그 來朝한 이유를 묻는」것을 볼 수 있다. 이 같

10月)도 있다. 그러나 본고를 통해 밝히듯이 朝使 각자의 역할 내용은 시기별로 명료하게 구분된다.

은 「來朝한 이유를 묻는」使의 파견은 특히, 8세기 초반과는 달라진, 신라에 대한 일본조정의 고압적인 태도가 표명된 부분이라는 점에서 특징적이다. 또한 당시의 일본조정 안에서 외교를-더불어 정계를 이끌어 간 세력이 명확히 드러나는 부분으로도 주목된다. 즉 淳仁朝에는 당시의 권력자 후지와라노 나까마로(藤原仲麻呂)가 신라사절에 대한 처우를 주로 결정하는 모습을 볼 수 있다. 다음의 760年 기사 속에서 신라사와 문답하고 있는 것은 大保(右大臣) 후지와라노 나까마로의 제4남인 후지와라노 에미노 아손 아사까리(藤原惠美朝臣朝獵)[9]등인 것으로 보아,

> 신라국이 級金 貞卷을 보내 조공하였다. 陸奧按察使 從4位下 藤原惠美朝臣朝獵等을 보내 그 來朝한 이유를 물었다. 貞卷이 말하길 "(略)" (貞卷에게) 물어 말하길 "使人이 輕微하니 賓禮로 대우하기에 부족하다. 이에 따라 却廻하고자 한다. 너의 본국에 전하여 專對(독단으로 자유롭게 응대) 할 만한 사람으로, 忠信(성심을 다하고 거짓이 없음)의 禮를 갖추고, 舊調(본래의 공물)를 가지고, 明驗(분명)한 말을 하는 등의 4가지 사항을 구비하여 來朝하라"고 하였다(『續日本紀』 760年 7月 癸卯條).

이 때의 파견주체는 763年의 乾政官處分이나 764年의 乾政官符의 사례와 마찬가지로, 나까마로(仲麻呂)를 중심으로 한 乾政官(太政官)이라 할 수 있다. 즉 이 使의 역할은 (ａ)사절이 「來朝한 이유를 묻는」것이었으며, 그 내용을 보고하고, 이어서 (ｂ)乾政官의 處分 내용-「專對의 인물, 忠信의 禮, 舊調, 明驗한 말의 네 가지를 구비해서 來朝할 것」-을 사절에게 전달하고, 또한 그 명령내용-사절의「却廻」-을 수행하는 것이었다. 마찬가지로 동시기에는 또한

---

9) 『新古典文學大系 續日本紀』 三, 27쪽 注3 참조. 『公卿補任』에는 제3남이라고 함.

다음과 같은 예도 보인다.

> 신라사가 大宰 博多津에 도착했다. 右少辯 從五位下 기노 아손 우시까이(紀朝臣牛養)·授刀大尉 外從五位下 아와따노 아손 미찌마로(粟田朝臣道麻呂) 等을 보내 由緖(온 이유)를 물었다. 金才伯 등이 말하길 "唐國勅使 韓朝彩가 발해로부터 와서 말하길 '日本國僧 戒融를 본국으로 보낸 지 오래다. 만일 평안히 귀향했다면 당연히 답신이 있어야 한다. 그런데 지금까지 아무런 소식이 없다. 이 使(韓朝彩)를 보내 그(戒融)의 消息을 天子에게 보고하고자 한다.'고 하였다. 이에 (신라)執事牒을 가지고 大宰府에 왔다. 朝彩는 上道(신라의 王都를 출발)하여 新羅 西津에 있다. 本國 謝恩使 蘇判 金容이 大宰報牒을 얻어 朝彩에게 전해주기 위해 京(경주)에서 아직 출발하지 않고 있다. (略)"고 하였다. 그(신라사) 귀국에 이르러 大宰府가 新羅執事에게 답하는 牒에 이르길 "案內(참고자료)를 살펴보니, 乾政官符에 이르길 '大宰府解에 이르길 (略), (戒融는)작년 10월 高麗國(발해)으로부터 聖朝(일본조정)에 돌아왔다. 府는 이를 알고, (신라 쪽에) 알려주어라'고 하였다"(『續日本紀』 764年 7月 甲寅條)

조정에서 파견된 右少辯 기노 아손 우시까이(紀朝臣牛養)·授刀大尉 아와따노 아손 미찌마로(粟田朝臣道麻呂)의 역할이란 大宰府의 博多에 도착한 신라사에게 「그 由緖(온 이유)를 묻는」것이었다. 그리하여 신라사절이 말한 「온 이유」는ー「日本國僧 戒融가 고향으로 돌아간 후 소식이 없어 그 소식을 알기 위해 발해로부터 온 唐國 勅使 韓朝彩가 지금 신라의 西津에 와 있으므로 執事省의 牒을 가지고 왔다」고 하는ー乾政官(太政官)에게 보고되었다. 단지 이 때 보고의 형식으로는 大宰府解가 이용되었으며, 乾政官符도 大宰府 앞으로 보내져 大宰府의 報牒(답서)으로 新羅執務省에 보내졌다. 이는 신라사절이 「大宰報牒을 얻기 위해」왔다고 하므로, 大宰府가 관계한 것이라 할 수 있다. 그밖에 稱德朝(재위 764~770年)에도 신라사에 대해 「그(온) 由緖를 묻는」 太政官人(員外右中辯 등)이 파견되었다(『續日本

紀』769年 11月 19日). 이 같이 淳仁朝의 朝使가 太政官使인 경향은, 뒤의 光仁朝에 신라사절이 「來朝한 이유를 묻는」使가, 大內記(774年 3月 4日條)나 勅旨省의 관인(779年 11月 3日條) 등과 같은 덴노 勅使이었던 것과는 좋은 대조를 보이는 현상이라 할 수 있다.

이상과 같이 8세기 중반이후 특히 신라사절에 대해 (a)「그 來朝한 이유를 묻는」使가 파견되었으며, 이는 (b) 淳仁朝 이후 稱德朝에는 太政官(乾政官), 그리고 光人朝에는 덴노의 명령과 지시에 따르는 使이었던 점에서 그 특징을 보이고 있다.

6.「약속한 것을 묻는」使

淳仁朝에는 또한, 이전에 왔던 사절이 한 약속이 지켜졌는지, 또는 지켜지지 못한 이유가 무엇인지를 묻기 위해 사절의 내착지로 朝使를 파견하기도 하였다.

> 신라국이 級飡 金體信 이하 211명을 보내 조공하였다. 左少辯 從五位下 오하라노 이마끼(大原眞人今城), 讚岐介外從五位下 이께하라노 아하모리(池原公禾守) 등을 보내어 貞卷과 약속했던 바에 대해 물었다. 體信이 말하길 "(略)" 이에 今城이 고하길 "乾政官이 處分하길 '이번 使人은 京都로 불러들여 언제나와 같이 대우하고자 하였다. 그런데 使等이 貞卷과 약속한 일에 대해 일찍이 보고하는 바 없고, 단지 이르길 언제나와 같은 공물을 가지고 입조하였을 뿐, 그 밖의 것은 아는 바 없다고 하였다. 이는 使人으로서 마땅히 할 말이 아니다. 금후로는 王子가 아니면 執政大夫 등으로 하여금 入朝하도록 하여라. 마땅히 이를 너의 왕에게 알려라'고 하였다."(『續日本紀』763年 2月 癸未條)

이 때 조정이 파견한 左少辯 오하라노 이마끼(大原今城)·讚岐國

介(차관) 이께하라노 아하모리(池原禾守)는, (a) 이전에 왔던 신라사 貞卷이 한 약속(상기의 760年 7月 癸卯條 참조)이 이루어졌는지를 묻기 위해 파견된 使이며, (b) 乾政官處分－사절을 「入京」시키는 것－을 실행하기 위해 파견되었던 것으로 보인다. 그러나 결국, 「언제나처럼 공물을 가지고 입조했을 뿐, 그 밖의 것은 모른다(但齎常貢入朝. 自外非所知者)」고 하는 신라사의 태도 때문에 다시금, (c) 「금후로는 王子가 아니면 執政大夫 등으로 하여금 入朝하게 할 것. 이 것을 너의 국왕에게 알려라」는 乾政官處分의 내용을 전달하고, 사절들을 그대로 돌려보내는 역할도 하게 된 것이다.

즉 淳仁朝에는 주로 신라사가 도착한 곳에 「來朝한 이유」또는 「(前使가) 약속한 것」을 묻기 위해 조정으로부터 諸使가 파견되었으며, 그들은 또한 乾政官(太政官)의 처분명령을 수행하였던 것이다.

이상에서 신라사절에 대해 환영하는 뜻을 포함해 조정으로 맞아들이기 위해 朝使를 파견한 文武朝, 饗을 베풀기 위해 使를 파견한 聖武朝 때와는 달라진 일본조정의 자세를 엿볼 수 있다. 즉 대 신라 관계를 추진하는 조정의 정책 기조의 차이와 변화를, 이 같은 朝使 파견의 사례로부터 살펴볼 수 있는 것이다. 그리고 또 한편 이 같이 「약속에 대해 묻는」使의 파견 사례는 光仁朝(재위 770~780) 이후에는, 신라사에 대해서 뿐 아니라 발해사에 대해서도 나타난다.

遣使하여 발해사 史都蒙 등에게 말하길 "지난 寶龜4(773)年에 (발해사)烏須弗이 귀국할 때 말해주길 '太政官處分하길 [渤海入朝使는 금후 古例에 따라 大宰府로 향할 것. 北路로 와서는 안 된다]'고 하였다. 그런데 지금 이 약속을 어긴 이유는 무엇인가?" (史都蒙 등이) 대답하여 말하길 "烏須弗이 귀국하였을 때 그 사실을 알았다. 따라서 都蒙等은 (발해의) 南海府 吐號浦로부터 출발하여 서쪽으로 對馬嶋 竹室津을 목표로 하였다. 그러나 바다 가운데서 바람을 만나 이 금지된 영역에 도착한 것이다. 약속을 어

긴 죄는 피할 바 없다."(『續日本紀』777年 正月 癸酉條)

4년전(773年)에 왔었던 발해사 烏須弗에게 선고되었던 太政官處分의 내용-발해사는 금후 古例대로 大宰府道로 입조하고 北路로는 오지 말 것(773年 6月 戊辰條 참조)-이 이번에 지켜지지 않은 이유를 묻기 위해 朝使가 파견되었다. 발해사 都蒙等은, 발해의 南海府 吐號浦로부터 출발하여 서쪽의 對馬嶋 竹室津를 목표로 하였는데도 불구하고 바다 가운데서 바람을 만나는 바람에 이 금지된 지역에 도착했다는 사정을 말하여, 신라사와는 달리, 결국 入京의 목적을 달성한다(同 2月 20日壬寅條 참조).

7.「宣告」使

稱德朝의 770年에는 大宰府의 신라사에 대해서 左大史 다떼베노 히또누시(堅部人主)를 파견하였는데,

> 처음에 신라사가 온 연유를 물었을 때 金初正 등이 말하길 "(略)" 이에 左大史 外從五位下 堅部使主人主를 파견해 初正 등에게 선고하여 말하길 "前使 貞卷이 귀국하는 날 명하였던 사항에 대해서도 아무런 보고가 없었고, 지금도 또한 괜히 사사로운 일을 가지고 왔다. 따라서 이번에는 賓禮로 대하지 않겠다. 금후로 이전에 명하였던 것처럼(왕자나 집정대부 등이) 入朝한다면 본래와 같은 禮로 대접하겠다. 이러한 사정을 너의 국왕에게 고하여 알려라. 단지 唐國消息과 더불어 당에 있는 우리 사절 후지와라노 가세이(藤原朝臣河淸) 등의 서신을 가져온 것은 그 수고를 가상히 여겨 大宰府에 명하여 安置하고 饗賜하겠다. 이를 잘 명심하여라"(『續日本紀』770年 3月 丁卯條)

그는 조정의 결정 내용—사사로운 개인사로 왔으므로 賓禮로 대접하지 않겠다. 신분을 갖춘 사람으로 하여금 입조케 할 것. 다만 唐의 소식과 在唐의 후지와라노 가세이(藤原河淸) 등의 서장을 가져왔으므로 安置·饗賜하겠다—을 신라사에게 「선고」하기 위한 使이었다. 이 같이 조정의 결정사항을 「선고」하는 역할에 관해서는 상기의 聖武朝 743年, 淳仁朝 763年의 사례도 참고가 되나, 이번에는 별도로 특히 「선고」만을 위해 파견된 使이므로 주목된다. 式文에는 「선고」만을 위해 현지에 파견하는 使를 규정하고 있지 않다. 위의 기사 내용을 통해 알 수 있듯이 「선고」를 위한 使는, 사절이 來日한 이유를 묻는 가운데 발생한 '불의의 사태—사절 入京의 정지'에 대한 처우의 과정에 등장하는 것과 관련 있다고 할 수 있다.

8. 「勞問」使

이처럼 寶龜年間(770~780)에는 발해사에 대해서 5·6·7과 같은 諸使가 파견된 것 이외에도 「勞問」을 위한 朝使가 파견되었다. 778년 大宰府에 勅을 내려 귀국한 遣唐使 判官(차관) 오노노 시게노(小野滋野)를 긴급 入京시키라는 명령과 더불어, 함께 온 唐使에 대해 「(大宰府로 하여금) 遣使하여 勞問」하도록 하였다(『續日本紀』 778年 10月 28日庚子條). 그 후 이에 그치지 않고 다시 또 직접 조정에서 朝使—左少辯 후지와라노 다까또리(藤原鷹取)·勅旨員 外少輔 다께루베노 히또까미(健部人上)를 파견하여 「勞問」하였다.

> 左少辯 從五位上 藤原朝臣鷹取·勅旨員 外少輔 從五位下 健部朝臣人上를 보내 唐使를 勞問하였다(『續日本紀』同年 11月 19日辛酉條).

이를 앞에서 본 延喜太政官式에 규정된 「勞問使」의 성립으로 볼
수도 있다. 그러나 이 式文 속의 「勞問使」는, 式文의 내용 구성상
[入京之時], 즉 사절의 入京이 결정된 단계에서 파견되는 使이었다
고 판단되므로, 778년의 예와 같이 入京의 여부에 관계없이 현지에
파견되는 「勞問」의 使와는 구별되는 면이 있다. 사절이 入京한 뒤
京의 客館에 파견된 「勞問」使의 예는 9세기 후반에 확인된다(후술
의 (3)-10).

9. 「檢校渤海人使」

4의 「檢校新羅客使」와 비교해 다음의 779年의 사례는 특히 정식
의 사절이 아닌 발해인으로 인식된 경우임에 유의할 필요가 있다
(『續日本紀』同 9月 14日庚辰條).[10] 즉 공식사절이 아닌 일반인 처리
의 경우로 분류된다. 이 「檢校渤海人使」가 조정에 보고하고(3회),
그에 따라 하달된 天皇의 勅, 또는 太政官處分의 내용을 수행하는
모습은 다음과 같다.

> 檢校渤海人使에게 勅을 내리길 "(발해사)押領 高洋粥等이 받친 表는 무
> 례하니 올리지 말 것. 또한 筑紫로 오지 않고, 교묘히 말을 꾸며 편의를
> 구하고 있다. 이를 엄중히 묻고 다시는 그러지 못하도록 하여라"고 하였
> 다(『續日本紀』779年 11月 9日乙亥條).
> 檢校渤海人使가 보고하길 "鐵利官人이 다투어 說昌의 위에 있으면서 항
> 상 깔보고 모욕한다"고 하였다. 太政官 處分하여 "渤海通事 從五位下 高
> 說昌은 멀리 창파를 건너 몇 번인가 來日한 적이 있다. 언사와 생각이 忠

---

10)「勅을 내리길 "渤海·鐵利 359인이 慕化入朝하여 出羽國에 있다. 例에 따라
　　供給할 것. 단지 공식사절로 보기에는 輕微하고, 빈례로 대하기에 부족하다.
　　(略)」

勤하여 高班(高位)에 수여되었다. 鐵利의 아래에 있는 것은 조정의 뜻이
아니다. 마땅히 그 列位를 달리하고 거기에 합당한 대우를 해 주어라"고
명하였다(『同』779年 11月 10日丙子條).
檢校渤海人使이 보고하길 "渤海使 押領高洋弼等이 간절히 청하길 '타고
갈 배가 파손되어 돌아갈 방도가 없다. 부디 바라건대, 조정의 은혜로 배
9척을 사여하여 귀국하게 해달라'고 하였다." 이를 허락하였다(『同』779年
12月 22日戊午條).

이상에서 알 수 있는 「檢校人渤海人使」의 역할이란 다음과 같았
다. (a) 勅命－이전 寶龜10(779)年 9月에 체류를 허락받았던 발해
인 押領(대표자) 高洋弼等이 가져온 表가 무례하므로 조정으로 가
져올 필요가 없고, 또 筑紫로 오도록 되어 있었는데 그렇게 하지
않고 교묘한 말로 편의를 구하고 있으므로 다시는 그러지 못하도
록 하라는 것－을 받드는 것이다. 또한 더불어 (b) 鐵利 官人과
발해인 說昌사이에 발생한 자리(서열)문제에 대해 보고하고 太政
官處分－渤海通事(통역관) 高說昌을 從五位下에 어울리는 列位로
대우할 것－을 수행하는 것, (c) 발해사 押領 高洋弼等이 호소하
고 있는 것－타고 갈 배가 손상되었으니 일본조정측이 배9척을 내
려주어 귀국할 수 있도록 해 달라는 것－을 조정에 전달하여 허락
받는 과정에서 활약하였다.
이처럼 「檢校渤海人使」는 발해인 등의 비공식 외국인에 대한 처
우의 과정에서 등장한 朝使이었다. 8세기 후반의 寶龜年間에는 이
같은 「檢校渤海人使」를 포함하여 5·6·7·8 등의 현지에 朝使를
파견하는 사례가 집중적으로 등장하는 시대로 주목할 가치가 있다.

10. 「勘問文·啓牒案·問答狀 등을 奏上」하는 使
－「存問使 또는 存問兼領客使」

이는 9세기 중반에 두드러진 朝使의 역할로 주목된다. 즉 仁明朝(재위 833~850)이후, 清和(재위 858 ~876)·陽成(재위 877~884)朝에 집중적으로 사례가 확인된다. 주로 「存問使」 또는 「存問兼領客使」란 명칭으로 정착된 朝使가 현지에 파견되어 수행한 역할이었으며, 8세기 초기에 보였던 단순한 「存問」기능의 확대라 평가할 수 있다. 그 역할 내용은,

(a) 사절이 가져온 각종의 書狀(啓·牒·文 등)을 勘問하고, 그 案文(필사본) 등을 信物과 더불어 조정에 전달하는 것(842年 3月 6日·849年 3月 14日·859年 5月 10日·861年 5月 21日·872年 4月 13日·877年 4月 18日條)

(b) 客徒가 違例入覲한(常例를 어기고 온) 이유를 힐문하고 보고하는 것(849年 3月 21日條)

(c) 사절의 入京을 정지시키거나, 또는 겨울의복(冬時服)을 나누어주라는 등의 조정의 명령을 수행하는 것(861年 5月 21日·883年 2月 25日條)

등이었다. 「存問使」 또는 「存問兼領客使」로 궁중의 기록을 담당하는 中務省의 內記나 大學의 直講(大允) 등이 파견된 것도, 발해사가 가져온 王啓나 中臺省의 牒 등의 문서를 이해하고, 問答狀을 작성할 수 있는 등의 문장능력을 가진 자[11]의 파견임을 알 수 있다.[12] 779

---

11) 그리고 이 같은 기능은 清和朝 이후에는 存問兼領客使와 더불어 현지의 國司가 행하기도 하였다. 또한 存問兼領客使가 國司職을 겸함으로써 그러한 역할을 하는 경향도 보인다.

년 신라사의 공식 내일이 단절된 후 일본조정의 賓禮의 대상이 된 것은 발해사였으며, 「存問使 또는 存問兼領客使」의 파견 또한 모두 발해사로 인한 것이었다.[13]

이 같은 검토를 통해 延喜太政官式에 보이는 명칭을 가진 朝使의 사절 來着地 파견이 분명해지는 것은 특히 仁明朝 이후임도 지적할 수 있다.

이상과 같이 8~9세기에 일본조정은 1~10과 같은 역할을 하는 사자를 외국사절의 내착지에 파견하여 현지에서의 외교업무를 수행하였다. 이들 朝使가 행한 역할의 내용적 변천을 살펴보면 당시의 조정이 외교에 임했던 자세의 변천 또한 동시에 알 수 있다. 즉 조정이 외국사절을 맞이하는 것에 부여한 의의에는 시대적 변화가 있었다. 예컨대 8세기 초 文武朝에는 환영하는 의미를 가지고 「맞이하는」 것 자체에 커다란 의의를 지닌 朝使의 파견이 있었다. 그런데 8

---

12) 문서에 관한 이 같은 역할은 779年에 大宰府가 신라사의 「來朝를 硏問하고, 表案을 필사하여 진상」한 예가 있으며, 828年에는 但馬國司가 渤海使王啓에 대해 보고한 예가 있다.

　　이러한 면에서의 朝使의 역할이 나타나는 것은 일찍이 聖武天皇 743年의 檢校新羅客使(상기의 4)의 역할 내용(「書(문서)의 奧(안쪽)에 物數를 注했다」고 보고함)에 그 선구적 형태를 볼 수 있다. 그러나 이때 신라사가 가져온 書狀이 정식의 國書가 아닌 물품명세일 가능성도 제기되고 있어(李成市, 『東アジアの王權と交易』青木書店, 1997), 9세기의 渤海王啓나 中臺省牒과 같은 공식외교문서(國書)를 勘問하는 朝使와는 그 성격을 구별할 수 있다.

13) 원래는 궁중의 賓禮행사장에서 이루어져야 하는 "國書(발해국왕의 啓, 中臺省牒 등)의 개봉"이 朝使에 의해 지방의 사절 내착지에서 이루어지게 된 이유로, 일본조정내의 天皇權을 둘러싼 권력의 움직임, 조정 의식행사의 변모 등, 제 논의가 전개되어 있으나, 여기서 자세한 언급은 생략하고자 한다. 단지 이들 논의는 모두 고대사의 현상을 정치 권력적 시각으로 설명하려는 의도를 벗어나지 못하고 있으므로, 본고에서는 이를 지양하고, 일본조정의 행정 기능적 차원에서 朝使의 역할 활동과 그 변모를 살펴보고자 한다.

세기 중반 淳仁朝 이후가 되면 朝使는 외국사절이 「入朝한 이유」 혹은 「약속을 어긴 이유」 등을 물어 조정에 전하는 등, 단순한 환영이 아닌 위압적인 조정의 태도를 대변하고 있다. 또한 9세기 중반 仁明朝 이후의 朝使는 사절의 「違例를 힐문」하는 역할까지 수행하고 있다. 仁明朝 이후에는 朝使가 「存問(兼領客)使」라는 명칭으로 정착하게 되었고, 발해사절이 가져온 啓・牒 등의 국서의 내용을 점검하고 그 案文과 더불어 사절과의 問答文을 작성하여 보고하는 것을 중요한 역할로 하였다. 이처럼 9세기 중반 이후 存問兼領客使가 외교교섭상의 중요한 요소인 국서를 먼저 보고 필사하여 조정으로 올리게 되면, 조정이 외국사절에 入京에 대해 부여하고 있었던 의의는 저하된 것으로 판단된다. 현지의 國에서 太政官의 처치로 賓禮 의식의 대부분이 치러지게 된 것도,[14] 그러한 시대적 배경을 시사한다.

한편 내착지의 朝使 파견에 관련해서는 다음과 같은 令制上의 기본방침을 참고해 볼 수 있다.

　　養老公式令80 京官出使條
　　「무릇 京官이 公事로 出使할 때는 모두 太政官에 의해 發遣된다. (略)」

이 부분에 대해 同令集解 所引의 古記(大寶令 주석서)에는 「그 使가 官(太政官)과 관계하지 않는 것은 (덴노의) 別勅에 의한 遣使이다(其使不關官者, 謂別勅遣使也.)」라고 하였다. 大寶令(701년)에서는 使人을 파견할 때 太政官에 의한 경우와 그렇지 않은 경우-別勅에 의한 遣使-가 상정되어 있었던 것이다. 또

---

[14] 861年 5月 21日條에는 발해王啓는 받아들이지 않아도 中務省牒만을 진상하는 것, 877年 4月 18日條에는 王啓나 信物에 대한 보고가 덴노에게까지 가지 않아도, 太政官-存問兼領渤海客使에 의해 처리되어 버린 것 등.

延喜太政官式 差使條
「(畿外) 諸國으로 使를 파견할 때는 太政官이 먼저 문서로 (덴노에게) 奏聞(묻고, 그 지시를 따름)할 것. (略)」

이라 하여, 養老令(718년 편찬) 이후에 使의 파견은 모두 太政官의 감독 하에 실행되는 원칙이었던 것으로 보인다. 외국사절에 대응하는 朝使의 파견도 기본적으로는 이 같은 원칙에 따라 이루어졌다고 볼 수 있다. 사례에서 보아도 來日한 외국사절을 위해 조정으로부터 도착지에 파견된 使에는, 그 명령계통이 명확한 한, 太政官에 의한 使가 많았다. 따라서 光仁朝는 덴노의 勅使가 사절 도착지에 파견되는 경우가 많았다는 점에서 예외적·특징적이었다고 할 수 있다.[15]

(2) 사절 入京시에 파견되는 朝使

緣海諸國에 도착한 외국사절이 '京에 들어가는' 과정을 부각하고 있는 8세기의 文武·元明·光仁朝와, 9세기의 仁明·淸和·陽成朝를 중심으로 해서 朝使 파견상황을 살펴보면 시대적으로 각각 다음과 같은 모습을 보이고 있다.

---

15) 770년 左大臣 후지와라노 나가떼(藤原永手)등에 의해 즉위한 天智덴노 皇系의 光仁덴노는, 불안정한 皇位계승의 정국을 개선하려했던 듯, 활발한 내정개혁의 모습을 보였다(770년 중요한 官司 이외의 令外의 官 폐지, 772년 內竪省·外衛府과 774년 員外國司의 5年이상 재임자 폐지·解却 등). 지방 國司의 행정에 대한 지도력을 강화하는 가운데, 덴노의 勅使 파견의 움직임도 활발해진 것으로 해석할 수 있다.

〈표 2〉 사절 入京시에 파견되는 朝使의 예

시기	來日使節	朝使	내용
文武(697~707) 705 · 11 · 13	新羅使	畿內諸國의 騎兵을 징발	사절을 京으로 맞이하기 위해
元明(707~715) 714 · 11 · 11 714 · 12 · 26	新羅使	畿內七道 騎兵 990을 差發 從六位下 · 正七位上	新羅使 入朝시 儀衛를 갖춤 사절을 三崎에서 맞이함
光仁(770~781) 778 · 12 · 15 779 · 4 · 21 779 · 4 · 30	唐使	左右京에 명하여 六位이하 子孫 · 堪騎兵者를 징발 領客使 물음(唐客을 어떤 例로 대우할 것인가) 將軍	唐客의 入朝를 위해 進退의 禮 · 行列순서는 別式에 의할 것 京城門밖 三橋에서 영접(⇒唐客入京)
仁明(833~850) 842 · 3 · 27 849 · 4 · 28	渤海使	(渤海使, 京師에 들어감⇒)郊勞使(式部少輔) (領客使, 渤海使를 인도하여 入京⇒)勅使(左近衛少將)	鴻臚館에서 安置 · 供給 慰勞 · 鴻臚館에 安置 宣命
淸和(858~876) 872 · 5 · 15	渤海使	勅을 내려 右近衛少將을 山城國 宇治郡 山村으로 파견 ⇒領客使와 함께 渤海使를 인도, 入京	郊迎勞 鴻臚館에 安置
陽成(877~884) 883 · 4 · 28	渤海使	勅을 내려 右近衛少將을 山城國으로 파견 ⇒領客使(少外記)와 함께 渤海客을 인도	郊勞 鴻臚館에 들어감

1. 「騎兵」의 差發

8세기의 文武朝 705년 · 元明朝 714년의 신라사와, 光仁朝 778年의 당사의 3예로, 사절들이 入京할 때에 성대히 騎兵을 징발하는 모습을 볼 수 있다. 이는 10세기에 완성된 延喜式文에 채택·규정되지 않은, 8세기만의 특수한 모습이라 할 수 있다. 여기서 당시의 각국과의 외교관계를 구체적으로 논하지는 않겠으나, 신라사와 唐使를 환대하는 일본조정의 모습은 역력하다 할 수 있다. 이 때 사절들은 平城京 朱雀大路 남단의 羅城門 밖의 佐保川에 걸렸던 三橋(崎)16)라는 다리에서 맞이해 들여졌던 것으로 추측된다(『續日本紀』714年 12月 26日·779年 4月 30日條).

2.「領客使」

光仁朝가 되면 騎兵을 차발하는 것뿐만 아니라, 延喜治部省式 蕃客條·玄蕃寮式 諸蕃使人條·同蕃客往還條에 보이는 「領客使」라는 명칭을 가진 朝使의 인도로 사절들이 入京하는 모습을 볼 수 있다.17) 光仁朝에는 특히 사절의 入京 과정이 의식적 차원에서 중시되었던 것으로 보인다. 다음과 같은 入京한 唐使와 일본조정과의 문답 속에서 드러나듯이,

　　勅을 읽어 전하길 "(略) 客等이 來朝하는 길에 國宰의 대접이 法에 맞았

---

16) 이 때의 儀式에 대해서는 瀧川政次郎,「羅城·羅城門を中心とした我が國都城制の研究」『京制並都城制の研究』, 1967년 참조.
17) 「領客使」는 光仁朝 779년의 사례가 初見인 것으로 보아(779年 4月 21日條), 이 式文은 光仁朝의 奈良時代(710~784)후기 이후의 상황을 반영하여 성립된 것이라 할 수 있다.
　　참고로 『日本書紀』572年 6月條에도 「領客」의 使가 難波에 파견되었다고 하는 기사가 있으나, 이 때의 「領客」의 使의 역할은 高句麗使의 내부분쟁(大使가 副使 등에게 살해당함)을 「推問」하는 것이었으므로 (「(略) 領客東漢坂上直子麻呂等、推問其由 (略)」), 光仁朝 이후에 보이는 「領客使」(사절을 도착지로부터 京까지 인도하는 使)와 동일한 성격을 지녔다고는 보기 어렵다.

는가, 어떤가?" 唐使 判官 孫興進 등이 말하길 "(略) 行路에 무탈하였다. 도중 國宰의 대접 또한 法에 맞았다"(『續日本紀』779年 5月 17日條)

入京 도중에 唐使에게 보여졌을 도중 國宰(國司)의 대접 상황이 法(禮)에 맞았는지의 여부에 조정이 중대한 관심을 표시하고 있으며, 이는 또한 한편으로 그러한 儀式이 정비되었음을 唐使에게 과시하려고 했던 일본조정의 모습으로 해석할 수 있다. 同年 4月 21日辛卯條에 의하면 遣唐使를 唐이 어떻게 대우했는가에 대해 고려하고 있는 조정의 모습을 볼 수 있는데, 이 또한 入京과정의 의식의 정비에 힘을 쏟았던 것으로 이해된다.

領唐客使 등이 주상하길 "唐使의 행렬은 좌우에 旗를 세우고 또한 무기를 휴대하였습니다. 行官은 앞뒤로 旗를 세우고 있습니다. 臣等이 이를 古例에 살펴보니 이 같은 의식을 본 적이 없습니다. 이것을 금할 것인가 말 것인가, 부디 처분해 주길 바랍니다"고 하였다. 단지 무기 휴대를 허락하고 旗는 세우지 못하게 하였다. 또 주상하길 "옛날(701년)에 견당사 아와따노 아손 마히또(粟田朝臣眞人) 등이 楚州에서 출발하여 長樂驛에 도착했을 때 五品舍人이 宣勅하여 勞問하였습니다. 이 때 拜謝의 禮는 보지 못했습니다. 또한 新羅 朝貢使 王子 泰廉이 入京하던 날, 官使가 宣命하고 迎馬를 사여하였습니다. 客徒는 고삐를 잡아매고 馬上에서 答謝하였습니다. 단지 渤海國使는 모두 말에서 내려서 再拜하고 舞踏(팔을 돌리고 발을 고르게 하는 등으로써 謝意를 표시함)하였습니다. 지금 唐客을 이끄는 것은 어떤 例에 준거합니까?" 進退의 禮, 行列의 순서는 모두 자세하게 別式에 기록하여 使(領唐客使)에게 내렸다. 이 式에 의해 틀림이 없도록 하였다.

위의 기사 속에 보이는 「別式」도 「進退의 禮·行列의 순서」에 관한 내용을 싣고 있었던 것으로, 마찬가지로 入京 과정에 관련된 의식적 정비로 볼 수 있다. 延喜玄蕃寮式에 의하면 「領客使」는 사절이 入京하기 위해 사용하는 船・馱人夫에 관한 사항이나 入京행로의 결정 등에 대해 도중경로의 國・郡司를 지도하며, 내착지로부터 실지로 사절을 이끌고 입경하는 역할을 맡은 使이었다. 위의 기사 속에서 「領客使」가, 唐使를 어떻게 대우할 것인가에 대해 견당사나 신라사, 발해사의 경우를 들어 조정에 묻고 있는 것은, 실제로 그러한 「領客使」의 역할 내용을 잘 보여주고 있다.

또한 상기한 바와 같이 光仁朝에는 「勞問」이 朝使에 의해서 뿐만 아니라 大宰府에 의해서도 이루어졌듯이, 大宰府나 도중 國宰(國司)가 來客을 응대할 수 있는 기능이 어느 정도 정비되었음도 알 수 있다. 더욱이 발해사를 맞이하는 과정에서 太政官式에서 규정하는 바와 같은 「宣命(勅)」使나 「慰問」使의 파견이 보이는(후술의 (3)) 등, 조정에 의한 諸使 파견체제가 儀式으로 정비되었다는 점에서 前時代보다 한층 진전된 시대였다고 평가할 수 있다. 「領客使」라고 불리는 使의 등장도 바로 이러한 光仁朝의 산물이며, 9세기 이후의 仁明(재위 833~850年)・淸和(재위 858~876年)・陽成(재위 877~884年)朝의 시기에도 변함 없이 사절의 入京을 인도하는 朝使로 활약하였다.

3. 「郊勞使」「慰勞」 使

9세기 이후 일본의 대외교섭관계가 발해를 중심으로 전개되는 가운데, 8세기 후반 光仁朝까지처럼 京・畿內의 騎兵을 징발하는 모습은 보이지 않게 된다.[18] 9세기 중반 仁明朝 이후에는 주로 勅使가

---

18) 참고로 『續日本紀』 777年 春正月 癸酉條에 의하면 조정은 발해사에 대해서

「郊19)勞」使로 山城國까지 파견되어 領客使와 더불어 사절을 鴻臚館으로 인도해 安置하는 모습을 볼 수 있다. 즉 平城京 시대에는 入京하는 사절을 羅城門 밖에서 맞이했으나 9세기 이후에는 平安京이 있는 山城國에 들어가자마자의 지점인 야마자끼(山崎,『續日本後紀』842年 3月 27日壬戌條)나 야마나시(山科,『三代實錄』872年 5月 15日甲申條·883年 4月 28日甲子條)에서 이루어지게 되었던 것이다. 이처럼 9세기 중반이후 仁明·淸和·陽成朝에 領客使와 더불어 入京한 발해객을 인도하여 鴻臚館에 安置하는 역할을 담당한 것은 「郊勞」 또는 「慰勞」의 勅使-덴노 파견의 使이었다. 이 같은 「郊勞使」「慰勞使」는, 延喜太政官式 蕃客條에 의하면, 사절의 入京이 정해지고 사절이 入京하기에 앞서 임명되는 것이었다.

이상, 사절의 入京시에 파견되는 朝使에 대해서는 다음과 같은 점

大宰府道를 이용할 것을 요구했음을 알 수 있다. 이는 실제 北陸·山陰이 주된 도착지였던 발해 측에게는 무리한 요구였다. 그럼에도 불구하고 일본조정이 이를 주장한 이유에 대해서는 다음의 3가지 가능성을 추측해 볼 수 있다.
1. 令制上의 방침(職員令에 大宰府가 「蕃客(외국사절)」을 담당하도록 규정되어 있음)을 관철하려고 한 것,
2. 令文에는 관련규정이 없었던 것처럼, 발해사의 도착이 예측되는 緣辺諸國의 「외국사절(蕃客)」기능은, 大宰府 정도로는 아직 정비되지 않았던 것(緣辺國의 재정적 부담·피해가 컸던 것)
3. 이들 緣辺國에의 도착을 허락할 경우, 어떤 지역(國)에 도착하게 될지 불안정했으며, 이는 즉 北陸道 緣辺國(蝦夷地 등)은 아직 정부가 미장악 상태였던 점을 고려할 수 있다.
발해사 入京 행사에는 신라사·당사 때와 같은 「諸國騎兵」의 징발이 없었던 이유도 위와 같은 면에서 이해해 볼 수 있는 것이다.
19)「郊」의 뜻에 대해서는『通典』卷74 禮34 沿革34 賓禮1「天子遣使迎勞諸侯「周制, 諸侯入朝, 王使小行人迎勞於畿. 及郊, 大行人勞, 視館, 將幣爲丞而,(視館, 致館也. 王使勞於郊, 致館於賓. 賓至將幣, 使宗伯爲上, 郊謂遠郊, 去王城五十里.) (略)」를 참조해 볼 수 있다.

을 지적할 수 있었다. 8세기 文武・元明・光仁朝에는 신라사・당사를 맞이하는데 있어 무위를 갖추어 京・畿內의 騎兵을 징발하였다. 光仁朝 이후에는 領客使라 불리는 朝使가 파견되어 사절을 京으로 인도하는 체제가 정비되었다. 9세기 중반 仁明朝가 되면 領客使(治部省 관할)가 발해사를 京까지 인도하고, 이어 郊勞(慰勞)의 勅使가 파견되어 鴻臚館에 安置하였다. 또한 이 같은 入京 행사의 기점이 되는 장소도, 8세기에는 京城門 밖 三橋이었으나, 9세기 후반 淸和・陽成朝의 사례에서는 山城國까지 郊勞使가 파견되는 등의 변천도 파악되었다.

(3) 사절 入京後, 在京(在館) 기간 중에 파견되는 朝使

〈표 3〉 사절 入京後, 在京(在館) 기간 중에 파견되는 朝使의 例

시 기	來日使節	朝使 파견	내 용
聖武(724~749)			
727・12・29	渤海使	使	의복・관・신을 사여함
735・2・17	新羅使	中納言→兵部曹司	入朝한 뜻을 물음⇒返却
740・1・29	渤海使	使→客館	贈位・贈調布 庸布
光仁(770~781)			
777・4・10	渤海使	太政官遣使→客館	慰問
779・5・17	唐 使	中納言→朝堂 (饗)	宣勅(路次國宰 法과 같은가), 勅(館에서 饗宴・授位・祿物)
780・1・5	新羅使	參議左大辯	宣勅
嵯峨(809~823)			
811・1・20	渤海使	大納言・中納權・參議→朝集院	饗・祿을 賜함
仁明(833~850)			
842・3・28	渤海使	太政官 遣右大史→鴻臚館	慰勞
842・3・29		侍從→鴻臚館	宣勅
842・4・12		勅使 右近衛中將→鴻臚館	宣詔
842・5・10		公卿→朝堂	饗・宣詔(賜祿)
		參議 右馬頭 少納言・右少辯 左少史 少內記→鴻臚館	勅書・太政官牒를 賜함
849・4・28	渤海使	勅使 左近衛少將→鴻臚館	慰勞・安置・宣命

清和(858~876)			
872·5·15		右京人左官掌(玄蕃屬)→鴻臚館	讌饗·送迎에 공급
872·5·17		勅使 右馬頭→鴻臚館	勞問
872·5·18		勅使 左近衛中將兼備中權守→鴻臚館	王啓·信物을 檢領
872·5·19		勅使 參議左大辯兼勘解由長官近江權守→鴻臚館	位階를 수여, 告身을 賜함
872·5·23	渤海使	勅使 大學頭兼文章博士·文章得業生越前大掾→鴻臚館	饗讌·宣詔
872·5·24		勅使 民部少輔兼東宮學士	曲宴을 賜함
		兵部少輔兼下野權介	의복을 賜함
872·5·25		勅使 參議右大辯讚岐守·右近衛中將兼阿波守·大內記→鴻臚館	勅書를 賜함
		少納言兼侍從·右中辯·左大史→鴻臚館	太政官牒를 賜함
陽成(877~884)			
883·4·21		式部少輔兼文章博士加賀權守(權行治部大輔·美濃介(權行玄蕃頭)→鴻臚館	
883·4·29		右大史→鴻臚館	慰勞
883·5·1		右兵衛佐→鴻臚館	勞問
883·5·5		掌客使 渤海使를 인도해 宮城에 들어감	別勅賜
	渤海使	⇒伊勢守 續命縷로 客을 인도⇒共食	
883·5·10		左衛門權佐 客을 인도에 착석(朝集堂)⇒共食⇒勅使 中使(右馬助	의복을 賜함
883·5·12		參議右衛門兼近江權守·左近衛少將兼近江權介·少內記→鴻臚館	勅書를 賜함
		太皇大后宮權亮·少納言兼侍從·右少史→鴻臚館	太政官牒를 賜함

　　외국사절은 入京한 후 주로 京의 客館에 安置되게 되는데, 그 사이에 이루어진 朝使 파견의 실태는 표 3과 같다. 표를 보면 알 수 있듯이, 735년·780년의 신라사, 779년의 당사의 예를 제외하고는 이

같은 京·京의 객관에서의 의식은 발해사가 주된 대상이었다는 점을 우선 지적할 수 있다. 聖武朝의 735년경에는 아직 객관과 같은 정식의 숙소는 없었던 듯하며, 兵部曹司에 中納言을 파견하고 있다. 諸使의 파견에 의해 수행된 내용은 다음과 같으며, 특별한 예를 제외하고는 객관(鴻臚館)에서 이루어진 행사라는 점을 밝혀둔다. 사절이 入京한 후 朝使가 파견된 사례는 聖武朝로부터 찾아볼 수 있다.

1. 「의복(또한 관·신 등)을 사여하는」使

사절이 入京하기 전에 내착지에서 의복을 사여한 사례도 있으나 (상기의 727年 12月 17日條, (1)-2), 入京後의 예로는 주로 9세기-淸和朝 872年 5月 24日(勅使 파견), 陽成朝 883年 5月 10日(勅使 파견)의 예가 확인된다.[20]

2. 「入朝한 이유를 묻는」使

聖武朝 735年 2月 17日 中納言을 兵部曹司에 파견한 예이다. 사절이 入京한 이후에 이런 역할을 수행하는 朝使의 파견으로 유일한 예가 된다. 신라사가 入京했음에도 불구하고 「국호를 王城國으로 칭하였으므로」 일본조정으로부터 무례하다는 비난을 듣고, 덴노와 만나는 의식을 치르지 못한 채 돌아가게 된 경우이다. 聖武朝에는 그 밖에도 특별히 사망한 발해사를 위해,

3. 「贈位·購物(布)」을 주기 위한 使(740年 1月 29日)를 객관으로 파견하기도 하였다.

이후 光仁朝에는 다음과 같은 朝使가 파견되었다.

---

20) 파견장소는 확인되지 않으나 『類聚國史』 816年 5月 2日丁卯條 「使를 파견하여 渤海副使에게 (略) 여름옷을 사여하였다」는 예도 있다.

4. 「慰問」使

777年 4月 10日 太政官에 의한 遣使이었으며, 유일한 예다.

5. 「宣勅(詔)」使

延喜太政官式에 보이는 「宣命使」로 비정할 수 있다. 光仁朝 779年 5月 17日 朝堂에 파견, 780年 正月 5日, 또 仁明朝의 842年 3月 29日・同4月 12日・同5月 10日・849年 4月 28日, 清和朝의 872年 5月 23日 사례가 확인된다.[21]

그밖에도 9세기 이후 발해사를 응대하는 가운데 다음과 같은 使가 파견되었다.

6. 「饗(讌)・祿을 사여하는」使・「共食」

嵯峨朝 811年 正月 20日 大納言이하 太政官人이 朝集院에 파견된 예(『類聚國史』), 仁明朝 842年 5月 10日에 公卿이 朝堂에서 饗을 열고 祿을 사여한 예(『同』)와, 清和朝 872년에 玄蕃屬이 客館에 파견되고(5月 15日), 또 勅使가 거듭 파견된 예(同 5月 23日・5月 24일(『同』)) 등이 있다.

陽成朝의 883年 5月 5日 續命縷에서 벌어진 연회에서 활약한 「共食」, 同5月 10日 朝堂院에서 열린 연회에서 활약한 「共食」도, 延喜 治部省式 蕃客條에서 「사절과 대면하여 飮宴」―즉 사절에게 饗을 베푸는 데 파견되는 使로 확인된다.

또한 9세기 중반의 仁明朝 이후에는 다음과 같은 使의 파견이 두드러진다.

---

21) 일찍이 『日本書紀』 繼體6(512)年 12月에는 「宣勅使」(難波館 파견인가?)의 예가 보임.

7. 「慰勞」使

상기했듯이 仁明朝에는 사절이 入京할 때도 이 같은 「慰勞」의 使가 파견되었는데(849年 4月 28日, (2)-3), 入京後 객관에 안치된 상태에서도 동일한 성격의 使의 파견이 보인다. 예를 들면 842年 3月 28日 太政官의 遣史, 849年 4月 28日의 勅使 파견, 陽成朝 883年 4月 29日의 (太政官)右大史의 파견(『類聚國史』) 등이 그것이다.

8. 「勅書 그리고 太政官牒을 사하는」使

勅使와 太政官使가 객관에 파견되어 사절에게 각각 勅書, 太政官牒을 전달하는 의식이 거행되었음을 확인할 수 있다(仁明朝 842年 5月 10日(『類聚國史』), 淸和朝 872年 5月 25日(『同』), 陽成朝 883年 5月 12日).22) 이는 延喜太政官式에 보이는 賜勅書使, 賜太政官牒使로 비정된다. 한편 淸和朝 이후에는 또

9. 「勞問」使

872年 5月 17日 勅使 파견, 陽成朝 883年 5月 1日 右兵衛佐(勅使) 파견(『類聚國史』) 등이 확인된다.

「勞問」에 대해서는 職員令 中務卿 職掌에 「勞問」이라 보이는 것을 참고해 볼 수 있다. 同令集解 所引 義解에 의하면 「勞는 郊勞, 問은 存問」의 뜻이라 하여, 「勞問」에는 「郊勞」와 「存問」이라는 의미가 포함되어 있었다. 즉 원래 京·畿內를 중심으로 한 「勞問」은 中務卿이 담당하는 것이 원칙이었던 것이다(同令集解 참조). 그러나 賓客을 위한 「勞問」의 使는 상기한 778年 11月 9日 사례((1)-8)에서 보았

---

22) 勅書를 사여하는 예에 보이는 「內記」에 대해서는, 延喜(貞觀)內記式 答書條 「무릇 渤海에게 答書를 사여하는 날, 內記가 使를 따라 客館으로 간다.」를 참고.

듯이, 大宰府 등의 사절 도착지에 파견된 경우도 있었다.

10. 「王啓・信物23)을 검령하는」使

清和朝 872年 5月 18日條에 보이는 勅使이다. 743년에는 이 같은 검사가 「檢校新羅客使」에 의해 사절의 내착지에서 이루어졌던 예 ((1)-4)도 있으나, 京의 객관에서는 이 때가 처음으로 확인된다.

11. 「位階를 수여하고・告身(임명장)을 賜하는」使

清和朝 872年 5月 19日에 파견된, 역시 勅使이다. 발해사가 덴노와 만나지 못하고 鴻臚館에서 賓禮上의 중요한 의식을 치루고 돌아가게 된 경우이다. 光仁朝의 779年 당사에게 客館에서 향연을 베풀고 위계 등을 수여한 뒤 돌려보낸 경우도 참조된다(同5月 17日條).

이상에서 지적할 수 있는 점은, 諸使의 파견주체를 덴노 또는 太政官의 둘로 나누어 구분해 볼 수 있다는 점이다. 덴노의 勅 또는 勅書를 전달하며, 혹은 勞問하고, 혹은 향연이나 의복・位階를 사여하기 위한 勅使와, 마찬가지로 객관에 파견되어 慰勞(慰問)하거나, 太政官牒를 전달하기 위한 太政官使라고 하는 양측의 움직임이 확인된다. 이러한 경향은 8세기 후반 光仁朝로부터 볼 수 있었으며, 9세기 중반 仁明朝가 되면 분명해진다. 즉 京의 객관에서 이루어진 외국사절에 대한 빈례행사의 정비라는 각도에서 보면, 光仁朝와 仁明朝로부터 각각의 의의를 찾을 수 있다.

---

23) 사절의 信物을 점검하기 위해 諸使를 파견하는 예는 8세기 이전부터 확인 가능하다.『日本書紀』572年 5月 1日 群臣이 相樂館에 파견되어 고구려사절의 「調物을 檢錄하여 京으로 보낸」일, 또 642年 2月 21日 諸大夫가 難波館에 가서 고구려 사절의 「獻物을 검사한」 사례, 643年 7月 3日 大夫가 難波에서 백제국의 「調・獻物을 검사한」일 등.

예컨대 光仁朝의 太政官에 의한 「慰問」은 발해사가 入京한(同4月 9日) 뒤, 덴노에게 拜朝하기 전에 있었던 일이라는 점에서 유례가 없었던 특징적인 모습이라 할 수 있다. 光仁朝 이후에는 사절이 入京中에 이 같은 「慰問」 혹은 「慰勞」의 使가 客館에 파견된 사례를 종종 볼 수 있다. 또한 仁明朝 이후에는 勅書와 太政官牒을 사여하기 위해 그 각각의 使가 鴻臚館에 파견되는 경향을 볼 수 있으며, 빈례의 형식으로 정착됨을 알 수 있다. 이처럼 객관(鴻臚館)에 安置된 발해사를 상대로, 慰勞・勞問・宣勅(詔)・賜物(의복・관・신 등)・賜饗・賜祿・賜書(勅書・太政官牒) 등을 위해, 天皇 또는 太政官에 의한 諸使가 파견되었으며, 특히 872年과 883年의 사례는 이 같은 '鴻臚館 외교'의 좋은 예라 할 수 있겠다.

또한 이제까지의 검토에서 (1)~(3)의 각 과정에

(1) 入京前의 來着地에는 「勞問」・「存問」
(2) 入京시에는 「郊勞」・「慰勞」
(3) 在京中(鴻臚館)에는 「慰問」・「慰勞」・「勞問」

등을 그 역할 내용으로 하는 諸使가 파견되었음을 지적할 수 있었다. 즉 빈례의 제단계에서 보면, 「存問」이란 주로 도착지에서 사절의 소식을 묻는 것을 말하며(1), 「郊勞」란 入京할 때(2), 그리고 「勞問」이란 도착지(1) 또는 京의 鴻臚館(3)에서, 또 「慰勞」・「慰問」이란 入京할 때(2), 京의 客館(3)에서 이루어지던 외교상의 빈례였다고 할 수 있다. 또한 그 파견주체라는 시점에서 보면,

(1) 京外로 遣使하여 「存問」하는 것은, 太政官式에 諸使에 관한 규정이 있었던 것처럼, 太政官의 관할 하에서 이루어졌다.
(2) 入京할 때에는 「慰勞」「郊勞」를 위한 勅使의 파견이 많았다. 즉 入京―京에 들어가는 의식에 관해서는 일본고대국가 덴노가 직접 관여하고, 이에 부여한 의의를 확인할 수 있는 부분

이었다.

(3) 사절이 在京中의 객관에는 勅使에 의한 「勞問」(872年), 덴노
勅使와 太政官 遺使에 의한 「慰勞」(각각 849, 842年), 太政官
遺使에 의한 「慰問」(777年)이 이루어졌다.[24] 또한 무엇보다도
덴노의 勅書와 太政官牒을 전달하기 위해 그 각각의 使가 파
견되었다는 점에서, 일본조정에 의한 賓禮 행사의 정비에 보
이는 특징을 지적할 수 있었다.

(4) 사절 귀국시 파견되는 朝使

〈표 4〉 사절 귀국시 파견되는 **朝使**의 예

시기	來日使節	朝使	내용
文武(697~707) 703·4·1	新羅使	*難波館	詔·布帛을 賜함
孝謙(749~758) 752·6·24	新羅使	勅使→難波館	布·酒肴을 賜함
仁明(833~850) 842·4·12	渤海使	領客使	歸鄕
淸和(858~876) 872·5·25	渤海使	領歸鄕客使 掌客使	客徒를 인도해 館을 나옴 館門을 막고 술잔을 들고 나아감
陽成(877~884) 883·5·12	渤海使	領客使	客徒를 인도해 나섬

＊文武朝：難波館에서만의 접대인가?(다음 기사는 同5月 2日의 귀국 기사)

---

24) 田島公은, 「慰勞」使란 "太政官과 깊게 관련된 관직"이며, 「郊勞」("덴노 권
력과 관련된 의식") 혹은 「勞問」使는 "덴노와 관계 깊은 관직"이라 하였다
(同氏,「日本の律令國家の賓禮－外交儀式より見た天皇と太政官－」『史林』68
－3, 1985, 54쪽 〈표 2〉). 그런데 849年 4月 28日기사에 보이는 「慰勞」의 使
는 勅使이었다. 또 그밖에도『日本紀略』848年 3月 26日乙酉條에는 「入唐請
益僧 円仁등이 (略) 鎭西府에 도착하여 이 날 歸朝하였다. 中使를 보내 慰勞
하였다. (略)」고 보이는데, 이 때 「慰勞」를 위한 中使도 덴노의 勅使이었다
(883年 5月 10日條의 「勅中使」도 참조).

사절이 귀국할 때 이를 돕기 위해 파견하는 朝使에 대해서는 다음의 두 가지 점을 지적할 수 있다.

1. 難波館 파견의 使[25] —「布帛·酒肴를 사여하는 使」

   8세기 文武朝 703年 4月 1日·孝謙朝 752年 6月 24日에 신라사를 難波館에서 접대한 사례가 보이는데, 여기에 파견된 使는 모두 天皇의 勅使이었다.[26]

2. 9세기 중후반 仁明·淸和·陽成朝에서는「領客使」나「領歸鄕客使」,「掌客使」[27]가 京의 鴻臚館에서부터 사절의 귀국을 도왔음을 알 수 있다. 延喜太政官式 蕃客條에서도 이 같은 명칭의 使를 확인할 수 있다.

   『日本書紀』에도「掌客使」의 예가 있으나(561年, 608年 6月 15日條), 이후로는 872年 발해사 入京中에 나타나는 예가 유일하다(『三代實錄』872年 5月 24日癸巳, 同25日甲午條).[28] 또한 이 같은

---

25) 朝使의 難波館 파견에 대해서는 『日本書紀』 512年 12月條 등의 사례가 있다. 難波館에서의 영접에 대해서는 鍋田一,「六·七世紀の賓禮に關する覺書 —『日本書紀』の記載について」,『律令制の諸問題』, 波古書院, 田島公, 앞의 글,「外交と賓禮」215쪽 이하, 龜井明德,「大宰府鴻臚館の實像 —構造と遺跡の再檢討」, 九州歷史資料館『古代文化談叢一集』, 森公章,「古代難波における外交儀禮とその變遷」, 田中健夫編,『前近代の日本と東アジア』, 吉川弘文館, 1995 참조.

26) 森公章은 8세기 이전 大夫의 難波館 파견에 대해 "大王의 일원적인 외교권이 미확립 되었던 시대(7세기말~天武·持統朝경에 확립하는 율령적인 빈례 이전의 단계)에는 大臣이나 大夫급이 개입·대행했던 難波館에서의 외교의례가 중요" 하였음을 논하였지만(同氏,「古代難波における外交儀禮とその變遷」), 8세기 이후 難波館 파견의 朝使는 주로 덴노의 의사와 관련된 勅使이었다.

27) 掌客使에 대해서는 『神道大系 朝儀祭祀 儀式』卷7 (貞觀)正月 七日儀,『神道大系 朝儀祭祀 北山抄』卷三(『拾遺雜抄上』)大饗事도 참조.

28)「京에서 雜事」를 담당하는「掌客」(延喜治部省式 蕃客條)도, 唐의 예를 보면 典客署의「掌客」(15人)이 실제 외국사의 응대를 담당하였던 것에 상응하여

掌客使나 領歸鄕客使는 보통 사절의 入京前에 임명되곤 하였음도 지적할 수 있다(예컨대 872年 4月 2日戊戌條 참조).

이상과 같이 (1)~(4)의 과정을 검토해 보았는데(그 전 과정이 확인되는 것은 872年과 883年의 발해사의 예), 그 중에서 특히 강조하고 싶은 것은 入京의 과정(1), 京의 客館(3), 또한 難波館에서는 덴노의 勅使에 의해 사절을 영접하고 있는 모습이다. 朝使 파견 체제에서의 덴노의 직접적인 외교관여, 실태를 확인할 수 있는 부분이었다. 즉 일본고대국가 덴노가 발휘하였던 외교적 기능이란 이렇듯 덴노가 실재하였던 京을 중심으로 구현되었던 것임을 확인할 수 있었다. 그밖에 사절도착지에서의 「存問」(1)을 비롯하여, 도착지로부터 京(客館, 3)으로 인도하고, 또 귀국시키는 과정(4)에는 대개 太政官의 관할 하에서 이루어졌음을 알 수 있다. 특히 9세기에는 京의 客館에 덴노 또는 太政官으로부터 각각의 임무를 지닌 使가 파견되는 형태로 일본고대국가의 빈례의 형식은 정비되었던 것이다.

맺음말

본고에서는 朝使 파견의 체제를 통해 고대일본조정이 행한 외교 행정의 특징을 지적해 볼 수 있었다.[29] 조정에 의한 朝使 파견의 체

그 역할을 추정해 볼 수 있다.

29) 본고에서는 大宰府나 緣海諸國 등의 도착지 관사의 역할·기능과의 관련은 고찰하지 않았다. 또한 각 덴노 시기별 정책, 권력과의 관련에서 朝使로 파

제란, 외국사절의 도착을 파악하고, 또한 그들의 入京 과정을 보조하는 과정에서 활용된 조정에 의한 외교기능의 하나였다.

본 검토를 통해 사절의 도착지에는 太政官處分-예외적으로 光仁朝에는 勅-을 수행하기 위해 諸使가 파견되었고, 특히 難波館, 혹은 入京할 때에는 덴노에 의한 勅使의 파견이 두드러지며, 사절이 入京한 후-주로 京의 객관에는 덴노와 太政官에 의한 각각의 사자가 파견되었다는 점을 지적할 수 있었다. 특히 入京한 뒤의 이러한 경향은 시기적으로 보면, 8세기에도 그러한 징조가 있었으나, 주로 9세기 중반 이후 仁明·淸和·陽成朝에 하나의 외교행정체제로 정착-儀式化 되는 모습을 볼 수 있었다. 이 같이 朝使파견체제를 통해 고대일본의 외교형식(의례)의 형성을 살펴볼 수 있었는데, 한편 이는 더 나아가 외국사절들이 도착해서 京에 이르는 과정을 조정-덴노·太政官이 어떻게 파악하고, 이를 관리하였던가를 살펴볼 수 있는 단서가 되는 것이었다.

일본고대국가는 8~9세기의 민정에서 畿內에 한해서는 조정이 직접 사자를 파견하여 검찰하고 班田을 실시하거나 하였는데 반해, 畿外에 대해서는 이 같은 것을 國司에게 위임하곤 하였다.[30] 일반행정의 차원에서 畿內란 하나의 구별된 공간이었던 것이다. 그런데 외교행사의 하나인 외국사절에 대한 처우의 과정을 朝使파견의 체제로부터 살펴보면, 畿內보다도 더욱 축소된 京을 중심으로 하여 행사가 정비되었음을 알 수 있다.[31] 入京이 외국사절에 대한 행사 가운

견된 인물들을 구체적으로 밝히지 않았다. 이는 또한 방대한 양의 논고가 될 것이므로 별고로 넘기고자 한다.

30) 『續日本紀』734年 4月 壬子條, 776年 8月 庚午條, 『類聚三代格』卷15 校班田事 829年 6月 22日 官符 所引의 821年 10月 10日 官符, 『三代實錄』878年 3月 15日條, 879年 12月 3日條 등 참조. 이에 관한 논고로는 西本昌弘, 「畿內制의 基礎的考察-日本における禮制の受容-」『日本古代儀禮成立史の研究』, 塙書房, 1997 참조.

데서도 특히 중시되었다는 것은, 京에 들어가는 기점에 파견되는 使에 덴노의 勅使가 두드러지는 점으로부터도 추측 가능하다. 入京의 행사는-그에 관련한 朝使의 파견이란, 일본고대국가의 덴노가 그의 외교적 기능(권능)을 국내외에 직접 표명할 수 있는 중요한 수단이었던 것이다.

---

31) 仁明朝 842年 이후에는 山城國의 山崎, 山科까지 「郊勞」使를 파견하였다. 그러나 여전히 入京을 위한 과정으로 부각되었음에는 변함 없다.

제3부

일본고대의 왕권과 異民族과의
관련에 대하여

제1장 일본고대율령국가의 외국(「蕃」)·
외국인(「蕃人」) 인식

머리말

일본고대국가의 대외관계를 논하는 위에는 "東夷의 小帝國論"[1],
또는 "冊封體制論"[2] "小冊封體制論"[3]이라고 하는 몇 가지의 설이

---

1) 石母田正,『日本古代國家論』一, 岩波書店, 1973, 뒤에『石母田正著作集』第4
卷, 1989所收. 氏는 일본고대사에 있어 율령국가 성립의 한 요인을 "唐帝國
에 대해 스스로도 東夷의 小帝國으로 대립하여 했던 것"이라 하고, 그 "小帝
國" 일본에 "朝貢"하는 "蕃國"으로서 신라의 지위의 고정화, 법제화가 완료
되었다고 하였다. 石母田의 "小帝國" 論은 당시의 대외관계를 파악하는 중
요한 견해로 일본학계에 커다란 영향력을 행사하고 있다.
2) 西嶋定生,「東アジア世界と冊封制－六－八世紀の東アジア」『中國古代國家
と東アジア世界』, 東京大學出版會, 1983. 氏에 의하면 원래는 중국왕조의 국
내적 군신관계의 질서체제였던 책봉체제에서 일본은 수·당을 통해 그 외부
의 "不臣의 客"이면서도 "化外慕禮"의 조공국으로 위치하고 있었다. 그리고
당과 책봉관계에 있었던 신라는 "宗主國"이려는 일본의 "付庸國"으로부터
의 이탈을 시도해, 8세기를 통해 양국은 긴장상태에 놓여져 있었다고 하였
다. 그러나 이 같은 論은, 7세기 이후의 동아시아세계에서 책봉행위의 주체
였던 수·당 제국이 중심으로 설정되는 것에 비해, 이른바 "비책봉국가"였
던 일본과, "피책봉국가"였던 신라와의 국제상의 주체적인 관계에 대한 해
명은 충분히 이루어지지 못했다.
3) 筧敏生,「百濟王姓の成立と日本の古代國家」『日本史研究』3－7, 1989, 1월. 氏

중심을 이루고 있다. 그러나 일본고대국가가 위치하고 있었던 대내 외적 위상의 차원에서 생각하면, 위의 諸說에는 다음과 같은 문제점 이 있음을 지적할 수 있다. 첫째, 이 같은 說은 모두 당시의 동아시 아세계에서는 隋唐帝國이 기축이고, 일본이나 한반도諸國이 주변이 라고 하는 중국중심사관을 근본적으로 극복하지 못했다는 점이다. 둘째, 그 같이 일본고대국가를 주변국으로 보는 국제관계에 대한 시 점을 바탕으로, 일본고대국가를 또 하나의 "帝國"으로 설명하려 했 던 점이다. 이 같은 연구시점에서는 중국율령법의 이상을 그대로 일 본고대국가의 인식으로 적용하려 하고, 예컨대 당시의 신라-일본 관계를 서술하는 위에도 일본조정의 외교정책의 제1의 목표는 "신 라를 「蕃國」 視하는 것"이었다고 하고, 또한 "신라를 付庸國으로 보 려는 입장을 관철하려 하였다"고 설명하였다.4) 즉 중국으로부터 도 입된 율령법상의 개념인 「蕃」을, 그대로 일본율령국가5)의 개념으로 동일시하여 해석한 것이다.

는 西嶋의 "책봉체제론", 즉 "소중화사상" 論에 의거하여 "日本帝國"의 성 립을 논하였다. 氏에 의하면 7세기 후반의 中大兄皇子에 의한 豊璋의 百濟 王 책립을, 백제왕국을 그 판도 내지 질서 내에 편입하려는 "百濟王의 內臣 化"를 의미하는 "日本帝國의 성립"으로 보았다. 그러나 이에는 「諸蕃」=外 臣을 예정하고 있었던 신라왕을 실지 日本 덴노(天皇)가 책봉하는 일은 없 었던 것, 豊璋의 백제왕 책립도 "百濟王"이라고 하는 姓秩序에 편입하는 것 에 의한, 이른바 일본열도 내에 한정된 질서였다고 하는, 즉 "帝國國家의 외 부부재와, 일본 고대국가 내부의 異民族集團을 통해 구현화, 논리화"했다고 하는 한계가 있다 (石上英一, 「古代國家と對外關係」 『講座日本歷史』 二, 古 代二, 東京大學出版會, 1984, 273쪽 참조).
4) 鈴木靖民, 『古代對外關係史の硏究』, 吉川弘文館, 1985 등.
5) 당시 여러 민족이 동일하게 중국의 율령을 수용하였으나, 그 고유법적인 國 制와 중층 되는 면이 있었다(吉田孝, 「律令と格」 『古代の日本』 九, 角川書店, 1971). 즉 율령법이 가진 보편성과 그 나라의 國制가 복합구조를 형성하여 그것이 전체적으로는 그 나라 나라마다의 특수성으로서 재형성되었다. 따라 서 같은 율령국가라 해도, 그 성격에 대해서는 그것을 표방한 나라별로 개별 적인, 독자적인 성격을 해명하지 않으면 안될 것이다.

본고에서는 일본학계에서 이같이 무비판적으로 일본고대국가의 인식으로 설명해 온「蕃」개념의 문제를 다루어 보고자 한다. 그 과정으로 우선 唐의 그것과의 상이점을 지적하고, 다음으로 일본고대국가에서 사용된「蕃」개념의 의미를 구체적으로 규명해 보고자 한다. 唐日間의 개념적 차이를 명확히 하는 것은, 당시의 일본이 놓여져 있었던 대외관계상의 여러 문제를 이해하는 위에서도 중요한 일이다. 또한 이 같은 개념의 규명을 통해, 당시의 일본이 이해하고, 인식하고 있었던 세계관, 그리고 국가관에 대해서도 함께 살펴볼 수 있을 것이다.

즉 중국의 율령제의「蕃」의 의미를 그대로 일본의 외교상황에 적용시키지 말고, 동아시아 속에서 일본고대국가가 어떻게 스스로를 인식하고, 또한 주변 諸國과 그 사람들과의 관계를 어떻게 생각하였는지를 고찰해 보고자 하는 것이다.

제1절 唐·日의「蕃」개념

唐王朝의 국제성이라는 것은 스스로를「華夏·中華·諸夏」라고 칭하고, 주위의 제민족을「蕃夷」라고 낮춰보는 帝國 이념 위에 구축된 것이다. 이러한 점은 성문법의 중심인 律令 또는 율령지배체제 속에 표명되어 있다. 예컨대『唐令拾遺』雜令33 復舊14條(『唐會要』卷100 雜錄 聖歷3年 3月 6日 勅)으로부터 唐이 주변의 제민족을 어떻게 파악하고 있었는지, 그 구조상의 특징을 엿볼 수 있다.

『唐令拾遺』雜令33 復舊14條(開元25年令)
(略) 東으로는 高(勾)麗에 이르기까지, 南으로는 眞臘에 이르기까지, 西
로는 波斯・吐蕃 및 堅昆都督에 이르기까지, 北으로는 突厥・契丹・靺鞨
에 이르기까지 入蕃으로 할 것. 나머지는 絶域으로 할 것.

이처럼 唐이 주변의 제민족에 대해「(入)蕃」과「絶域」이라는 구별
을 두었다는 것을 알 수 있다.6) 선행연구에 의하면「(入)蕃」이란, 중
국의 군주 명으로 발행한 문서(국서)의 형식상의 수신처가「某(郡)
王」이라고 표기되는 나라로, 唐朝의 羈縻 지배의식이 강한, 唐에 가
까운 지역이었다. 또한「絶域」이란, 같은 종류의 국서의 형식상「某
國王」이라 표기되고, 羈縻 지배의식도 약한, 국제질서에서도 지위가
낮은, 唐으로부터 멀리 떨어진 나라였다.7) 즉 중국 帝國의 세계관에
대해서는「王畿(國畿)」와「六服(侯・旬・男・采・衛・蠻服)」의 외곽
인「蕃國(夷服・鎭服・蕃服)」,8) 또한 그 외측의「絶域」이라는 동심
원상의 구조로 이해할 수 있다. 그리고 이 같은 중국중심의 位相을,
당시의 일본도 인식하고 있었던 듯,「入蕃」에는 들어가지 않는,「都
護에 속하지 않고, 와서 貢獻하면 즉 서로 보답할 뿐으로, 督錄이 總
領하지 않는」(『漢書』西域傳)「絶域의 朝貢國」이라는 자세를 취하고
있다. 예컨대 延曆年間(782~805)의 遣唐使 가도노마로(葛野麻呂)는

---

6) 그밖에도『新唐書』卷221下 西域傳下에 보이는「入蕃」・「絶域」의 구분,『唐
會要』卷100 雜錄 證聖元(695)年 9月 5日의 勅,『唐律疏議』名例律 八議 가
운데「七日議勤」疏議,『新唐書』卷46 百官志 禮部 主客郎中「絶域에 파견된
뒤 돌아오면 (略)」등의 기록을 참조.

7) 山內晋次,「唐よりみた八世紀の國際秩序と日本の地位の再檢討」『續日本紀研
究』245號, 1986, 8月)참조. 또한 石見淸裕에 의하면 蕃域과 絶域의 구분은
冊封 또는 羈縻, 혹은 그 어느 쪽도 아닌 남방방면에 대해서는 빈번히 조공
해 오는 나라, 이들을 복합한 구분의 기준이라 하였다(同氏,「唐代の國家と
「異民族」」, 1996年度 歷史學硏究會大會 古代史部報告).

8)『周禮正義』卷55~56 夏官大司馬條,『同』卷52 春官巾車條,『同』卷71 秋官
大行人條 참조.

그들의 귀국보고 속에서 "卿등은 본국의 왕명을 받들어 멀리서 와
서 朝貢하였다. (略) (『日本後紀』延曆24(805)年 6月 乙己條)"라는 중
국측 勅의 내용을 일본조정에 전하고 있는데, 견당사 일행이 조공사
로 인식되었다는 점에 일본측은 아무런 저항감이 표시하고 있지 않
다.9) 이처럼 중국을 중심으로 하는 질서체계를 인식하고 있던 일본
이, 자국통치를 위한 토대로서 중국의 율령을 수용하여, 스스로도 또
한 자체적인 국가관이나 세계관도 형성하였을 것으로 생각된다. 이
점은 중국의 율령을 어떻게 이해해서 받아들이려고 했던가 하는 면
으로부터 검토해 볼 수 있다.

　　養老公式令86 官人父母條
　　「무릇 官人의 부모가 병환으로 위독하다면, 遠使로 파견해서는 안될 것.」

이라는 규정에서 「遠使」에 대한 同令集解 인용의 諸說은 다음과
같다.

　　義解－이는 化內의 遠使이다.
　　令釋－化內의 遠使이다. 또는 말하길 '絶域이다. 化內는 임시 처분한다.'

---

9) 이처럼 당시의 日本使人이 唐側으로부터 조공사로 간주되고, 일본측도 그렇
　게 의식하고 있었다고 확인되는 사례는 또한 『入唐求法巡札行記』 開成
　3(838)年 9月 20日條・同4年 7月 16日條・同5年 8月 23日條,『性靈集』5「爲
　藤大使與渤海王子書」가운데「賀野(遣唐大使 藤原葛野麻呂), 삼가 조공합니
　다」라는 문언(이에 대해서는 保科富士男「古代日本의 對外關係における贈進
　物の名稱」『白山史學』25號, 1989年, 96・7쪽 참조), 그리고『文苑榮華』598
　楊於陵「謝恩宣慰幷賜手詔表」(이에 대해서는 石井正敏「外交關係」, 池田溫
　編『古代を考える唐と日本』所收, 吉川弘文館, 1992年, 92~3쪽 참조) 등이
　있다. 또한 栗原朋信「漢帝國と周辺諸民族」『上代日本對外關係の研究』, 吉
　川弘文館, 1978, 鬼頭淸明「王畿論－中國・朝鮮・日本－」『アジアのなかの日
　本史』四, 地域と民族, 東京大學出版會, 1992도 참조.

　　고 하였다.

　　古記-遠使란 絶域을 말한다. 化內는 임시 처분할 뿐이다.

　　穴記-使란 國內使와 蕃國使를 논하지 않고 모두 이것이다. 혹은 말하
　　길 '蕃使는 이에 의하지 않는다'고 하였다.

　즉, 「遠使」에 대한 諸說 해석에 의하면, 「化內」와 「絶域」이(令釋·
古記), 혹은 「國內(使)」와 「蕃國(使)」가 (穴記)구분되어 인식되었음
을 알 수 있다. 실제 정사의 기사에서 보면 「絶域」이란 唐,[10] 혹은
한반도의 高句麗·百濟[11]와의 地理觀으로 나타나 있다. 唐에서 보
아 蕃域 밖의 「絶域」에 들어가는 일본은, 자국을 중심으로 하였을
때는 한반도의 諸國(高句麗·百濟等)과 唐을 함께 「絶域」으로 보고
있었던 것이다. 즉 「蕃國」이나 「絶域」을 동일하게 「化內」(「國內」)와
구분된 외부세계로 인식하고 있었다고 하겠다.

　그런데 「化內」와 구별되는 개념에는 「化外」라는 것이 있다. 唐의
용례에서 검토해 보면, 「化外人」이란, 「蕃夷의 國으로 별도의 君長
을 세우고 각각 풍속이 있으며, 制法도 같지 않는 것이었다(『唐律疏
議』 名例律48 化外人相犯條 疏議). 이 「化外人」은 「化外蕃人」「蕃人」
이라고도 불리었으며, 실제 「化外」는 「蕃」과 때때로 동일시되었다
(『同』 衛禁律31 越度緣辺關塞條疏議[12]).[13] 즉 「化外」는 「蕃」과 거의

---

10) 『續日本紀』 慶雲元(704)年 11月 丙申條 「正四位下 粟田朝臣眞人에게 大倭國
　　田20町, 穀1000斛를 賜하였다. 絶域에 使로 파견되었기 때문이다」, 또한『同』
　　慶雲4(707)年 5月 壬子條, 寶龜7(776)年 4月 壬申條에 보이는 「絶域」은 모
　　두 唐을 가리킨다. 또한 養老名例律7, 6議(5)議功條, 注, 裏書도 참조.

11) 『續日本紀』 養老元(717)年 11月 甲辰條 「高麗·百濟 2國의 士卒이 본국의 난
　　을 만나 聖化에 投하였다. 조정이 그 絶域됨을 불쌍히 여겨 종신의 復(과역
　　면제)을 지급하였다」, 또『三代實錄』 貞觀3(861)年 8月 庚申條도 참조.

12) 「무릇 緣辺關塞을 越度하면 徒二年. 化外人과 더불어 사적으로 (몰래) 서로
　　교역하거나 혹은 취하거나 주면 一尺에 徒二年半. (略) 疏議에 이르길 "「緣
　　辺關塞」이란 그로써 華夷를 나누는 것이다. (略) 「만약 化外蕃人과 더불어
　　사적으로 (몰래) 서로 교역」한다는 것은 사고 팔고 널리 바꾸는 것이다. 혹

동일한 개념이었다고 할 수 있다(「化外」≒「蕃」). 또 이것은 緣辺關塞에 의해 「化內」(「華」)와 구별되는 것이었다. 그리고 이 「化外人」은 「歸朝」라는 행위에 의해 化內의 「寬鄕」에 「附貫安置」되는 것이었다(이를 「化內化」라 한다. 『唐令拾遺』戶令 復舊19條). 일본의 경우에 대해서는 다음을 참조할 수 있다.

　　戶令集解44 化外奴婢條
　「化外奴婢가 스스로 와서 國에 投(化)하면 모두 해방하여 良으로 할 것. 즉 호적에 등재하고 본관을 정할 것. 本主가 비록 먼저 와서 投國하였다 할지라도 (자기의 奴婢라고) 인정하지 못한다. 만약 이 境外의 人을 먼저 化內에서 賤으로 하였고, 그 2等 이상의 親이 나중에 와서 投化한다면 대가를 지불하고 良으로 되는 것을 허락한다.」
　　義解－敎化를 입지 않은 곳, 이를 化外라 한다. 投란 歸이다.
　　令釋－法制가 같지 않은 곳, 이것이 化外이다. 投란 化에 歸投하는 것이다. (略)
　　義解－(境外의 人) 또한 化外와 같은 뜻이다. (釋도 동일)
　　古記－境外의 人이란 化外와 같으며 구별 없다. 境外의 人을 먼저 化內에서 賤으로 하였다면 어떤가?
　　穴記－묻기를 '文에 이르길 [境外의 人, 먼저 化內에서 賤으로 하였다]고 하였다. 알 수 없는 것은 外境人이 投化하면 모두 賤으로 한다는 뜻인가? 아니면 賤으로 하거나 良으로 하는 것은 임시의 처분인가?' 대답하길 (略)

「化外」란 즉 「敎化를 입지 않은 곳」이며(義解), 「境外」와 같다(義

　　은 蕃人의 物을 취하거나 物을 蕃人에게 주는 것을 말한다." (略)疏議에 이르길 "緣辺關塞을 越度하여 禁兵器를 가지고 가서 몰래 化外人에게 주는 자는 絞에 처한다. (略)그 化外人이 越度 入境하여 化內와 교역하면, 化外人이 越度하여 교역한 것과 같은 죄로 한다. (略)"
13) 동일한 견해로 石見淸裕, 「唐代の歸化と諸蕃」, 中國古典硏究會編 『中國古典 硏究』33, 1988도 참조.

解, 古記). 또한 唐令과 마찬가지로 養老戶令16 沒落外蕃條에 의하면 「化外人」은 「歸化」(唐令의 「歸朝」)라는 행위에 의해 「寬國」(唐令의 「寬鄕」)에 「附貫安置」 되는 것이었다.

> 戶令16 沒落外蕃條
> 「(略) 化外人이 歸化하면 所在의 國郡이 衣粮을 지급할 것. 사정을 자세히 적어 飛驛을 발하여 申奏할 것. 化外人은 寬國에 附貫 安置할 것. (略)」

이 「化外人」의 「歸化」는, 다음의 賦役令15에 보이는 「外蕃人의 投化」와 동일한 행위로 간주되었던 것 같다. 養老賦役令15 沒落外蕃條(또한 『唐令拾遺』 賦役令 復舊16條)에서는 「外蕃의 人」은 「投化」에 의해 10年의 復(과역면제)이 주어지도록 규정하고 있다.

> 養老賦役令集解15 沒落外蕃條
> 「(略) 外蕃의 人이 投化하면 復十年. 그 家人·奴가 해방되어 戶(籍)에 등재되고 貫(본관을 정)했다면 復三年.」
> 　義解－投化는 歸化와 같다.
> 　令釋－投化란 我化에 투하는 것을 가리킬 따름이다.
> 　古記－毛人(에미시)·隼人(하야토)의, 蕃으로 칭하기 부족한 자라 할지라도 復을 지급하는 것은 동일하며 구별 없다. 隼人·毛人가 化에 赴한다면, 隼人는 그 名帳이 이미 조정에 있으므로 歸命하여도 復을 지급하지 않는다. 단지 毛人는 復을 지급한다. 開元令에 이르길 '夷狄으로 새로 招慰하여 호적에 등재하고 본관을 정한 자는 復三年'이라 하였다.
> 　穴記－묻기를 '化外奴婢가 投化하면 해방하여 良人으로 한다고 하였다. 아직 모르겠는 것은 外蕃人의 投化와 같은가?' 대답하길 '그 문장은 良人을 위한 것이다. 무릇 奴婢에 있어서는 下文에 분명히 하였다.'고 하였다.

「外蕃之人」의 「投化」(=「歸化(義解)」) 행위란, 化에 投하는 것, 즉 「化內化」를 의미한다. 일찍이 일본의 경우에서도 「外蕃」는 「化外」와 거의 동일한 의미로 해석되곤 하였다.14) 그러나 令集解의 諸說에 기초하면 賦役令15의 「外蕃」은, 戶令16과 같은 「化外」에 비해 약간 제한된 범위를 가리키고 있었다고 판단된다.15) 賦役令集解15에서 毛人·隼人 등은 「外蕃之人」과 마찬가지로 「化에 赴하는」 경우가 상정된 존재이면서도, 「蕃이라 칭하기에 부족한」(즉 「外蕃人」이 아닌) 존재였으며, 「化에 赴하는」 경우의 復 규정에서도 「外蕃投化者」의 경우와는 구별되었다(古記). 그러나 이처럼 「化」를 전제로 하는 이상은, 戶令16의 「化外人 歸化」의 경우에서도 그 「化外人」 가운데 毛人·隼人의 존재가 배제되었다고는 단정할 수 없다. 즉 「化外人」이란, 「外蕃의 人」과, 「化」에 赴하기 이전의 「夷狄(毛人·隼人)」을 포함하는 개념이었다고 할 수 있다.16) 따라서 일본에서 보아 「化外」란, 단순히 지리상에서 구별되는 「外蕃」의 개념보다는 한층 포괄적인

---

14) 平野邦雄, 「記紀·律令における「歸化」「外蕃」の概念とその用例－古代日本の國際關係をめぐって」『東洋文化』60, 1980, 今泉隆雄, 「律令における化外人、外蕃人と夷狄」, 羽下德彦編, 『中世の政治と宗敎』, 吉川弘文館, 1994 등.

15) 「外蕃」과 「化外」를 구별해서 사용하는 견해로는 石見淸裕, 「唐代の歸化と諸蕃」 참조. 氏는 「外蕃」이란 지리상의 표현이며, 「化外」란 禮制上의 표현이라고 하였다.

16) 今泉隆雄는 戶令에 보이는 「化外人歸化」의 「歸化」(국가를 형성하고 있는 개인 혹은 단체차원의 행동)의 주체를 생각하는 위에서, 令條의 化外人은 夷狄(蝦夷·隼人)을 배제한 外蕃人만을 가리킨다고 하였다. 그러나 氏 자신도, "歸服해서 辺遠國에 지배되고 있는 夷狄"을 化內人라 칭하고, "歸服하지 않은 夷狄"에 대해서는 "辺遠國의 지배에 편입(즉 化內化)이 예정된 존재"라 하였던 것처럼(同氏, 앞의 글 「律令における化外人、外蕃人と夷狄」), 夷狄 또한 「化」(王化)의 개념이 적용되는 대상으로 설정되어 있었다. 즉 化外人에 포함되는 존재였던 것이다. 伊藤循의 "夷狄이란 化外人인 蝦夷·南島人(隼人에 들어가지 않는)"이라는 지적은 참고된다(同氏, 「古代王權と異民族」『歷史學研究』665, 1994).

개념이었다고 할 수 있다(化外⊃外蕃).

한편 賦役令의 「外蕃人의 投化」나 戶令의 「化外人의 歸化」의 경우는 모두, 給復 처치(10年)나 寬國에 附貫安置되는 점에서 동일한 취급을 하고 있으나, 그러나 唐의 律令과 비교하면 중대한 차이점을 발견할 수 있다. 唐賦役令에는 16條에 「外蕃人投化의 경우 復十年」과, 17條에 「夷狄의 招慰·戶貫의 경우 復三年」을 규정하고 있는데, 후자의 17條에 상당하는 규정은 日本令에는 보이지 않는다. 이 두 개의 條文이 「外蕃人」과 「夷狄」이라는 성격의 차에 의해 구별된 규정은 아니고, 「投化」와 「招慰」의 차에 의한 것이었다는 점은,[17] 唐에서는 율령의 개념상에 나타난 「(外)蕃人」과 「夷狄」의 구별이 거의 없었다는 점에 의거한다. 즉 「華=(化內)」와 대립해서 「夷=(化外)」(『唐律疏議』 衛禁律31 越度緣辺關塞條 疏議)이며, 「蕃夷」가 동시에 「化外」의 범위이기도 하였던 것이다.

그러나 일본의 율령 하에서의 양자는 분명히 구별되는 존재로 위치 지어져 있었다. 養老賦役令集解 沒落外蕃條 諸說 가운데 많은 경우가 「諸蕃」에 관한 규정을 「夷狄」에도 준용하는 것으로 설명하고 있는 것은 사실이지만, 그러나 그러한 논의가 있었다는 것 자체는 이미 양자에 대한 구분이 있었기 때문이라 할 수 있다.

이러한 의미에서 養老職員令18 玄蕃寮 頭(장관)의 職掌의 하나인 「在京夷狄」은 재검토가 필요한 부분이다. 同令集解에 보이는 주석이 이에 대해 「朝聘을 제외한 그 밖의 蕃人」(令釋), 혹은 「朝聘을 제외한 그 밖의 在京唐國人等」(古記), 「朝聘이 아니면서 온」(穴記), 「蕃人이라 하더라도 國使가 아닌」(跡記)등의 경우를 모두 「夷狄」으로 설명함으로써, 일본의 선행연구에서는 개개의 거류외국인=「夷狄」이

---

17) 石見清裕, 앞의 글 「唐代의 歸化と諸蕃」 참조. 氏는 敦煌 발견의 스타인 1344 號 文書 第37141행(長安元年 12月 20日)에 관한 연구를 통해 논증하였다.

라는 식으로 등식화하였던 것이다.[18] 그러나 이 「在京夷狄」의 범주
에 들어가는 「朝聘을 제외한 이외의 蕃人」 등이 곧 「夷狄」이라는 것
이 아니라, 玄蕃頭가 「蕃客의 辭見・讌饗・送迎」과 더불어 관장해야
할 범주로서의 在京의 夷狄과 在京의 외국인(蕃人)을 가리키는 것
으로 해석해야 할 것이다. 考課令集解 玄蕃之最25(助以上) 所引의
古記에 의하면, 그 玄蕃頭가 관장하는 「蕃客」이란, 「朝聘使와 在京
夷狄等」 모두이며, 단순한 「夷狄」과는 구별하고 있다.

이 「在京夷狄」에 대해서는 종래, 다음에 보이는 唐의 경우와 혼동
되었던 것으로 판단된다. 『通典』 26 職官8 鴻臚卿 典客署條에는 日
本令의 玄蕃頭의 職掌인 「在京夷狄」과 같은 「在國夷狄」이라는 부
분이 있다. 그러나 실을 이것은 『大唐六典』 18의 鴻臚寺 典客令의
職掌인 「歸化在蕃者」와 마찬가지로 唐에 降附하여 羈縻州가 되어
서 그 본국에 사는 외국인을 가리키는 개념이며, 그것이 蕃夷의 化
外人의 범위이기도 하였다.[19] 요컨대 중국왕조의 羈縻政策의 특성

---

18) 그리고 "일본의 율령제에서는 「蕃」과 「夷狄」은 함께 덴노의 王民의 범위로
   부터 배제되었다는 점에서 공통의 존재"였다고 설명하였다(石母田正, 앞의
   글 「天皇と『諸蕃』」등).
   일본에서 「夷狄」신분설정의 의의에 대해서는, 다음과 같은 石上英一의 견해
   가 참고된다. 氏는, 일본의 경우 夷狄은 국가를 형성하고 있지 않은 辺境民
   을 가리키는 말이며, 원래 蝦夷도 隼人도 일본인(倭人)과 같은 인종이나,
   그것을 夷狄 즉 이민족으로 설정한 것은, 아직 내민화 되지 않은 채 남겨진
   변경의 인민을 역으로 이용해서 帝國의 구조를 만들어 內國의 王民 통치에
   도움되는 데에 그 목적이 있었다고 하였다(同氏, 「古代國家と對外關係」
   『講座日本歷史』 2, 古代 2, 東京大學出版會, 1984 참조). 원래 중국의 경우
   에 「夷狄」의 존재는 華夷觀念에 기초한 中華로부터 멸시 당하면서도, 中華
   와의 사이에 특정관계를 가지고 있었던(小倉芳彦, 「補論中國古代史研究の
   現代的立場」 『中國古代政治思想研究』, 靑木書店, 1970 참조)점에 그 의의가
   있었으며, 그 존재자체가 중화적 세계관을 성립시키기 위한 불가결의 요소
   였던 것이다.
19) 石見淸裕, 앞의 글 「唐代の歸化と諸蕃」 참조.

이 반영된 것이었으나, 일본에는 이러한 羈縻州는 물론 존재하지 않았던 점 등, 중국과는 그 배경이 다른 것에 유의해야 한다. 일본의 경우는 天皇의 직할지인 「京」에 존재하고 있었던 다수의 「化外」의 諸民族을, 玄蕃寮에 의해 관할시키는 방침을 나타내고 있는 것이라고 할 수 있다.

이상에서 唐의 율령에서는 혼용된 「蕃夷」라는 개념이 일본에 수용될 때에는 동일시할 수 없는 「蕃」과 「夷」라는 개념으로 구별되었다는 것을 알 수 있었다. 따라서 다음의 賦役令10 辺遠條는, 日本令과 唐令이 同文이기는 하나, 그 集解 가운데 「化外人(外蕃人)」은 「夷人雜類」와 구별되어, 投化後 10年을 경과한 후에는 「華夏」(日本內地)의 백성과 동등한 과역부담을 지는 등의 논의(古記)가 있을 수 있었던 것이다.

賦役令集解10 辺遠條
무릇 辺遠國의 夷人雜類가 있는 곳에 調役을 징수할 때는 경우에 따라 참작하여 양을 정하며, 반드시 華夏와 동일하게는 하지 않는다.
　義解－夷란 夷狄이다. 雜類란 또한 夷의 종류이다.
　令釋－夷는 東夷이다. (略) 雜類란 夷人의 雜類를 말할 따름이다.
　古記－夷人雜類란 毛人·肥人·阿麻彌人等의 類를 말한다. 묻기를 '夷人雜類란 하나인가, 둘인가?' 대답하길 '本은 하나이며 末이 둘이다. 가령 隼人·毛人이 本土에 살면 夷人이라 한다. 이들은 華夏와 雜居하므로 雜類라 한다.' 일설에 말하길 '一種이며, 구별없다'.

제2절 「蕃(國)」의 구체적인 범위

그런데 일본에서의 「夷」란 구체적으로 열도의 동북부와 서남부 지역에 살고 있었던 다라(墮羅)·샤에이(舍衛)·에미시(蝦夷)(養老職員令集解8 玄蕃寮條), 하야토(隼人)(養老賦役令集解10 辺遠條) 등을 가리키는 말이지만, 「蕃」이란 실제 어떠한 범위를 가리키는 개념이었을까? 養老賦役令集解16 外蕃條의 穴記에는 「外蕃은 고구려·백제·신라」라고 하였고, 公式令集解1 詔書式條의 古記에서는 「蕃國은 신라」, 「隣國은 大唐」이라고 하였다. 스즈끼 야스따미(鈴木靖民)는 "실제 外蕃이란 奈良時代 이후 신라·발해 정도이다"고 하였고,[20] 또한 이시모다 쇼(石母田正)는 公式令集解1 詔書式·賦役令集解16 外蕃還條의 朱記·戶令集解44 化外奴婢條의 古記 등으로부터 "일본에서는 隣國＝大唐, 諸蕃(蕃國)＝한반도諸國으로서 被朝貢國과 朝貢國이 구별되었으며, (外)蕃은 夷狄(＝隼人·蝦夷)과 마찬가지로 잠재적 敵(＝賤民)視하는 대외정책이었다"고 하였다.[21]

무릇 「蕃」이란, 그 어원에서 보면 확실히 중국적인 華夷觀으로부터 나온 용어이다.[22] 그러나 일본의 경우 「蕃」·「蕃國」은 『日本書紀』에서 「도나리(隣)노 구니(國)」나, 혹은 「구니구니(國國)」, 또한 「蕃人」은 「도나리노 구니노 히또」라고 훈독되는, 夷狄과는 구별되는 「도나리」＝「隣國」으로 인식되고 있었던 것이다. 이 점은 公式令

---

20) 鈴木靖民, 「『賦役令』外蕃還條覺書」, 앞의 책 『古代對外關係史の硏究』.
21) 石母田正, 앞의 글 「天皇と『諸蕃』」.
22) 白川靜, 『說文新義』 참조.

集解1 詔書式條를 통해서도 분명히 알 수 있다.

> 養老公式令集解1 詔書式條
> 「明神御宇日本天皇詔旨. 云々. 咸聞.」
> 義解-大事로서 蕃國使에게 宣하는 辭(말)
> 令釋-蕃國에게 大事를 宣하는 辭
> 古記-「御宇日本天皇詔旨」란 隣國 및 蕃國에 대해서 詔하는 辭이다.
>   묻기를 '隣國과 蕃國의 구별은 무엇인가?' 대답하길 '隣國은 大
>   唐이며, 蕃國은 新羅이다.'
> 穴記-묻기를 '蕃國과 隣國에는 구별이 있는가?' 대답하길 '마땅히 있다.'

이처럼 詔書 冒頭의 표현 「明神御宇日本天皇詔旨」에 대해서 古記나 穴記 자신이 「隣國」과 「蕃國」을 구별하고 있음에도 불구하고, 그 「隣國」과 「蕃國」의 使에 대해 宣하는 辭(말)는, 완전히 같은 冒頭 형식 「明神御宇日本天皇詔旨」이었다는 점이 주목된다. 즉 「隣國」과 「蕃國」의 使에 대해 宣하는 辭(말)를 사실상 구별하지 않았다는 점은, 당시의 일본에서는 양자 사이에 엄밀한 구별이 없었다, 혹은 양자 사이에 처우를 달리하려는 인식은 없었던 것임을 나타낸다고 할 수 있다.[23] 이 점은 延喜慰勞詔書式條 가운데 「隣國」에 대해서는 기록이 없고, 「大蕃國」·「小蕃國」만을 규정하고 있다는 점으로부터도 방증된다. 그밖에도 延喜大藏省式 蕃使條·賜客例條에서 入唐大使 이하·入渤海使 이하·入新羅使 이하를 모두 「諸蕃에 가는 使」의 例로, 또한 大唐皇 이하·渤海王 이하·新羅王 이하를 모두 「蕃客」의 例로 규정하고 있다는 사실로부터 알 수 있듯이, 실제로 「隣國」과

---

23) 또한 그 밖의 규정-養老職員令 治部卿 職掌의 「諸蕃朝聘」, 同令 大宰帥 職
   掌의 「蕃客·歸化·饗讌事」, 軍防令集解의 「蕃使出入」, 關市令集解의 「諸蕃
   交易」, 雜令集解의 「蕃使往還」, 宮衛令集解의 「蕃客宴會辭見, 皆立儀仗.」 등
   에서도 隣國으로서의 唐國과 蕃國을 구별하려고 했던 형적은 찾을 수 없다.

「蕃國」의 구별이 명확한 것은 아니었던 것이다.

사례에서는 唐使의 도착시 그 영접에 관해서 「蕃客」의 예로 대우할 것이 제시된다든지(『續日本紀』寶龜9(778)年 10月 乙未條), 또한 唐使의 來朝, 入京의 사례를 보아도 그 영접방식에 신라사 入京의 경우와 본질적인 차이는 보이지 않는다. 『類聚三代格』延喜3(784)年 8月 1日 太政官符에 의하면, 諸院·諸宮·諸王臣家들이 官使 도착이 전에 「唐人」의 商船과 爭買하는 것은 사적으로 「蕃人과 交易하는」 죄명으로 처벌되었다. 唐은 실제 「遠蕃」이라고도 사료에 표현되었으며(『日本紀略』延曆14(795)年 7月 辛巳條), 그 「遠蕃」이란 또한 발해에게도 적용되는 표현이었다(『日本三代實錄』貞觀15(873)年 5月 27日 條). 또 平安初期에 만들어진 『新撰姓氏錄』에서는 皇別·神別 이외로 諸蕃을 「大漢·三韓의 族, 이를 諸蕃이라 한다」고 하여, 중국, 한반도로부터의 도래인 후예를 일괄하고 있다.

이상과 같은 필자의 견해에 대해 문제가 되는 것은 賦役令集解16 外蕃還條의 「公使로서 外蕃으로부터 돌아오면 一年 課役을 면제할 것. 그 唐國은 三年課役을 면제할 것」이라는 규정일 것이다.[24] 그러나 이것도 「其(外蕃) 가운데의 唐國」으로 해석할 수 있으며, 또한 거리에 따라 사절에 대한 처우를 달리하려했던 唐의 방침(『唐會要』100, 蕃夷雜錄條의 聖歷3(700)年 3月 6日의 勅)을 도입한 규정이었다고 할 수 있는 것이다. 무릇 唐에서는 「蕃域」과 「蕃域」 外로서의 「絶域」(단순히 極遠의 지역이라는 의미는 아님)이 명확히 구별되어 있었던 것에 비해, 일본에서는 그 양자 사이를 구별하려 했던 모습이 없다. 이처럼 "조공국=한반도諸國과, 피조공국=唐과의 지위를 명확히 구별

---

24) 일본학계에서 「外蕃=고구려·백제·신라(穴記)」와 「隣國=唐國」의 "국가에 의한 차별을 설정하려고 했던 것"으로 해석하는 주요한 근거였다(鈴木靖民, 앞의 글 「『賦役令』外蕃還條覺書」 등).

하려 했던 의도"는 일본의 율령 속에서는 읽기 어려우며, 한반도諸國과 唐의 구별은 부차적인 것에 지나지 않았다고 할 수 있다. 즉 「化內」의 외측에 있는 「外蕃」의 세계로서 양자가 동등한 것으로 존재했던 것이며, 일본열도내의 「夷狄」과는 구별되어 있었다고 할 수 있을 것이다.

중국의 율령은 "蕃夷의 異民族 지배를 전제로 하는 일종의 帝國法"[25]으로 성립한 것이었다. 그러나 그 기본체계를 이입한 일본의 율령이 「蕃」이라는 개념을 그대로 사용하고 있었다고 하더라도, 이상에서 본 것같이 그 개념은 이질적인 것이었음을 염두에 두지 않으면 안 된다. 종래의 일본학계처럼 단순히 중국적 帝國 개념을 무비판적으로 받아들여서 해석한다면, 당시의 일본고대국가가 놓여져 있었던 국제상황이나, 또한 그에 대한 일본고대국가의 자국인식·위치부여에 대해서도 정확한 이해를 결여하게 될 것이다.

참고로, 【圖 1】은 지금까지의 논지를 나타낸 것이다.

【圖 1】

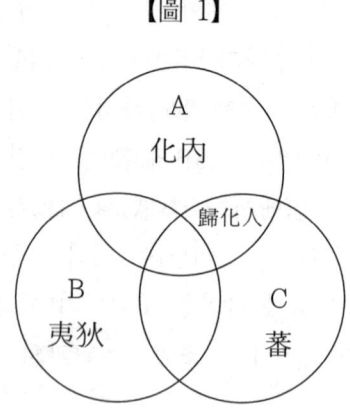

25) 吉田孝, 「隋唐帝國と日本の律令國家」 『隋唐帝國と東アジア世界』, 汲古書院 참조.

A의 「化外」는 「(外)蕃」(C)와 혼용되었으며, 또한 唐令에서 본 것처럼 「蕃域」과 「絶域」의 구별은 일본에서는 명확하지 않았다. 일본 열도내 (A∪B)에는, 원래 「夷狄」의 民이었으나 율령지배체제 속에서 「內民化」된 존재(「俘囚」 또는 「夷俘」)[26] (A∩B)가 있었으며, 본래는 「(外)蕃人」이었으나 「投化」 혹은 「歸化」에 의해 「王民化」된 존재(歸化人)[27] (A∩C)도 있었다. 또한 한편에서는 이 같은 「歸化」의 이데올로기 속에 수렴할 수 없는 사람들 (B∩C)도 거주하고 있었다. 그 가운데 (A∩B)와 (A∩C)를 포함한 A가 「化內」의 범위이며, 그것이 이른바 일본고대국가의 통치구역 - 「境內」이기도 하였던 것이다. 이들 A와 B와 C를 조합한 세계를 일본고대국가의 율령적 인식체계 속에서 찾아볼 수 있는 것이며, 중국과 같은 동심원 구조와는 그 성격이 달랐다고 할 것이다.

제3절 동아시아에서 율령법의 영향에 관련하여

이상과 같이 동아시아 가운데 당과 일본이 율령을 기본으로 하여 각각 자국의 인민지배와 대외적 위치 부여를 의도하는 움직임이 있었던 시대, 한반도의 신라의 경우는 어떠하였던가?

---

26) 이에 대해서는 大塚德郎, 「蝦夷服屬の類型的考察, 付蝦夷と俘囚」 『平安初期政治史研究』, 吉川弘文館, 1969, 高橋富雄執筆 『國史大辭典』, 1979, 熊田亮介, 「古代國家と蝦夷・隼人」 『岩波講座 日本通史』 卷4 古代 3, 岩波書店, 1994 참조.
27) 「歸化(人)」에 대해서는 다수의 논고가 있으며, 그 용어의 타당성을 둘러싼 다각도의 견해가 존재한다(이 책 「王化의 사상과 外來人」 참조).

신라의 경우 현존하는 조문은 거의 남아있지 않기 때문에, 종래 신라의 율령편찬이 의문시되기도 하였다.[28] 그러나 중국식의 율령체제를 도입한 일본과 마찬가지로 신라에서도 형태를 갖춘 율령적 체제가 존재했을 가능성이 있다. 『三國史記』 新羅本紀 法興王7(520)年 春正月條[29]를 필두로, 『三國遺事』 卷1 王曆 法興王條, 『海東高僧傳』 卷1 釋法空條, 新羅 聞慶 鳳巖寺 智證大師 寂照塔 碑文 등의 일련의 기사가 法興王代의 법률제정 사정을 시사해 주고 있다. 또한 『三國史記』 新羅本紀 武烈王元(654)年 5月의 格60餘條의 찬수, 文武王21(681, 神文王元)年의 文武王의 遺詔, 또한 景德王17(758)年 4月條의 「律令博士」의 존재, 『同』 雜志8 職官中의 「律令典」이라는 기구의 정비 기사 등이 그 증거가 된다. 그 뿐만 아니라 신라의 그 같은 율령체계는 한편으로 701年 일본의 大寶律令 편찬에 영향을 준 것으로도 추측 가능하다.[30] 天武朝(재위 673~686) 이래의 법전편찬추진의

---

28) 井上秀雄, 「朝鮮・日本における國家の成立」 『岩波講座世界歷史』 6, 1971, 武田幸男, 「新羅・法興王代の律令と衣冠制」, 朝鮮史研究會編 『古代朝鮮と日本』, 龍溪書房, 1974, 石上英一, 「律令法と國家(一)」 『歷史研究』 222-223, 1979, 北村秀人, 「朝鮮における「律令制」の變質」 『東アジア世界における日本古代史講座』 七, 學生社, 1982. 大町健은 신라는 당에 의해 독자의 연호사용을 금지 당했던 것처럼, 독자의 율령 편찬을 唐에 의해 금지 당했을 것이라고 하고, 단지 단행법인 「格」에 의해 신라사회에 적용시켰다고 하였다(同氏, 「東アジアのなかの日本律令國家」 『新版「古代の日本」』 2, アジアからみた古代日本』, 角川書店, 1992). 그러나 신라의 경우에도 일본과 같이 율령이 편찬되었을 가능성이 있다(末松保和, 「新羅三代考」 『新羅史の諸問題』, 1954, 田鳳德, 「新羅律令攷」 『서울大學校論文集, 人文・社會科學』 四, 1956, 林紀昭, 「新羅律令に關する二・三の問題」, 法制史學會編 『法制史研究』 一七, 1967, 李仁哲, 「新羅律令의 編目과 그 내용」 韓國精神文化研究院編 『精神文化研究』 第17卷 第1號, 1994). 또한 결정적으로 신라가 당에 의해 독자의 율령편찬을 금지 당했다고 하는 사료는 실제 보이지 않으며, 독자의 율령의 존재를 부정하는 근거는 충분하지 못하다.

29) 이 條에 관해서는 이른바 衣服令의 제정을 의미한다는 견해가 있다(田鳳德, 「新羅律令攷」 『韓國法制史研究』, 서울대학교출판부, 1963).

분위기 속에서 701年 완성을 바라보는 大寶律令 편찬사업에, 이미 신라의 정비된 율령제가 모범이 된 것이 아닌가 하는 것이다. 그 때문에 文武元年 신라사를 맞이하는 「특별한 접대」(『續日本紀』同年 11月 11日), 신라의 공물을 諸社(同2年 正月 15日)나 天武天皇 大內山陵(19日)에 받치고 있는 이례적인 모습 등, 이 시기의 신라사에 대한 환영의 대우에는, 단순히 "신라를 附庸國으로 간주하고, 거기에 상응한 조공을 기뻐하는 것"[31] 이상의 의미가, 일본조정에는 있었기 때문이라 할 수 있다.

持統6(692)年부터 7(693)年·9(695)年 또한 文武大寶3(703)年에 걸쳐 파견된 견신라사의 경우, 그 임명마다 賜與받는 기사가 두드러진다는 점[32](이것은 白村江의 싸움(663년) 직후의 견신라사의 경우에도, 이 시기 이후의 견신라사 임명의 경우에도 특별히 볼 수 없는 일이었다), 또한 700年 文武7年 6月 甲午條의, 大寶令의 撰定者에 대한 賜祿 기사 가운데 신라와 관계 깊은 인물이 보이는 점[33] 등, 역시 이 시기의 대 신라관계는 일본조정에 있어 중요한 의미를 가지고 있었다고 볼

---

30) 일본의 율령관제 성립의 과정·방식의 주요한 모티브를 선행하는 신라율령 국가의 현실에서 구했다고 하는 論으로는 鈴木靖民,「日本律令國家と新羅·渤海」『古代對外關係史の硏究』, 吉川弘文館, 1986, 同氏,「東アジアにおける 國家形成」『岩波講座日本通史』第三卷, 古代二, 1994, 倉本一宏,「律令制成立 期の「皇親政治」」, 笹山晴生先生還曆記念會編『日本律令制論集』上, 吉川弘文館, 1993 참조.

31) 鈴木靖民,「奈良初期の日羅關係」, 앞의 책『古代對外關係史の硏究』.

32) 『日本書紀』持統6(692)年 11月 8日「賜祿」, 同7年 3月 16日「賜綿布」, 同9年 7月 26日「賜物」, 『續日本紀』大寶3(703)年 10月 23日「賜祿」의 기사.

33) 大寶令 제정과 귀화씨족과의 관련 또는 신라제도와의 유사성에 대해서는 靑木和夫, 『日本の歷史』3, 奈良の都, 中央公論社, 1973, 上田正昭, 『歸化人』, 中央公論社, 1965, 鈴木靖民,「日本律令國家と新羅·渤海」『古代對外關係史の 硏究』, 利光三津夫,「奈良時代における大學寮明法科」『律令制とその周辺』, 大塚德郎,「平安初期の新官人とその系譜」『平安初期政治史硏究』, 吉川弘文館, 1969 등 참조.

수밖에 없다. 율령법전이 편찬된 7세기 후반의 唐과의 관계는, 669年의 第6차의 견당사 파견(670年 귀국)이래, 第7차의 견당사 파견(702年)이 있기 전까지 그 교섭은 잠시 단절된 시기이기도 하였다. 大化(645~)로부터 持統朝(재위 690~697)의 정치제도가 한반도諸國의 제도에 크게 영향 받은 사실과도 관련하여, 당시에 있어서 신라와의 외교는 특별한 의미를 가지고 있었다고 평가할 수 있을 것이다.

신라의 경우는 그 율령체제 아래서 對唐 외교를 관장하는 領客府와는 별계통의 倭典을 改置하고, 對日 관계를 조공국시하는 외교를 추진하려 했던 것으로 보인다.[34] 신라의 對唐 관계는, 文武王8(668)年 이후 聖德王2(703)年에 이르는 35年間은 사실상 단절상태였으나, 孝昭王8(699)年의 對唐 入朝 이후 국교재개의 움직임이 있어, 聖德王代는 재위 36년간(702~737)에 43회나 견당사를 파견하고 있다(『三國史記』新羅本紀). 이 聖德王代의 對日 관계는, 『續日本紀』大寶3年(703, 신라 聖德王2年)薩湌 金福護・級湌 金孝元 등이 來朝(1月9日), 그리고 『三國史記』聖德王2(703)年 秋7月條의 「日本國使가 도착했다. 총 204명」이후, 총10회에 걸쳐 견일본사를 파견하고 있다(일본의 견신라사 파견도 10회). 羅日 관계에서 공적사절의 접촉은 이전에 비해 수적으로는 뒤지지 않았으나, 단지 신라에 있어 對唐・對日의 인식과 외교방침은 구별되어 있었다고 보아야 할 것이다.

이같이 신라에서도 중국식 율령을 모방하는 체제나 인식이 존재했음이 추측가능하며,[35] 그것을 당시 율령을 공유하고 있던 諸國이

---

34) 對日 외교를 담당하는 倭典이 內省(신라왕실의 재정적 기반이 된 官府)의 屬官이었던 점과, 중국왕조에서의 조공국에 대한 回賜가 원칙적으로 帝室 재정으로 충당된 점(李成市, 「正倉院寶物氈貼布記を通じて見た八世紀の日羅關係」, 『朝鮮史研究會會報』67, 1982 참조)을 고려하면, 당시의 신라의 對日 인식이 추측 가능하다하다

35) 8세기 이후 신라의 대외인식에 관련하여 다음이 참고된다. 『東文選』卷33 表箋, 崔致遠의 「謝不許北國居上表」 속에는 「최초에 (발해가) 邑居를 세웠

표명하고 있던 특성-동아시아 속의 보편적 현상-으로 이해해 볼 수 있는 것이다.[36]

맺음말

 이상과 같이 동아시아에서의 율령세계가 파악 가능할 때, 중국식 율령제의 「蕃夷」觀을 표면적으로 그대로 이해한다면, 그것을 받아들인 각각의 나라는 모두, 스스로를 '帝國'이라 설정하지 않으면 안 될 것이다. 그러나 일본의 율령에는 중국과는 다른 편찬목적이 있었던 점이나, 나름대로의 독자적인 특징도 보이는 점 등을 고려한다면, 그러한 독자성을 일본국내체제에 대해서만 논의할 것이 아니라, 국제관계에 대해서도 다시금 검토해 보아야 할 것이다. 당시의 일본에서의 「蕃國」이란, 중국이 그 국왕에게 授位한다고 하는 등의 「蕃國」은 아니었으며, 또한 일본의 율령에서도 중국과 한반도諸國을 구별해서 처우하려는 방침은 보이지 않았다.

 을 때 와서 隣援을 부탁하였다. 그 酋長 大祚英에게 처음으로 臣蕃 第五品 大阿餐秩에 수여하였다」고 하여, 신라가 발해왕에게 신라관위를 수여하였다 -즉 발해를 신라의 蕃國으로 취급하려 했던 신라지배층의 인식을 볼 수 있다. 林紀昭는 동아시아에서의 율령제의 보편화 현상의 일환 속에서 신라 율령체제와 그 복원을 시도한 바 있다(앞의 글, 「新羅律令に關する二・三の問題」 참조).

36) 고대일본의 대외인식에 대해 "주관적인 외교관의 顯現"으로 설명하는 견해도 있으나(森公章, 『古代日本の對外認識と通交』, 吉川弘文館, 1998, 163쪽), 그 같은 "주관적인 외교관"을 동시기 율령을 공유하고 있던 諸國에서 보이는 특성-보편성-으로 이해할 수 있는 것이다.

본 연구를 통해서, 중국적 개념을 그대로 일본의 인식체계를 나타내는 용어로 해석하는 일본학계 선행연구의 문제점－石母田正 이래 제창되어온 일본고대의 帝國主義 이데올로기, 이른바 일본고대국가의 이념체제 면에 대해서도 재 해명되어야 할 점이 분명해졌다.

제2장 王化의 사상과 外來人
- 일본고대국가에서의 '化'의 개념 -

머리말

　일본고대국가의 국제적 위상이나 대내외 제관계에 관한 문제는 종종 중국적 "華夷思想"의 관점에서 논의되어 왔다.[1] 예를 들면 일본고대국가에는 "王化"사상이 있었으며, 대외적으로는 "帝國"형 국가를 표방하고자 했다고 하여,[2] "蕃國"이나 "夷狄" 등으로 중앙정권의 지배가 미치지 못했던 지역과의 관계를 설명해 왔다. 또한 국가의 내부 구조에 있어서도 "化內의 民"과, 그 범주로부터 배제되어 차별받는 "異民族集團"으로서의 "化外의 民"을 대치시켜 왔다.[3]

---

1) 국제적 정치사상인 "華夷思想"에 대해서는 일찍이 石母田正가 논의한 바 있고(同氏,「天皇と諸蕃」『日本古代國家論』第一部, 岩波書店, 1973, 初出1962), 근년에는 酒寄雅志의 논고가 있다(同氏,「華夷思想の諸相」『アジアのなかの日本』五, 東京大學出版會, 1993).

2) 石母田正의 고대에서의 "世界帝國主義"論(『日本の古代國家』, 岩波書店, 1972, 『日本古代國家論』一・二, 岩波書店, 1973) 이후, "古代帝國主義의 國家論"(石上英一,「古代東アジア地域と日本」『日本の社會史』, 岩波書店, 1987)의 전개 등. 이 같은 연구의 흐름과, 거기에 대한 비판 등에 대해서는 鬼頭淸明, 『日本古代史研究と國家論 -その批判と視座-』(新日本出版社, 1993) 참조.

3) 石母田正, 앞의 글「天皇と『諸蕃』」, 石上英一, 앞의 글「古代東アジア地域と

다시 말하자면, 일본조정의 지배층은 국제관계에서 뿐만 아니라 일본열도 내부에서도 「化」의 이데올로기를 적용시키고 있었다고 보는 것이며, 이를 본 연구에서는 특히 주목하고자 한다.

또한 고대국가 내부에서의 「化」의 논리에는, 선행연구에서 지적한 것과 같은 "異民族"지배의 논리, 그 이상의 의미가 있었다고 생각한다. 그것은 즉 정치권력이 그 정당성을 주장하고 국내의 질서를 정립할 때, 대립하는 이질적인 존재를 「化(王化)」의 논리로 구별지은 것으로 보이기 때문이다. 국내의 民에 관해서도 「化(王化)의 民」인가 아닌가가 그 위치관계를 규정하는 중요한 요소로 작용했던 것이다.4)

이런 점에서 일본고대국가의 성격을 나타내는 이념·개념의 하나이며, 그 특수성을 설명할 수 있는 역사용어인 「化」에 관한 문제는 유의미한 연구주제가 된다. 본 연구에서는 8세기에 있어서의 「化」의 논리와 그 의미, 그리고 그것을 주장하는 권력구조와의 연관성-특히 왕권(天皇權)의 정당화 논리-에 대하여 검토한다.

日本」, 武廣亮介, 「日本古代の「夷狄」支配と「蝦夷」」(『歷史學硏究』 684, 靑木書店, 1996. 5月)등. 小林隆에 의하면 夷狄身分, 化內·化外의 대립구조가 창출된 것은 淨御原令制＝良人集團(계급적 대립 관계에 있는 在地首長-공동체성원을 포함함)이 민족집단으로서의 성격을 강화해 化外人(夷狄과 諸蕃)이 배제되고, 良人集團이 化內人으로서의 성격을 지닌 단계 이후가 된다(同氏, 「律令制下の化內·化內人について」『新しい歷史學のために』 二一二, 京都民科歷史部會, 1993. 12月, 10쪽).

4) 일본고대국가에 있어서의 「化」의 논리는 주로 異民族과 왕권간의 문제로서 취급되어 왔다(예를 들면 伊藤循, 「古代王權と異民族」『歷史學硏究』 665, 1994. 2쪽). 그러나 본고에서는 단순한 이민족과 왕권간의 문제로서가 아니라, 이를 포함한 化內民 전체와 왕권의 문제로서 다루어 보고자 한다. 특히 8세기는 왕권에서 이러한 관계 정립에 의미가 있던 시대였다고 생각되므로, 일본고대국가의 왕권의 성격에 대해서도 함께 살펴볼 수 있을 것이다.

제1절 8세기의 「化」의 형태

8세기에 나타난 「化」의 내용에 대해서는 다음과 같이 A類/ B類/ C類로 나누어 분석해 볼 수 있다(사료의 인용은 國史大系本(吉川弘文館)에 의함).

먼저 A類의 「化」는 그 개념에 본래의 중국적인 통치이념5)이 그대로 반영되어 표현된 경우를 말한다. 즉 「천황의 德이 미치는」 땅에 民에 대한 통치를 구현하는 정신으로서 표현되는 「化(おもぶけ)」이다. 그 예로는 다음과 같은 것을 들 수 있다.

『續日本紀』寶龜4年(773) 4月 壬戌
勅을 내려 말하길, "짐은 천하에 군주로서 임하여 인민을 자식과 같이 키우고 있다. 德을 존중하는 나머지 먹는 것을 잊으며, 刑을 불쌍히 여기는 나머지 잠을 이루지 못한다. 그러나 德化는 아직 널리 미치지 못하고, 災異는 때때로 발생하고 있다. (略)"

이와 같은 8세기의 「化」의 개념은 주로 국내에서의 천황의 詔勅이나, 上表·奏의 내용 속에서 볼 수 있다. 또 대외적으로는 賜渤海國王書·渤海國王啓·新羅使節의 奏言속에서 보인다. 이들은 모두 대표권의 소재와 통치이념을 분명히 하려는 의도를 가진 성격의 것이라고 할 수 있다. (표 1 참조)

---

5) 金翰奎, 「「中國」槪念을 통해서 본 古代 中國人들의 世界觀」(全海宗博士華甲記念史學論叢編 『史學論叢』, 一潮閣, 1979), 同氏, 「四夷」槪念을 통해서 본 古代中國人의 世界觀」(『釜山女大論文集』10, 1981) 참조.

〈표 1〉 A類

書式	기사 年月日	「化」의 표현	기사내용
1詔	靈龜元(715) 10 乙卯	刑錯之化	陸田에 잡곡을 재배할 것을 장려
	養老5(721) 2·癸巳	何化天下	이상사태의 징조를 보고, 신하의 진언을 구함
	養老7(723) 2·己酉	闢化·淳化	봄경작 시작시, 농경을 장려함
	天平6(734) 4 壬子	撫育之化	인민의 질고를 묻기 위해 사신을 파견함
	天平13(741) 3 乙巳	政化	國分寺 건립
	寶字2(758) 正·戊寅	風化	직무에 충실할 것
		則天施化	問民苦使 파견
	寶字2(758) 2·壬戌	聖化	供祭·의료 이외의 음주·무단집회의 금지
	延曆元(782) 4 癸亥	簡易之化	造宮·勅旨省, 造法花寺·鑄錢司를 폐지
	延曆4(785) 5·癸丑	化猶闢於東戶	祥瑞에 의한 授位, 免稅
	延曆4(785) 6 辛巳	政化	慶瑞表에 대한 詔報
	延曆6(787) 10 丁亥	淳化	풍작에 의한 賑恤
2勅	天平16(744) 9·丙戌	風化	巡察使에게의 지시
	天平20(748) 3 戊寅	風化	天皇의 덕정에 의한 大赦
	勝寶元(749) 2·壬戌	風俗之化	諸代郡領의 簡定·임용
	勝寶8(756) 11·丁巳	虧化	出納諸司官人에 대한 조사를 彈正臺에 명함
	寶字2(758) 10 甲子	從其化 未可以化	國司의 임기를 6년으로 개정
	寶字3(759) 6 丙辰	濟世弼化	維城典訓·律令格式을 읽을 자를 官人으로 함
	寶字5(761) 8·癸丑	皇化	國司의 근무태도를 고칠 것을 督勵
	寶字8(764) 12·庚寅	善化	天皇의 德政에 의한 大赦
	神護元(767) 正·己亥	德化	天平神護 改元
	寶龜4(773) 正·癸未	風化	災異에 의한 大赦
	寶龜4(773) 4 壬戌	德化	災異에 의한 大赦
	寶龜5(774) 3 丁巳	簡易之化	員外國司의 5년 이상 역임자를 해임함
3上表	天平8(736) 11·丙戌	化及翼鱗 化被海路之所通	葛城王等, 橘宿称 賜姓을 원함
	寶字2(771) 8·庚子	天平之化 昌化	孝謙·光明子에게 尊號를 바치는 百官의 上表
	寶字7(776) 8·己丑	聖化	池田親王等, 御長眞人賜姓을 원함
	延曆4(785) 6 辛巳	政化·馴化	右大臣等, 祥瑞를 기뻐하는 上表文을 바침
	延曆9(790) 7·辛巳	則天布化	連姓을 고쳐 朝臣姓을 사여받을 것을 원함
	延曆10(791) 正·癸酉	至化潛運	津朝臣과 같이 氏姓을 고칠 것을 원함
4奏	寶龜元(770) 5·壬申	政化	祥瑞에 의한 敍位·賜物 등을 바람
	寶龜6(775) 8·庚辰	化被群方	每國의 公廨稻를 쪼개어 在京俸祿을 늘일 것
	寶龜11(780) 3 辛巳	濟世興化	國마다 병사의 수를 정할 것
5賜渤海書	寶龜3(772) 2·己卯	化有輯於同軌	國書 무례, 隣交의 好를 계속할 것
	延曆17(798) 5·戊戌	慕化*	六年一來를 고함
	延曆18(799) 4 己丑	慕風化*	年期를 정하지 않을 것을 고함

書式	기사 年月日	「化」의 표현	기사내용
6渤海 王啓	延曆15(796) 10 己未 延曆17(798) 12·壬寅	慕盛化* 慕化*	年期를 정할 것을 요구함 六年一來를 단축할 것을 요구함
7新羅 奏	寶龜11(780) 正·辛未	天皇恩化	新羅國王 말함

·『續日本紀』참조, * 표시는 『日本後紀』·『類聚國史』참조.

B類는 이상과 같은 중국적인 「化」의 이념을 기반으로 하여, 「化」의 이념에 逆하거나, 또는 따르는(종속하는) 경우, 그래서 거기에 대한 조정의 실제적인 조치가 취해진 사례들이다. 그 중에서도 Ba類로 분류되는 것으로서 「化」의 이데올로기를 국가측으로부터 강제하는 힘을 가진다고 보이는 사례들이 있다. 다음과 같은 것이 그 예이다.

『續日本紀』大寶2年(702) 8月 丙申
薩摩·多藝, 化를 隔하여 命에 거슬렀다. 이에 兵을 발하여 征討하고, 마침내 戶를 조사(戶籍에 등재)해 官吏를 두었다.

이 기사는 『續日本紀』에 최초로 등장하는 「化」의 용례가 된다. 薩摩·多藝를 「정토」하는 이유로서 「化를 隔하여 命에 거슬렀다」라는 명분을 들고 있다. 마찬가지로 養老4年(720)에는 「化에 거슬러」良民에게 해를 가했다고 하여 「誅罰」했다(同年 6月 戊戌條). 和銅3年(710)에 「荒俗을 教喩하고 聖化에 馴服」시킨 것(同年 正月 庚辰條), 또 天平寶字4年(760)에 「荒夷를 教導하고 皇化에 馴從」시킨 것(同年 正月 丙寅條) 등은 모두, 일본고대국가의 영토확정 과정에 관계해서 발생한 사례로, 「化」의 이념에 의해 '우리'와 '타자'를 구별하는 인식을 엿볼 수 있으며, 「化」 내부로의 편제를 강제·유도하였던 것을 알 수 있다.6)

〈표 2〉Ba類

기사 年月日	「化」의 내용	「化」이념의 적용자
大寶2(702) 8·丙申	隔化逆命	薩摩·多藝
和銅3(710) 正·庚辰	馴服聖化	日向隼人
養老4(720) 6 戊戌	怙亂逆化	西隅小賊
寶字4(760) 正·丙寅	馴從皇化	陸奧國荒夷
延曆19(800) 5·己未	以靡風化*	甲斐國夷俘

*『續日本紀』참조. *표시는『類聚國史』참조.

한편 Bb類로 분류되는 사례들이 있다. 그것은 「慕化來朝」·「歸慕皇化」·「自投聖化」라고 기록되어 있는, 스스로의 의지에 의한 집단 혹은 개인적인 행위가 발생된 경우들이다. 즉 「化」라는 통치상의 관념이, 「歸す(おもぶく)」「投す」「來朝す」라는─거주기반을 異土의 정치영역에 옮겼다는 것을 의미하는─보다 직접적이며 구체적인 행위에 의해 뒷받침되어 있다. 그리고 그것이 또한 일본국내에서의 그들의 신분(「化民 : 神護景雲3年(769) 11月 己丑」「公民 : 延曆4年(785) 6月 癸酉」「內民 : 延曆9年(790) 5月 庚午」「平民 : 延曆18年(799) 12月 甲戌」)의 형태를 규정하고, 존속시키게 하는 논리로 이어지게 된다. 더욱이 거기에 따른 조정측의 실천적인, 정책적인 조처도 취해져 있다. 예를 들면 養老元年(717) 고구려·백제의 병사가 「聖化에 投한」 것에 의해 「終身 給復(과역면제)」의 조치를 받는 예가 그것이다.

　　『續日本紀』養老元年(717) 11月 甲辰
　　高麗·百濟 2국의 士卒이 본국의 亂을 만나 聖化에 投하였다. 조정은 그 絶域으로부터 왔음을 가련히 여겨 終身의 復을 지급했다.

그밖에도 「化」에 「歸(혹은 投)하는」 것에 의해 「授位·給物」 등의

---

6) 동일하게 「化」의 이념이 사용되었더라도 敎喩·服從의 대상이 되는 면은, 蕃系出自의 사람과 명확하게 구별되었던 점이라고 할 수 있다.

처치를 받거나(天平元年(729)) 8月 癸亥·延曆17年(798) 6月 戊戌), 또는 「安置」되고(天平寶字4年(760) 4月 戊午·寶龜3年(772) 4月 庚午·寶龜5年(774) 10月 己巳·寶龜10年(779) 9月 庚辰), 혹은 「郡」이 설치되는 (天平寶字2年(758) 8月 癸亥) 등의 여러 가지 조치가 이루어진 것을 알 수 있다. (표 3)

〈표 3〉 Bb類

番號	기사 年月日	「化」의 내용	조치	出自
1	天平18(746)	慕化來朝	安置·給衣糧放還	渤海·鐵利
2	寶字3(759) 9丁卯	歸化	願還者給糧放却	新羅
3	養老元(717) 11甲辰	投於聖化	給復終身	高句麗·百濟
4	天平元(729) 8癸亥	心向皇化	授位·賜物位祿料	唐
5	天平	歸化聖朝	寄住大伴卿家	新羅
6	寶字2(758) 6辛亥	歸慕皇化	量給種子令得佃田	夷俘
7	寶字2(758) 8癸亥	歸化	置新羅郡	新羅
8	寶字4(760) 4戊午	歸化	置於武藏國	新羅
9	景雲3(769) 11己丑	爲化民	除俘囚名爲調庸民	俘囚
10	寶龜元(770) 4癸巳	王民→歸降	除俘囚之名輸調庸之貢	俘囚
11	寶龜3(772) 4庚午	歸化	賜村居·被任郡司	後漢
12	寶龜5(774) 10己巳	歸化	授位·居村	百濟
13	寶龜10(779) 9庚辰	慕化入朝	在出羽國·供給	渤海·鐵利
14	延曆17(798) 6戊戌	歸投國家	授位·官職·優恤賜稻	唐
15	寶字2(758) 6乙丑	歸化聖境	賜姓	後漢·高句麗
16	寶字2(758) 10丁卯	慕化來朝	賜姓	賀羅
17	景雲2(768) 6庚子	歸化	授位·賜姓	百濟
18	天應元(781) 7癸酉	歸於聖朝	賜地·賜姓·改姓	內民→百濟
19	延曆4(785) 6癸酉	歸化來朝	在諸國·改賜姓	後漢
20	延曆8(789) 10乙酉	自投聖化	居武藏·授位官職·改賜姓	高句麗
21	延曆9(790)) 5庚午	欽淸化志同內民	改夷狄賜姓	田夷
22	延曆9(790) 7辛巳	(聖化)隨使入朝	賜官職·改姓	百濟
23	延曆18(799) 12甲戌	仰慕聖朝航海投化	安置·改賜姓	百濟
		歸化來朝	改賜姓	高句麗
24	寶字元(757) 4辛巳	久慕聖化	給姓	高句麗·百濟·新羅
25	寶字2(758) 4己巳	貢進聖朝	改賜姓	高句麗→歸百濟
26	寶龜9(778) 12庚寅	歸朝	賜姓	唐

·『續日本紀』참조. 그밖에 5는『萬葉集』, 14·23은『日本後紀』참조.

그런데 그 뒤에 그들은 일본국내에서 구체적으로 어떠한 신분상태에 처해졌던 것일까? 표의 기사 1·2의 「放還·放却」의 예를 제외하고는, 「歸化」이상의, 중앙조정에 의한 위치부여·의미부여가 확인되지 않는다. 그런데 다음의 天平寶2年(758)의 기사(표 3의 16)로부터는 약간의 상황을 엿볼 수 있다.

『續日本紀』天平寶字2年(758) 10月 丁卯
美濃國 席田郡의 大領 外正七位上 子人, 中衛無位 吾志 등이 말하길 "子人 등의 6대 조부 乎留和斯知는 賀羅國으로부터 慕化來朝하였다. 당시에는 풍속에 익숙하지 않았으므로 姓字를 붙이지 않았다. 바라건대, 國號에 따라 姓字를 사여 받기를 원합니다."고 하였다. 가라노 미야쓰꼬(賀羅造)라는 姓을 賜하였다.

賀羅國으로부터 「慕化來朝」한 乎留和斯知의 자손 子人·吾志는, 조정으로부터 郡領·中衛에 임명받았으며, 子人은 위계도 수여받았다(표의 11도 同). 그럼에도 불구하고 「慕化(歸化)」한 당시에는 「風俗에 익숙하지 않다」는 이유로 姓字를 못받았으며, 이해 天平寶字2年(758)에 이르러서야 본국의 號를 살린 賜姓을 희망해 사여 받은 것을 알 수 있다.[7] 또 高麗로부터 「聖境에 歸化」하여 생활하고 있었는데, 조상을 같이하는 사람들이 數姓으로 분열되어 있는 상태를 호소하여, 덴노로부터의 勅을 받아 「同姓」이 될 것을 희망하였던 사례도 있다(天平寶字2年 6月 乙丑條(표의 15)). 이와 같이 일본국내에 「安置」되어져 있는 상태에서 덴노로부터 새로운 姓을 사여받을 것을 희망하고, 이에 따라 허가받았다는 기사가 8세기 후반에 현저하다(표의

---

7) 본국의 名을 살린 姓字를 붙이는 법은, 중국의 경우에도 그 예가 보인다(堀敏一, 『中國と古代東アジア世界中華的世界と諸民族』, 岩波書店, 1993, 267쪽 이하 참조).

17/ 19/ 20/ 22/ 23 등[8]). 그리고 그러한 경우는 天平寶字元年(757)의
勅(표의 24) 이후의 경향인 것으로 판단된다.[9] 〈표 3〉의 7의 경우에
도 寶龜11年(780)경에는 賜姓의 조치가 내려지게 된 사례이다(『續日
本紀』寶龜10年(779) 5月 甲戌條).

한편 이상과 같이 일본열도 밖에서부터 「化에 歸」해 온 것 이외에
도, 다음과 같은 사례를 볼 수 있다.

> 『續日本紀』天平寶字2年(758) 6月 辛亥
> 陸奧國이 말하길 "지난해 8월 이후로 歸降한 이후(夷俘) 남녀 총 1690여
> 명이 本土를 떠나 皇化에 歸慕하거나 혹은 전장터로 가서 賊과 원수를 맺

---

8) 『日本後紀』延曆18年(799) 12月 甲戌條에는 다음과 같이 보인다.
甲斐國人 止彌若蟲, 久信耳鷹長 등 190인이 말하길 "우리 선조는 원래 百濟
人이다. 聖朝를 仰慕하여 바다를 건너 投化하였다. 이에 天朝는 綸旨를 내려
攝津職에 安置하였다. 그 후 丙寅歲 正月 27日 格에 의해 甲斐國으로 옮긴이
래 세월이 많이 흘렀다. 바라건대 지난해 天平勝寶9歲(757) 4月 4日 勅을 받
드니 '무릇 高麗·百濟·新羅人 등이 멀리서 聖化를 사모해 와서 我俗에 附
하였다. 진심으로 改姓을 원하면 모두 허락하라'고 하였다. 그런데 우리 선
조는 아직 蕃姓을 고치지 않았다. 부디 바라건대 改姓을 청한다."고 하였다.
若蟲는 姓을 이시까와(石川)로, 鷹長等은 姓을 히로이시노(廣石野)로 賜하
였다. 또 信濃國人 (略) 眞老等이 말하길 "우리 선조는 高麗人이다. 小治田,
飛鳥의 두 朝庭 때 歸化來朝하였다. 그 후로 대대로 平民으로 아직 本號를
고치지 않았다. 부디 바라건대 지난해 天平勝寶9歲 4月 4日 勅에 의해 本姓
을 고치기를 바란다"고 하였다. 賜姓하였다. (略)
즉 「高麗·百濟·新羅人等」은 投化해서 安置·貫附되고 그 다음에 「蕃姓」을
고쳐 받은 경우도 있지만, 歸化來朝後에도 그대로 「대대로 平民」으로서 「本
號」를 유지하고 있던 경우도 있었던 것이다.
9) 天平寶字年間(757~764) 仲麿 정권하에서 蕃姓의 사람들이 거의 倭國人姓
으로 전환되었다(伊藤千浪, 앞의 글 「律令制下의 渡來人賜姓」, 森公章, 「古代
日本における在日外國人觀小考」, 高知大學人文學部人文學科『人文科學研究』
第三號 22쪽 이하 참조). 奈良時代 후반에는 「皇帝」라고 기록된 예(『續日本
紀』에)가 집중해서 보이는 등(日本儀制令1 天子條에 의하면 「皇帝」란 「華夷
所稱, … 」), 仲麻呂 정권 하에서 天平寶字年間 이후 유교적 정치이념과 함께
王化思想, 王民化의 이데올로기적인 강조가 보인다.

었다. 이들 모두가 지금 新來하여 참으로 安堵하지 못하고 있다. 또한 夷의 성질이 狼心을 지녔는지라 의심도 많다. 청컨대 天平10(738)年 閏7月 14日 勅에 준하여 種子를 量給하여 밭을 만들게 하고, 영원히 王民으로 하여 辺軍으로 충당하고자 한다"고 하였다.

「歸降」이후 약 10개월간 陸奧國의 관할하에 있었던 夷俘等 新來者들은, 그 뒤 天平寶字2年에 「種子를 量給하고 밭을 만들게 한다」라는 조치에 의해 「王民」으로서 정착하게 된다. 이 기사는 "種子와 田地가 지급되어 생계를 얻는 일이 王化되는 것이며, 王民으로 되는 조건"으로 해석되어 왔다.[10] 그러나 이것은 단순한 단어 해석에 지

---

10) 石母田正, 앞의 책『日本の古代國家』, 294쪽, 吉村武彦, 「律令制的身分集團の成立」『講座・前近代の天皇』三, 青木書店, 1993, 28・9쪽.
　「王民」에 대한 해석으로는 "王化에 歸하여 그 敎令에 따르는 民, 왕권에 대하여 봉사와 복종의 관계를 맺음. 化外의 民에 대한 語로, 협의의 公民(公戶의 民, 編戶의 民) 보다도 더욱 넓은 개념"(『新日本古典文學體系 續日本紀』三, 岩波書店, 1992, 254쪽 注2)이라는 것이 있다. 통설적으로는 『日本書紀』大化2年(646) 8月 癸酉條「(略) 始於祖子. 奉仕卿大夫臣連伴造氏々人等(或本云. 名々王民)」에 보이는 「王民」에 의거해, 호족층과 일반민중과를 「王民」의 구성부분으로 한다(水林彪는 제호족을 가리킨다고 하면서, 율령국가에 있어서 「公民」이라는 語에 대치되어 일반민중을 포함할 수 있는 개념으로 변용했다고 하였다(同氏, 「『日本書紀』における「公民」と「王民」」『日本史研究』393, 1995). 즉 「王民」으로부터 율령국가의 「公民」으로 변화했다고 해석하는 것이 일반적인 경향이다(公民에 대해서는 통설적으로, 율령국가의 통치대상이 되는 민중으로서, 호적에 編附되고, 口分田이 班給되며, 과역이 징수된다고 하는 견해가 제시되어 있다(吉村武彦, 앞의 글 「律令制的身分集團の成立」, 佐々木惠介, 「律令制下の公民について」, 山中裕・森田悌編『論爭日本古代史』, 河出書房新社, 1991 등). 그러나 만약 『日本書紀』기사의 「王民」이 『續日本紀』시대이후에는 「公民」의 語로 대치되었다면, 사료5의 天平寶字2年에 「王民」이라고 보이는 것에 대해서는 어떠한 해석을 내려야 하는지 의문이 남는 것이다.
　「王民」과 「公民」에 대해서는, 그 실체가 어쨌든, 거기에 부여된 의미는 달랐다고 생각하지 않을 수 없다. 즉 「王民」이란 지배하는 주체가 왕권이며, 거기에 소속된 존재임을 나타내는 표현이고, 「公民」이란 광의로 국가에 대해

나지 않는다. 그 근저에 있는 사상적 배경이 검토되어야 할 것이다. 즉 「皇化에 歸慕」하고는 있지만 그 단계에서는 아직 「王民」이라는 의식은 가질 수 없었다는 점을 알아낼 수 있는 것이다. 이와 관련해서 다음과 같은 기사도 참고할 수 있다.

『續日本紀』神護景雲3年(769) 11月 己丑
陸奧國 牧鹿郡의 후슈(俘囚) 外少初位上 勳7等 오또모베노 오시히또(大伴部押人)가 말하길 "전해 듣기에 오시히또(押人)등은 본래 紀伊國 名草郡 片岡里 사람이다. 선조 오또모베노 아따이(大伴部直)는 征夷의 사업 때 小田郡 島田村에 와서 살게 되었다고 한다. 그 뒤 자손이 夷의 포로가 되어 대대로 俘가 되었다. 다행히도 聖朝의 撫運・神武로 인해 그 虜庭을 빠져나와 化民이 된 지 오래이다. 청컨대 俘囚의 名을 제거하고 調庸民이 되기를 바란다"고 하였다.

이 神護景雲3年(769)기사에 보이는 「化民」이란, 「그(夷)의 虜庭」으로부터 영내(조정의 통치권내)에 들어오기는 했지만, 위의 天平寶字2年(759) 6月의 기사로 보아, 아직 「王民」으로서의 의식은 없었던 상태로 볼 수 있다.[11] 거기에서 「調庸民」으로 되기 위해서는 다시금

서 의무(과역 등)를 지는 民 일반을 가리키는 개념이었다고 볼 수 있다. 「公民」과는 별도의 차원에서, 왕권이 끊임없이 「王化」에 의해 존속하는 의미를 강조하는 존재를 설정해, 그것이 8세기 단계에 보이는 「王民」에 대한 인식이었다고 할 수 있다.

11) 本條等에 의해 俘囚=「化民」, 또한 Bb類10(寶龜元年(770) 4月 癸巳條)에 의해 俘囚의 名을 가진 상태에서는 「化民」이라고 평가되어져도 「王民」이지는 않았던 것, 俘囚의 名을 제거한 뒤에 「調庸民」으로 되었던 것을 알 수 있다(吉村武彦, 앞의 글 「律令制身分集團의 形成」, 27쪽 이하 참조). 또한 『類從國史』190, 弘仁4年(813) 11月 庚午條의 勅 「夷俘의 성질은 平民과 다르다. 비록 조정의 化에 따르고 있으나 아직 野心을 잊지 않고 있다.」, 同弘仁13年(822) 9月 癸丑條 "'우리가 조정의 化에 歸한 이후 20년이 흘렀다. 점차 皇風에 익숙해졌으며 생계를 꾸리고 있다. 부디 바라건대 編戶의 民이 되어 영구히 課役에 종사할 것을 원한다"고 하였다.」도 참조.

俘囚의 名을 제거할 것을 간청하고 있다. 마찬가지로 10에 있어서도 「歸降」한 자와 그 자손이 저절로 「調庸民」으로 되는 것이 아니라, 거기에 상응하는 名을 신청하고 있다는 것을 알 수 있다(同年 4月 癸巳條). 21 延曆9年(790)의 시점에서도 「淸化를 欽(흠모)」하여 「內民」이 될 것을 지향하여 국가의 郡領에 임명되어졌으나, 夷姓 그대로였으므로 「民의 例」로는 취급받지 못하였음을 말하고 있다(同年 5月 庚午條). 이와 같이 이미 영토내의 民(즉 「化內」의 民)이였음에도 불구하고, 거기에 만족하지 않고 다시 賜姓을 원하고 있는데, 그것은 즉 일본에 있어서 姓의 질서에 의해 표현되는 덴노의 民(「王化의 民」, 즉 「王民」)이 된다는 것을 의미하였던 것이었다.

앞의 16 天平寶字2年(759) 10月 丁卯條(또 寶龜11年(780) 12月 甲午條도 참조)로부터 알 수 있는 것처럼, 한반도나 중국으로부터 귀화해 온 사람들에게 본국에 대한 의식은 귀화한 후에도 꽤 오랫동안 지속되고 있었던 것 같다.[12] 그것은 그들이 일본에 「投化」하고는 있었으나, 아직 일본의 民이라고 스스로를 인식할 만큼은 되지 못한 상태임을 나타낸다고 할 수 있다. 그들은 「投化」·「歸化」하고, 정착해서 거기에 상당하는 대우도 받았지만, 「歸化」이상의 단계-「王民」-로서의 의식은 가질 수 없었던 것이며, 그럼에도 불구하고 그 상태를 그대로 인정받아 「安置」되어 있었던 것이다.[13] 다시 말하자면 일본

---

12) 예를 들어 天平寶字8年(764) 7月 甲寅條에 의하면 신라로부터 「投化」한 백성이 신라를 여전히 「本國」이라고 이야기하고 있는 사례 등이다. 참고로 이와 같은 사례로부터 그들이 어디까지나 "在日外國人"으로서 인식되고 있었다고 하는 지적도 있다(森公章, 앞의 글 「古代日本における在日外國人觀小考」).

13) 율령국가성립기의 百濟王이나 高麗王, 그리고 唐人 등의 특별한 경우를 제외하고, 8세기 이후에 기본적으로 「歸化」一世者가 賜姓의 대상이 되지는 않았다는 지적이 있는 것처럼(田中史生, 「律令國家と「蕃族」-渡來系氏族의 姓과 出自의 問題から-」 『日本古代의 國家と祭儀』, 雄山閣, 1996, 264쪽), 그들은 歸化後에도 賜姓을 거치지 않고 계속하여 母國姓을 가진 "도래계 씨족"이였

고대국가에는 「덴노의 民」인 「王民」과, 어떤 신분 상태로 영역내에 「安置」되어 있기는 하지만 스스로를 「王民」으로서 의식할 만큼의 상태에는 이르지 못한 사람들이 공존하고 있었던 것이다.

그런데 위의 9·10의 경우, 그들은 원래 「內民(王民)」이었다. 또 18과 같은 경우에도 선조는 원래 「內民」이었다고 한다. 俘囚의 名의 제거나 賜姓을 원하고 있다는 것은, 이른바 그들이 국내에서 스스로의 신분을 재확립하는 과정이었다고 할 수 있는데, 그 자체 앞에서 본 外來人의 內民化 과정과 근본적인 차이는 없었다. 또 같은 內民 관계의 사료로서 賜姓을 희망하는 기사―天平8年(736) 11月 丙戌條, 延曆9年(790) 7月 辛巳條, 延曆10年(791) 正月 癸酉條(A類 가운데 3 상기표 참고)―가 있는데, 예를 들면

『續日本紀』天平寶字7年(763) 8月 己丑
紀政臺 尹(장관) 3品 이께다 신노(池田親王)가 上表하여 말하길 "臣의 아들·딸 5명은 그 어미가 凶族 출신이다. 臣은 그 逆党를 미워하여 王籍에 올리지 않았다. 그러나 지금 해와 달이 드디어 만나서 聖恩이 넘치고 있다. 이러한 때를 만나 處置하지 않으면 聖化의 안에서 있을 데를 잃는 (호적에 기록되지 못하고 근거지가 없는) 民이 될까 두렵다. 부디 바라건대 미나가노 마히또(御長眞人)라는 姓을 賜하여 영원히 海內一族이 되기를 바란다."고 하였다. 詔하여 이를 허락하였다.

라고 하는 것처럼, 이념적으로는 역시 「王化」의 사상이 그 기반에 있었음을 알 수 있다.

고찰해 온 것처럼, 「化에 歸했」음으로 거주지가 주어져, 조정이나 지방의 관직도 주어진다고 하는 것이 곧 덴노의 民(王民)이 되는 것을 의미하는 것은 아니었던 것이다. 따라서 지금까지의 연구에서 「歸

음을 알 수 있다.

化」=「王(民)化」로 동일선상에서 해석되어 온 것14)은 이후 고쳐야 할 것이다. 즉 집단 혹은 개인 수준에서의 「歸化」「歸投」한 단계와, 「王民」의 단계와는 별도의 차원에서 고찰되지 않으면 안 된다.

본 절을 정리하면 8세기의 「化」의 양태에 관해서는 다음과 같은 점을 지적할 수 있었다.

국외에 대해서, 그리고 국내통치에서 중국적인 통치이념을 표현한 「化」-A類와, 그 「化」이념의 실천적 면으로 나타난 B類가 있다. 그리고 B類 중에는 「化」의 이데올로기를 국가측으로부터 강제·敎喩하는 성격을 지닌 Ba類와, 스스로의 의지에 기초하는 Bb類로 분류할 수가 있다. 그 중에서도 특히 Bb類는 국외인의 「歸化」「投化」「化歸」「化來」(夷狄의 「歸降」) 등으로 표현되는, 일본열도내의 「化內」의 영역으로의 이동(「마우끄(マウク)」「마이오모무끄(マヰオモムク)」(『日本書紀』古訓)), 그리고 거기에 대응하는 정책적 조치(地理的 安置·給與 등)라는 과정으로 나타난다. 그러나 무엇보다도 일본고대국가에 있어서 한층 주목되는 것은, 영내민(「化內民」)으로부터 「王民」으로 되기 위해서는 또 한번 「王化」(天皇의 民이 되기 위해 적용되는 「化(C類)」)(王民化 : 〈표 3〉의 번호 15이하에 보임)되지 않으면 안 된다는 점이다. (아래 그림 참조)

(一) 지리적 이동
※ 「歸化」「投化」「化歸」「來歸」 등의 「化」의 개념이 적용됨
↓···(Bb類)
(二) 國郡 (村)에 安置
※ 給復·賜物
※ 집단적 安置를 위해 일정의 장소(郡이나 村 등)가 준비됨

---

14) 石母田正, 앞의 글 「天皇と「諸蕃」」, 334쪽, 平野邦雄, 「歸化人と渡來人」『歸化人と古代國家』, 吉川弘文館, 1993 등.

※ 有力者는 授位받으며, 관직에도 임명됨

↓

(三) 賜姓(改賜姓)15)

※「王民化」, 일본적 姓의 질서에 편입 (C類)

이상에서,

「化外人」→「化內人」(「歸化人」)→「調庸人」(「公民」·「平民」)16)→「天皇 의 民 (王民)」

이라고 하는 변화의 과정을 알 수 있다.

---

15) 賜姓(改賜姓)에 관한 선행연구의 주된 관점은 덴노(王權)와의 관계에 대해 서였다. 姓은 덴노에 대한 개인의 종속봉사의 관계를 명시하며, 왕권과의 직 접적인 관계를 표징한다고 하는 견해가 중심적이며(石母田正,「古代の身分 秩序」『古代史講座』七, 學生社, 1961, 加藤晃,「我が國における姓の成立につ いて」, 坂本太郎博士古稀記念會編『續日本古代史論集』上, 吉川弘文館, 1972, 湊敏郎,「律令的公民身分の成立過程」『姓と日本古代國家』, 吉川弘文館, 1989, 吉村武彦, 앞의 글「律令制的身分集團の成立－王民から公民へ」등), 본고에 있어서도 이 점을 중시한다. 예를 들면 桓武朝의 도래계 씨족에 대한 다량의 改賜姓(延曆4年(785) 6月 癸酉, 同8年(789) 10月 乙酉, 同9年(790) 7月 辛巳, 同18年(799) 12月 甲戌條)에 대해서도 그와 같은 면에서 이해할 수가 있다.

16) Bb類9의「調庸民」과, 19延曆4年(785) 6月 癸酉條에 보이는「公民」과, 23延 曆18年(799) 12月 甲戌條에 있는「平民」과는 동일한 성격의 것으로 해석할 수 있다(『日本後紀』弘仁2年(811) 8月 癸酉條「勅을 내리길 "諸國의 浮浪 人이 만약 장마·가뭄을 만나면 平民에 준하여 調庸를 면제한다.", 弘仁2 年(811) 閏12月 乙巳條「紀伊國 사람 紀直祖刀自賣의 아들 嗣宗이 말하길, "天下(일본)의 사람은 모두 父姓을 이어받아 公民이 되어 오랫동안 調庸을 받친다. (略) 부디 바라건대 親母의 거주지를 근거로 姓을 藤代宿祢로 사여 받기를 원합니다."고 하였다. 勅을 내려 吉原宿祢로 성을 사하고 左京에 貫 (호적을 정)하였다.」등에 의해서도,「平民」「公民」과「調庸의 民」은 동일시 가능하다).

제2절 「化」개념의 특징

이상과 같은 「化」의 과정에 대해 좀 더 그 이해를 심화하기 위해
─그것이 중국적 개념의 차용이라고 할지라도─ 일본고대국가에서는
어떠한 문맥에서 받아들여져 이용되어졌는지를 검토한다. 법제사료
를 중심으로 고찰하면, 일본에 있어서의 「化」의 개념에 대해서는 다
음과 같은 특징을 지적할 수 있다.

1.
戶令44 化外奴婢條 集解
　무릇 化外奴婢가 스스로 와서 國에 投하면, 모두 해방하여 良으로 할 것.
(略) 만약 이것이 境外의 사람이면(義解 "境外는 또한 化外와 동일하다."
令釋 "구별없다". 古記 말하길 "境外의 사람이란 化外의 일종이며 구별없
다") 먼저 化內에서 賤으로 한다.

　戶令44 化外奴婢條 集解에 의하면 「境外의 사람」은 「化外」의 사람
과 동등한 취급을 받았다고 할 수 있다(義解, 令釋, 古記). 또한 「境
外人이면 먼저 化內에서 賤(民)으로 한다」로부터, 「境外」와 「化內」
는 대립되는 개념이었다고 이해된다. 「化內」란 「境의 內」라는 의미
가 된다.
　그리고 그것을 뒷받침하는 사례로는 다음의

　『續日本紀』 天平寶字2年(758) 6月 乙丑
　(略) 지금 年足·人勝 등의 선조는 (略) 難波高津宮御宇天皇 때에 高麗

로부터 와서 聖境에 歸化하였다. 이는 본디 같은 조상을 가졌으나 지금은
나뉘어져 數姓으로 되었다. (略)

「聖境에 歸化」했다는 표현,

『續日本後紀』承和9年(842) 正月 乙巳
(略) 그 후 呂系 등이 化來하여 말하길 "우리는 張寶高가 다스리는 섬의
백성이다. (그런데) 寶高가 지난해 11月에 죽었기 때문에 편안히 지내지
못했다. 따라서 貴邦으로 왔다."고 하였다. (略) 설령 境外의 사람이 土毛
을 좋아해 우리 境域에 온다 하더라도, 모름지기 그 뜻을 기쁘게 여겨 살
곳을 주어야한다. (略)

라고 한 것, 그리고

『續日本後紀』承和9年(842) 8月 丙子
(藤原衛이 上奏하길) "(略) 바라건대 신라국 사람은 일절 禁斷하여 境
內에 들어오지 못하게 할 것을 청합니다." (덴노가) 대답하길 "德澤은 멀
리에까지 미치는 것이다. 外蕃이 歸化하는데 완전히 入境을 금지하면 이
는 不仁과도 같다. (略)"

위의 大宰大貳 從4位上 후지와라노 에이(藤原衛)의 上奏(네가지
起請)로부터, 「境外」로부터 「境內」의 地로 들어오는—「化內」地로의
이동, 이것이 바로 「歸化」를 의미한다는 것을 알 수 있다.

2.
公式令8 官人父母條 集解
무릇 官人의 부모가 병환으로 위독하다면, 遠使로 파견하지 말 것.
義解 "化內의 遠使를 말함이다." 釋云 "化內의 遠使이다" 一云 "絶域이
다. 化內는 임시로 처분한다." 古記云 "위독이란 중병을 말한다. 遠使란

絶域을 말한다. 化內는 임시로 처분할 뿐이다." (略)

公式令8 官人父母條 集解에 의하면 「化內」와 「絶域」은 대립되는 개념이다(古記, 令釋). 그리고 실제 「絶域」은 唐(『續日本紀』 慶雲元年 (704) 11月 丙申條, 慶雲4年(707) 5月 壬子條, 寶龜7年(776) 4月 壬申條), 또는 高句麗·百濟(『續日本紀』 養老元年(717) 11月 甲辰條)와의 사이의 거리감으로써 표현되고 있다.

이상에 의해 「化」에 대해서는 정치적 성격이전의 지리적 의미를 가진 개념이었다는 해석을 내릴 수 있다. 또 여기에 관해서는 일본 고대국가의 영토 관념, 영역 정비와의 관련을 지적할 수 있다. 따라서 사료에 보이는「王化」 「歸化」 「朝化에 歸하다」라는 것의 첫째 의미는, 「化內」(境內-지배영역)에서의 정착을 인정받아, 거기서 물질적인 供給을 받는 것이라고 할 수 있다. 養老職員令에는 조정에서 「蕃客」에 관한 직무를 담당하는 玄蕃寮頭(장관)의 職掌에 「歸化」를 제정하지 않고, 大宰府 帥(장관)와 壹岐·對馬·日向·大隅 등의 國守 (장관)의 職掌속에 「歸化」를 규정하고 있다. 이도 令에서 상정하는 「歸化」 그 자체가, 일본고대국가의 경계로 건너오는 여러 외국인을 담당한다고 하는 의미의 표현이었기 때문이다. 즉 「王의 民」 혹은 "王이 제정한 禮의 질서"[17)의 단계와는 다른, 별도의 과정으로 이해하지 않으면 안 된다.

이와 같이 「化」의 이데올로기는 우선 「歸化」해 온 사람들을 「化內」의 영역에 정착시키는 과정(一 → 二), 그리고 이어 「王(民)」(三)으로 수렴시키는 과정, 이라고 하는 두 단계를 통해서 구현되고 있었던 것이다.

---

17) 石母田正, 앞의 책 『日本古代國家論』 第一部, 303쪽.

제3절 「王民化」의 과정

「王民」 혹은 「王民」이 아닌 모 신분상태의 사람들이 고대국가의 영토내에 공존하고 있었다. 그리고 그들에 대한 대우나 위치 규정은, 지배자가 그의 권력을 유지해 가는데 있어 중요한 문제였을 것이다. 당시는 한반도의 정세와도 얽혀 다수의 「化에 歸해서」 오는 사람들이 발생하였고, 또한 열도 내의 정복사업에 의해 「降歸해」 오는 사람들도 적지 않았을 것이기 때문이다. 그리고 이와 같이 새로이 영토의 民이 되었던 사람들은, 또한 일본의 姓도 요구하며 「王民」으로 될 것을 희망하였다. 그러한 「歸化(또는 降歸)人」으로부터 「王民」이 되기까지는 대체로 유사한 경로를 밟은 것으로 보인다. 「歸化」로부터 「王民」이 되기까지의 과정은 대개 이하와 같이 설명된다.

1. (一)의 단계에서 적용될 수 있는 律令의 규정으로는 다음을 들 수 있다.

   戶令16 沒落外蕃條 集解
   凡沒落外蕃得還. 及化外人歸化者. 所在國郡. 給衣粮. 具狀發飛驛申奏. 化外人. 於寬國. 附貫安置.
   (外蕃에 몰락했었으나 돌아온 자 및 化外人으로서 歸化한 자에게는, 所在의 國郡이 의복과 식량을 지급하고, 사정을 자세히 적어 飛驛을 발하여 조정에 보고할 것. 化外人은 寬國(부유한 國)에 附貫(호적에 기록하여 본관을 정하고) 安置할 것)

2. 「歸化」를 인정받아 「化內의 民」이 된다. 「化內民」은 '율령제적 신분질서' 가운데서는 良·賤 중의 한 쪽의 신분으로서 취급되었다. 이 단계에 있어서의 법적 조치로는

> 賦役令15 沒落外蕃條
> 外蕃人投化者復十年.
> (外蕃人이 投化하면 復(과역면제) 10年)

라는 것이 있다. 그런데 本條 集解에 「百濟·高句麗의 敗時 投化者는~終身 면제」(古記 所引 靈龜3年(717) 11月 8日付 太政官符), 「百濟王等은~課·雜徭를 영구히 면제」(私說 所引 延曆16年(797) 5月 28日付格)라는 사례가 있듯이, 과역의 영구면제라고 하는 우대처치가 취해져 있는 것을 볼 수 있다. 여기에 대해서는 왕권(天皇權)의 이데올로기적 고양사업이 관련되어 있다고 할 수 있다. 다시 말해서 「化」에 따르는 의미를 강조하고, 구체적인 대우를 보여줌으로써 새로이 덴노의 民으로 편입하려고 기대한 것으로 해석된다.

3. 賦役令10 辺遠國條集解 古記

> 化外人投化復十年. 復訖之後. 課役 … 華夏百姓一種也.
> (化外人이 投化하면 復(과역면제)10年. 復 이후의 과역은 華夏百姓(內民)과 동일하다)

라고 해서 일본에서는 중국과 같은 「蕃戶」가 없고, 復10年 후에는 즉시 일반의 內民과 동등한 대우를 받았던 것도 하나의 특징이라고 할 수 있다.

4. 戶令44 化外奴婢條에 의해 化外奴婢의 「自來投國」의 경우에는 「良」으로 되었다

凡化外奴婢. 自來投國者. 悉放爲良. 卽附籍貫.
(化外의 奴婢가 스스로 와서 投國(귀화)하면, 모두 해방하여 良(양민)으로 할 것. 즉 호적에 기록하여 본관을 정할 것)

이상은 영내에 도래한 「化外人」, 또는 「歸化」·「赴化」해 온 사람들에 대한 우대·「安置」의 과정으로 볼 수 있다. 그러면서도 아직 「王民」으로서의 인식은 보이지 않는 단계이다. 즉 「歸化」란 「王民化」의 전단계적인—반드시 「王民化」로 진행한다고 단언할 수는 없으나—성격의 것이었다. 이른바 「歸化人(投化人)」들은 「王民」 혹은 非(未)「王民」의 「化內人」으로 되었던 것이다.

5. 또한 賦役令15 沒落外蕃條에는 「外蕃人 投化者는 復十年. 그 家人·奴로 해방되어 호적에 등재된 자는 復三年」 이외에도, 원래의 內民이 「外蕃에 沒落했으나, 돌아올 수 있었던」者에 대해서 「1년 이상은 復 3年, 2년 이상은 復 4年, 3년 이상은 復 5年」이라고 하는 처치를 취하도록 규정하고 있다.

이상의 1~5의 과정 전반을 포함하여, 歸化人의 內國 정착 과정과, 內民의 재정착 과정 사이에는, 법규정상에도, 또한 集解 諸說의 인식상에도 특별한 차가 보이지 않는다. 그 뿐만 아니라 앞에서 기술한 바와 같이 「王民」으로 간주되기 위한 절차·과정=姓의 사여에 관해서도, 諸蕃·夷狄等의 「化外」의 民과 타의 「化內」民을 특별히 구별한 형적은 보이지 않는다[18]. 오히려 양자는 모두 고대국가 내부에서의 위치관계보다는, 왕권과 어떠한 위치관계에 있었는가가 중시되었

던 것이다. 따라서 Bb類 25의 경우와 같이 일본조정에 대해서 「化」
에 의하지 않고 「貢進」된 경우에도, 또 Bb類 22와 같이 「歸化」로 보
기보다는 「使를 따라서 入朝」한 유래를 가진 경우에도 「王民」으로
되기 위한 절차·과정은 거의 동등하게 열려 있었다. 이러한 것들의
의미에 대해서는, 당시 조정내의 권력관계, 그 중에서도 왕권의 문제
가 제기되어야 할 것이다. 즉 일본고대국가의 「王民」구조라는 것은,
단순히 "諸蕃 또는 夷狄을 종속·차별하려고 한 외부 한정"[19]적인
성격(중국적 차원이라고 할 수 있다)만으로는 다 설명할 수 없다. 「化」
내부 구조 중에서도 특히 덴노와의 개별적·특정적인 관계를 설정
하려고 했던 점에서 일본고대국가의 특징적인 유형을 볼 수 있다.

앞의 사료에서 밝혔듯이 夷狄들에게 「王民」이 된다는 것은 「調庸
의 民」이 되는 것을 의미하였다. 夷狄等에 대한 차별적 인식은 부정
하기 어렵지만, 어쨌든 그들은 스스로 「王民」이 되는 것, 즉 다시
말해 왕권에서 연원하는 신분으로서의 아이덴티티를 가지고 싶어

---

18) 일본에서 외국인이 王으로부터 姓을 받는 것으로 쉽게 公民으로 편입될 수
  있었던 면(石母田正, 「日本古代における國際意識について」 『日本古代國家論』
  一, 324쪽), 官職·給與등, 상당한 우대조치, 內民과 거의 구별되지 않는 대우
  를 받았던 것(물론 7세기 후반 멸망이후의 고구려·백제계의 도래인에 대한
  것이 많았지만)(森公章, 앞의 글 「古代日本における在日外國人觀小考」)등의
  지적도 참고. 伊藤循는 蕃姓을 가진 귀화계 주민의 경우에(중국에 있어서 귀
  화인은 전부 중국풍의 姓을 붙이는 원칙이지만) 일본에서는 본국에서의 姓
  이 그대로 일본에 있어서의 姓이 되었다는 것은, 덴노의 권위를 유지하는 의
  의를 가지고 있었는데, 더욱이 그것을 倭國人風의 姓으로 改賜姓하는 것에도
  특수한 의의가 있었다고 말하고 있다. 즉 "賜姓의 주체인 덴노의 권위의 강
  화"와 관련되어 있었다고 논한다(同氏, 앞의 글 「古代王權と異民族」 참고).
19) 石母田正, 앞의 글 「古代の身分秩序」 291쪽. 한편 氏는 東北의 에미시의 정
  복·복속의 기사 속에 보이는 「王民」-(「皇民」)-이라는 관념이 夷狄과의
  대립을 계기로 하는 관념이며, 良民身分集團을 외부에 대해서 한정한 것에
  지나지 않는다고 하였다. 즉 石母田正은 王民≒良民으로 생각하고 있으나,
  필자는 王民은 良民보다 더욱 한정된 개념이었다고 본다(王民⊂良民).

했다. 또한 本國名을 계속 유지하며, (一)→(二)단계에 있었어도 內民과의 차별이 거의 보이지 않았던 蕃姓系의 사람들이, 그 출자나 귀화의 유래를 밝히면서 改賜姓을 희망한 이유에는, 일본고대국가의 단순한 公民이 아니라, 왕권에 연결되는 특수한 신분의 테두리 안에 들어가, 그것에 의해 스스로의 아이덴티티를 재확립하려고 했던 의도가 엿보인다. 그리고 그것은 고대국가가 民 전체에 대해서가 아니라, 개별적으로 혹은 부분별로 왕권과의 관계를 형성한 과정[20]과 병립해 있다고 하는 점도 간과할 수 없다.

이와 같이 일본고대국가의 「化」에 대해서는, 권력의 소재를 보다 구체화하려고 했던 왕권의 의도와, 거기에 틈타 스스로의 위치 관계를 재확인 받으려고 했던 통치대상인 民의 의지라고 하는, 양측 면에서 이해되어야 한다.

지금까지의 내용을 정리하면 다음과 같다.

1. 「化內民」인 단계 - 즉 일본열도내의 조정의 통치력이 미치는 범위에 그 정주가 인정되는 단계(一, 二)와, 덴노와의 관계가 확인되는 것에 의해 인식되는 - 「王民」으로서의 단계(三)가 구별되어 있었다.

---

20) 『續日本紀』의 改賜姓 기사 373例 가운데, 個人名에 의한 改姓이 163(全體의 43%로, "일반적으로 개인을 단위로해서, … 소가족의 호주를 단위로 改姓했다"는 지적(阿部武彦, 「上代改賜姓の範圍について」『史學雜誌』55-2, 뒤에 『日本古代の氏族と祭祀』所收, 吉川弘文館, 1984)이나, 또 天武朝의 八色姓으로부터의 改姓은 거의 개인단위로써 … 氏의 일부의 사람들이 別氏로 되어 本氏에서 갈라져, 또한 그 중의 한 사람이 官位의 榮進에 의해 다시금 改姓된다고 하는 순서를 거친 것이다는 지적(喜田新六, 「八色之姓制定以後における賜姓の意義」·「姓の性格の變化と氏族の分合」『中央大學文學部紀要』14·20)이 참고가 된다. 또 5位以上의 官人에 있어서 덴노와의 직접적인 관계, 덴노와 官人개인과의 인격적 결합 관계를 지적한 연구(大津透, 앞의 글 「古代天皇制論」, 242쪽)도 참고.

2. 「化外」라는 말은 "덴노의 教化를 입지 않은" 혹은 "같은 律令格式에 의해 규제받지 않는"[21) 등으로 설명되어 왔지만, 중국적인 이념 이상의 일본의 개별 구체적인 용례를 설명하기에는 불충분하다. 일본의 「化」의 개념은, 第一義的으로는 공간적・지리영역적인 성격의 것이었다.[22) 일본의 고대국가의 「化內」에 대한 인식은, 주로 조정의 통치력이 포섭・파악하고 있는, 혹은 그래야만 하는 영토개념 위에 성립된 것이었다.

3. 일본고대국가는 중국적인 통치이념에 기초를 둔 「化內」의 地의 일반민과는 별도의 차원에서 「王民」=「덴노의 民」을 설정하고 있었다(적어도 그것을 설정하려고 했다). 그 「王民」이란 단순히 "化外의 民"과 대립되는 뜻의 말"[23) 은 아니다. 즉 「化內」地에서 조정이 파악하는 대상 일반 그 자체는 아니다. 보다 한정된 특수한 관계─주로 덴노의 賜姓에 의해 확인되는 관계[24) ─를

---

21) 小林隆, 앞의 글 「律令制下の化內・化內人について」.
22) 예를 들면 平野邦雄는 "「歸化」 또는 「歸化人」이라는 개념은, … 정치현상이며, 「渡來」또는 「渡來人」이라는 것같이 물리적인 이동을 나타내는 말로는 역사용어가 되지 못할 것이다"고 하였다(同氏, 앞의 글 「歸化人と渡來人」). 그러나 『續日本紀』 등의 五國史의 기사에 보이는 「歸化」를 "정치현상"으로 해석하는 것은 그 용어에 부여된 정치적, 역사적 의미에 너무 구속되어 있기 때문이다. 사실관계상에서는 오히려 스스로의 의지에 의한 이주라는 의미로 해석하는 편이 보다 적절한 경우가 많다.

　名例律 疏議에 보이는 원래의 중국적 「化」의 개념에는 「別君長」을 세우며, 각각의 「風俗」이 있고, 「制法」도 동일하지 않다 라고 하는─즉 정치・법률・문화의 각 면에 있어서 이질이라고 하는─의미가 있었다. 또 『大唐六典』 卷18 鴻臚寺 典客署令의 職掌 「歸化在蕃者」가 일본에서는 상정불가능했던 것도(「在京夷狄」으로 됨), 중국적인 「歸化」개념과 일본의 「歸化」의 의미는 달랐기 때문이다. 즉 일본고대국가에서는 「境內」地에서의 거주자체가 「歸化」로 인식될 수 있는 가장 기본적인 전제였던 것이다.
23) 『新日本古典文學大系續日本紀』 三, 254쪽 注2.
24) 賜姓이 이루어지는 대부분의 경우 그 거주지명이 표시되고, 또 덴노의 허가를 받는다고 하는 구조로 이루어진다(延曆10年(791) 正月 癸酉條나, 貞觀9

인정받음으로써 존속하려고 하는, 혹은 존속되어지는 사람들이
었던 것이다.

맺음말

중국적 華夷意識, 또는 帝國秩序의 관철이라는 측면을 중시하는
관점에서, 종래 8세기의 신라-일본관계는 거듭된 긴장과 충돌의 관
계로 해석되어 왔다. 그러나 그 긴장이라는 것도 당시의 양국의 관
계를 크게 뒤흔드는 정도의 것은 아니었다는 점은, 8세기를 통해서
끊이지 않았던 사절파견의 사실이 증명해 준다. 일찍이 일본고대국
가의 대외인식을 설명하기 위해 제기되었던 "古代帝國主義論"이나
"華夷論" 등의 논리에는 사실은, 일본 조정측의 국내정세에 대한 인
식체계-다수의 移民의 문제를 안고 있는 가운데 권력의 안정화를
의도하는-를 중시하는 부분이 있었다.

또한 「化」의 이념에 관한 이해는 주로, 다수의 열도로 건너온 사
람들에 대한 포섭의 논리(「歸化」)와 일원화되거나, 또는 열도내의 이
민족 문제(대립과 차별, 왕권과 외래인의 문제로서)와 연관지어 설명되
었다. 그러나 일본고대국가의 「化」의 논리는 적어도 다른 두 개의
차원에서 이해되지 않으면 안 된다. 우선 하나는 열도내외의, 그 질

年(867) 2月 16日條『平安遺文』152 讚岐國司解 등 참조). 그것은 즉, 그 지
역이 텐노의 化가 미치는 범위라고 하는 의의를 동시에 내포하기도 했기 때
문이다. 고대국가의 영역확정사업 가운데에는 8세기 후반 이후 주로 賜姓을
통해서 그 지역에 대한 '텐노의 民'을 확정・인식시킨다고 하는 정치적 과정
이 있었던 것이다.

서의 외곽에 놓여져 있었던 사람들을 내부구조로 편입하는 과정에서, 주로「歸化」로 표현되는 논리로서 포섭 혹은 배제하려고 했던 면이다. 그리고 또 하나는 왕권의 소재를 정당화시키면서,「王(덴노)의 民」이 된다고 하는 특수한 의미를 강조하는 이데올로기로서 쓰여졌던 면이다.

이상과 같이 일본고대국가의「化」의 개념에 대해서는, 주로「歸化」로 표현되는 행위(외부로부터 내부로)의 단계, 그리고 덴노 개인과의 인격적 신분 관계를 맺는(내부 구조 속에서) 과정에서 비로소 인정되는 또 하나의 단계, -「王民化」-라는 양면에서 이해되어야 한다.

제4부

8세기의 일본의 왕권과 대 신라외교

제1장 「新羅王子」의 來日과 일본의 왕권

머리말

일본의 율령법상에서 신라는 「蕃國」의 하나로 설명되고 있다. 예컨대 養老賦役令16 外蕃條는 「公使로서 外蕃으로부터 돌아오면 1년 과역을 면제할 것. 그 唐國은 3년 과역을 면제 할 것」을 규정하고 있는데, 이에 대해 同令集解 인용의 穴記에는 「外蕃이란 고구려·백제·신라 등이 이것이다. (略)」고 하고 있으며, 또 選敍令11 散位條集解 속의 古記에는 「(略) 묻기를 "신라는 蕃에 들어가는가, 아닌가?" 대답하길 "들어간다"」고 설명하고 있다. 이에 따라 8세기 일본 고대국가의 대 신라관계에 대해서는, 율령의 원칙에 따른 「蕃國」=복속국으로 보는 관점 및 이를 당시의 외교실상에 적용시켜 해석하려는 견해가 일본학계의 주류를 이루어왔다.

그러나 신라-일본간의 외교를 그처럼 단순한 상하 국제관계의 도식으로 설명하는 것에 대해서는 의문을 제기하지 않을 수 없다. 8세기 이후 신라-일본간 외교에는 선행연구에서 지적하는 대외이념적 차원, 그 이상의 의미가 있다고 생각되기 때문이다. 뿐만 아니라 당시의 羅日 양국은 서로 중국 율령법의 정신을 받아들여 자국 중심

적인 인식을 가지고 있었으며, 직접적으로는 자국의 법과 기구의 정비를 통해 이를 표현하고자 하였다.1)

이에 본고에서는 8세기 일본의 대외관계전개상 중요한 상대국이었던 신라와의 사이에서 발생했던 외교의 실 사례인 「新羅王子」 파견 사건을 검토함으로써, 구체적으로 이 문제를 해명해 보고자 한다.

「신라왕자」 파견의 사건은 양국간 외교의 실 상황을 보여 주며, 또한 이는 단순한 외교 사건이 아니라 당시대의 상징적 사건이었다고 생각되므로, 그러한 포괄적인 상황 속에서 일본이 펼쳤던 대 신라 외교의 의의를 규명해 볼 수 있을 것이다.

제1절 「新羅王子」의 來日

『續日本紀』에 의하면 신라-일본간에는 번번이 외교사절의 신분을 둘러싸고 문제-불화가 발생하였다. 이는 외교사절의 신분이 상대국에 대한 평가도와 밀접히 관련되어 있었기 때문이라 할 수 있다.2) 이런 점에서 종래 크게 관심을 끌었던 것이 天平勝寶4(752, 新羅 景德王11)年의 「新羅 王子 韓阿湌 金泰廉」의 來日 기사이다. 관련 기사는 이하와 같다.

　　『續日本紀』天平勝寶4(752)年 閏3月 22日己巳

---

1) 이 책 「일본고대율령국가의 외국(「蕃」)·외국인(「蕃人」) 인식」 참조.
2) 坂元義種, 「古代東アジアの國際關係-和親·封冊使節よりみたる-」 『古代東アジアの日本と朝鮮』, 吉川弘文館, 1978年 참조.

大宰府가 아뢰길 "新羅王子 韓阿湌 金泰廉과 貢調使 大使 金暄 및 送王
子使 金弼言 등 700여명이 배 7척을 타고 와서 머무르고 있다"고 하였다.
『同』天平勝寶4年 閏3月 28日乙亥

使를 大內·山科·惠我·直山 등의 陵에 보내 新羅王子 來朝의 상황을
보고하였다.
『同』天平勝寶4年 6月 14日己丑

新羅王子 金泰廉等이 拜朝하고 調를 받쳤다. (신라왕자) 아뢰길 "신라
국왕이 일본에 照臨하신 덴노의 조정에게 말하길 '신라국은 遠朝로부터
시작해서 대대로 끊임없이 來日하여 국가(일본조정·天皇)에 供奉하였
다. 지금 (신라) 국왕이 친히 와서 조공하고 御調를 받치고자 하였다. 그
러나 생각해 보니, 하루라도 (나라에) 주인이 없으면 국정이 혼란 될 것
이다. 따라서 王子 韓阿湌 泰廉를 보내 왕을 대신해 우두머리로 삼아 使
下 370여명을 이끌고 入朝하여, 종 종의 御調를 받치고자 한다. 삼가 말
씀 올린다.'고 하였다."

詔하여 대답하길 "신라국은 遠朝로부터 시작하여 대대로 끊임없이 국가에
供奉하였다. 지금 다시 王子 泰廉를 보내 입조하고 또한 御調를 받치니,
왕의 성심에 짐은 기쁘다. 지금부터 오래, 멀리 撫存해야 할 것이다."

泰廉이 또한 아뢰길 "普天之下에 王土가 아닌 것이 없다. 率土之浜에 王
臣이 아닌 자 없다. 泰廉이 다행히 聖世를 만나 來朝하여 供奉하였으니
그 기쁨이 이루 말할 수 없다. 사적으로 스스로 준비한 국토의 微物을 삼
가 받친다."

詔하여 대답하길 "泰廉이 말하는 것을 들어주겠다"고 하였다.
『同』天平勝寶4年 6月 17日壬辰

신라사를 朝堂에서 饗하였다. 詔하길 "신라국이 와서 조정이 供奉한 것
은 오끼나가다라시히메노 오끼사끼(氣長足媛 皇太后, 神功皇后)가 그 나
라(신라)를 평정한 이후이며 지금에 이르기까지 우리의 蕃屛이었다. 그런
데 前王 承慶(효성왕)과 大夫 思恭 등은 언행이 태만하고 恒禮를 어겼다.
따라서 使를 보내 죄를 물으려 하던 참에, 지금의 왕 軒英(경덕왕)이 지난
잘못을 후회하고 고쳐서 친히 (우리) 조정에 오고자 하였다. 그러나 국정
을 염려하여 王子 泰廉等을 대신 보내고 入朝케 하여 調를 받쳤다. 짐은
따라서 대단히 기쁘므로 位를 내리고 物을 사여하고자 한다." 또 詔하길
"금후로는 국왕이 친히 오면 辭(말)로서 아뢸 것. 만일 그 밖의 사람을 보

내 入朝케 하면 반드시 表文을 가져오게 하여라."고 하였다.

『同』天平勝寶4年 6月 22日丁酉

　泰廉等은 大安寺와 東大寺에 가서 禮佛하였다.

『同』天平勝寶4年 7月 24日戊辰

　泰廉等이 돌아가 難波舘에 거하였다. 勅을 내려 使를 보내 絁布와 酒肴
를 賜하였다.

여기서 외국사절에 대한 賓禮행사에 관련하여 8세기에 왔던 그
밖의 다른 신라사절의 경우와 비교해 보면 다음과 같은 특징이 있음
을 알 수 있다.

1. 同年 閏3月 28日乙亥條에서 신라사의 來朝를 보고하는 점－선
   례로는 文武2(702)年 신라의 공물을 大山陵에 받친 사례, 그리
   고 天平勝寶6(754)年 唐國의 信物을 山科陵에 바친 사례가 있
   으나, 이때처럼 많은 先帝의 陵－天武‧持統의 檜隈大內陵, 天
   智의 山科陵, 應神의 惠我藻伏崗, 元明의 奈保山東陵과 元正의
   奈保山西陵－에 사절의 來朝를 보고한 적은 없다.
2. 신라사절의 拜朝는 天平6(735)年의 入京 이후 寶龜10(779)年의
   入京(최후)에 이르기까지, 이 天平勝寶4(752)年이 유일한 사례
   가 된다.
3. 8세기에 신라사에 대해서 총 3회의 授位가 있었는데(他는 慶雲
   3(706)年 正月 壬午, 寶龜11(780)年 正月 壬申의 授位), 이 때는 元日
   朝賀가 아닌데도 유일하게 授位가 이루어졌다(6月 壬辰).
4. 두 차례나 賜物이 있었는데(6月 壬辰條, 7月 戊辰條), 「難波舘에
   서 酒肴를 賜」한 것은 8세기의 유일한 사례이다.

이상으로부터 「新羅王子」의 來日에 대해 일본조정은 상당히 儀式

적 요소를 갖추어 응대하였다는 점3)과 더불어 여기에는 일본조정이 부여한 특별한 의미가 있었다는 점 등을 지적할 수 있다.4)

大化(645)이후「新羅王子」來朝의 사례는『日本書紀』에서는 孝德 3(647)年에 金春秋가 質5)로서 온 것, 天武4(675)年의「王子 忠元」, 持統元(687)年의「王子 金霜林」, 持統9(695)年의「王子 金良琳」의 예가 있었는데,6) 奈良·平安時代를 통해서는 이 天平勝寶4年의 기사가 유일하다는 점도 주목할 가치가 있다.

이 752年의 신라「王子」파견에 대한 종래의 견해들은 다음과 같이 요약할 수 있다.

우선, "일본조정은 그(신라)를 付庸國로 보고 거기에 상응한 조공을 기뻐하는 것이며, 대 발해 관계를 고려한 신라는 일본과의 수호를 친밀히 하여 양국관계의 안정을 확보하려고 하는 교묘한 對日 견제책의 목적"을 가지고 있었다고 보는 관점이다.7) 또 하나는 추정

---

3) 外客 來朝시의 賓禮와 관련한 접대 양태에 대해서는 田島公, 「日本律令國家の「賓禮」-外交儀式より見た天皇と太政官」『史林』68-3, 1985, 平野卓治, 「律令位階制と諸蕃」, 林陸朗先生還曆記念會編『日本古代の政治と制度』, 1985, 同氏, 「山陽道と蕃客」『國史學』135, 1988, 5월, 브르스 바톤, 「律令制下における新羅, 渤海使の接待法」『九州史學』83, 1970 등을 참조.

4) 한편 인원수가 많다는 점(또 拜朝人은 370여명뿐이었다는 점)도 지적할 수 있는데, 그러나 이것은 天平10(738)年 이후 일반적으로 來日 新羅使數가 많아지는 경향을 고려할 수 있다. 그리고 이 점을 주로 무역면에서 파악하려는 견해도 있다(후술).

5) 『日本書紀』에「質」은「무까하리(ムカハリ)」로 訓讀되고 있으며, 金春秋는 국왕을 대신하는 외교특사였다고 할 수 있다.
고대 동아시아의 국제관계, 日本과 한반도각국, 또는 한반도각국 사이의「人質」외교에 관한 연구는 다각도에 걸쳐 있으나, 여기서의 자세한 설명은 생략하겠다. 단지「人質」그 자체도 시대적 요청에 따라 그 성격도 변화했다고 보아야 할 것이다.

6) 天武朝 이후의 7세기 후반에는 또한「耽羅王子」의 來日도 있어(『日本書紀』天武4(675)年 8月 壬申朔條, 天武6(677)年 8月 戊午條 등 참조), 이 시기의「王子」파견에는 일종의 관행성이 보인다.

연대가 대체로 이 시기와 합치하는 正倉院 新羅買物解 등의 연구를 통해서, 신라사 來朝의 주목적을 무역의 관점에서 보는 견해이다.[8] 대개 이 시기의 냉각되었던 羅-日 관계에 주목하여, 그 개선의 의미에 초점을 두는 해석이 주류를 이룬다.[9] 그러나 본고에서 무엇보다 강조하고 싶은 것은, 이 때에 來日한 金泰廉을 假王子로 보는 해석이다. 예를 들면 하마다 고사꾸(浜田耕策)는 金泰廉이 내일한 752年의 신라 景德王 11年에는 아직 신라왕실에 王子가 태어나지 않았음을 지적하고 있다(『三國史記』卷九 景德王 17年 秋7月 23日에 王子 탄생 初見). 따라서 金泰廉은 假王子라 하고, "假王子의 일본 파견과 또 그 계획은 일본이 집요하게 요구한 외교형식에 한편으로 응하면서, 신라의 亢禮의 자세도 지키는 교묘한 외교책"[10]이라 하였다. 필

---

7) 鈴木靖民, 「奈良初期の日羅關係」・「對新羅關係と遣唐使」『古代對外關係史の研究』, 吉川弘文館, 1985 참조.

8) 東野治之, 「日唐間における渤海の中繼貿易」『日本歷史』 438, 1984. 뒤에 同氏著, 『遣唐使と正倉院』, 岩波書店, 1992 所收. 同氏, 「鳥毛立女屛風下貼文書の研究-買新羅物解の基礎的考察-」『史林』 57-6, 1974. 뒤에 同氏著, 『正倉院文書と木簡の研究』, 塙書房, 1977 所收. 內藤雋輔, 「新羅使の海上活動について」, 東洋史研究會編『朝鮮史研究』, 1961. 李成市, 『東アジアの王權と交易』, 靑木書店, 1997 등.

9) 酒寄雅志, 「七・八世紀の大宰府-對外關係を中心として-」『國學院雜誌』 80-11, 1979도 참조.

10) 浜田耕作, 「新羅の中・下代の內政と對日本外交-外交形式と交易をめぐって-」『學習院史學』 21號, 1983 참조. 假王子說를 주장하는 또 한 사람으로 和田軍一이 있다(同氏, 「淳仁朝に於ける新羅征討計畵について」『史學雜誌』 35-10, 1924 참조). 氏는 持統元(687)年의 王子 金霜林도 假王子이었다고 주장하고 있으나, 양편 모두 논거는 들고 있지 않다.

持統元年의 왕자파견에 관해서는 684年(『帝王韻記』의 武后元年(甲申))발해가 건국되고, 또 당에서도 683年의 高宗 사후의 혼란 가운데, 武后가 686年에 寶臧王의 손자인 寶元을 高句麗郡王에, 義慈王의 손자인 敬을 百濟王에 책봉했던 사실을 참고할 수 있다(『唐書』, 東夷傳, 垂拱(685)). 즉 이같은 국제정세 속에서 신라는 「王子」파견을 통해 對日 관계의 접근을 의도한 것이라 볼 수 있다.

자도 假王子일 가능성은 대단히 높다고 생각한다. 이 점을 이하에서 검토해 보기로 한다.

제2절 「假王子」의 가능성

다소 시대를 내려가게 되나 『三國史記』 新羅本紀 哀莊王 3(802) 年 12月條에는 다음과 같은 예가 있다.

　　均貞에게 大阿湌을 수여하여 假王子로 삼아 倭國에 質로 보내고자 하였다.

신라 第40代 哀莊王 3(802)年, 왕은 15세로 아직 王子는 태어나지 않았고, 均貞[11]에게 大阿湌의 관위(17官等 가운데 5위)를 수여하여 假王子로 하고 倭國에 入質하려 했다. 哀莊王3年의 이 같은 일은 752年에도 시도될 수 있었다고 판단된다.[12]

---

11) 均貞은 신라 第38代 元聖王의 둘째아들(禮英)의 아들이며, 第45代 神武王의 아버지이다.

　　憲德王4(812)年에 侍中이 되었다(『三國史記』 新羅本紀 同年 春條).

12) 新羅의 국내정세에 대해서는 景德王代와 哀莊王代는 서로 다른 분위기를 지녔다. 景德王의 아들 惠恭王(第36代, 765~780年 재위)은 8살로 왕위에 올랐으나 그 재위 4年째부터는 왕위를 둘러싼 반란이 거듭되었다. 한편 반란으로 宣德王으로부터 왕위를 빼앗은 元聖王(第38代, 785~798年 재위)의 손자인 哀莊王(第40代, 800~809年 재위)때에는 숙부 彦昇이 왕위를 찬탈하였다. 이 같은 왕위쟁탈, 그리고 해상에서는 해적이 활약하고 있었던 유동적 시대(신라전성시대의 中期(약 780~839의 60年間, 崔棟, 『朝鮮上古民族史』, 人間社, 1966 참조))에, 일본과의 관계에서는 이 假王子 파견계획 이외에도, 「交聘結好」(『三國史記』 哀莊王4(804, 桓武天皇 延曆22)年 秋7月

또 신라-당 사이의 사례이기는 하나, 다음과 같은 기록도 있다.

『三國史記』卷44 列傳4, 金陽傳
(略) (金陽의) 從父兄(4촌) 昕의 字는 泰요, 父親 璋如는 벼슬이 侍中 波珍湌에까지 이르렀다. 昕는 어려서부터 총명하고 학문을 좋아하였다. 長慶2(822)年에 憲德王이 사람을 보내 入唐하고자 하였는데, 그 사람을 얻기 어려웠다. 누가 昕을 천거하기를 太宗(武烈王)의 후예요, 명랑, 수려하고 그릇됨이 깊고 중하니, 가히 선발할 만하다고 하였으므로 드디어 그를 入朝·宿衛케 하였다. (略)

同記事는 또

『三國史記』新羅本紀 憲德王17(825)年 夏5月條
王子金昕을 보내 入唐 朝貢하였다.

라 보인다. 金陽列傳에 보이는 바와 같이 金昕은 실제 「太宗의 후예」
-즉 武烈系의 왕족으로, 元聖系의 憲德王 때[13] 신라의 「王子」신분
으로 唐에 파견되었다.[14] 더욱이 752年의 金泰廉은 대외적 국왕의

條), 일본이 「黃金 300兩을 進貢」(『同』哀莊王5(805)年 夏5月), 일본국 사자
를 「朝元殿에서 引見」(『同』哀莊王7(807)年 春3月), 또 일본국의 사자를 정
식의 의례로 대우하는(『同』哀莊王9(809)年 春2月) 등의 기사가 보여, 그 친
선관계의 도모가 엿보인다(일본측의 사료에서는 『日本後紀』延曆23(805)年
9月 己丑條 참조). 따라서 같은 「王子」파견의 형식을 취한 외교교류의 양태
를 인정하기는 하나, 752年 신라 景德王代의 「王子」파견과, 哀莊王代의 그것
과는 시대적 요청과 양국의 국내정세의 차를 고려하여 재 의미를 부여하여
야 할 것이다.

13) 신라는 哀莊王이후(대체 9세기이후) 왕통이 양분되었고, 왕권은 元聖系가 주
도하게 되었다.

14) 金昕파견의 성격에 대해서는 신라 第13代의 宿衛로, 憲德王의 武烈系에 대한
정치적 중화작용에 의해 이루어졌다고 보는 견해가 있다(申瀅植『三國史記
研究』, 一潮閣, 1981 참조).

아들로서의 王子가 아니라, 신라귀족(호족)층의 자제로서의 王子였
을 것으로 판단된다. 그 논거로, 시대를 조금 올라가기는 하나 다
음과 같은 예를 들어볼 수 있다.

『日本書紀』神功皇后 攝政前紀(仲哀天皇9(200)年 12月)辛亥
(略) 이에 新羅王 宇流助富利智干이 와서 꿇어앉아 맞이하였다. (略)

위의 神功皇后 신라원정一說에 보이는「新羅王 宇流助富利智干」
란 실지『三國史記』助賁王(230~247年)條에 보이는 伊湌 于老였을
것으로 추정된다.15)

『三國史記』新羅本紀 助賁王4(233)年 秋7月條
伊湌 于老가 倭人과 沙道에서 싸울 때, 바람을 따라 불을 놓아 배를 태우
니, 적이 물에 뛰어들어 모두 죽었다.

또 다음과 같은 예도 있다.

『三國史記』新羅本紀 法興王9(522)年 春3月條
加耶國王은 使를 보내 請婚하였다. 王은 伊湌 比助夫의 妹를 보냈다.
『日本書紀』繼體23(529)年 是月條
(略) 加羅王은 新羅王女를 취하였다.

『三國史記』에는 法興王9年에 가라국왕이 신라에 통혼을 청하여,
신라는 伊湌(官位 17階의 第2)比助夫의 여동생16)을 보냈다고 기록하

---

15) 伊湌 于老는『三國史記』助賁王15年 春正月條에 의하면, 舒弗邯(신라 官位
   17等의 第1)의 지위에 있었던 인물로, 奈解尼師今(재위 196~230年)의 아들
   이다. 이 인물이『日本書紀』에는「宇流助富利智干」(=于老舒弗邯)로 되어
   있다. 우로전승에 관해서는 연민수,「5세기 이전 신라의 대왜관계」『고대한
   일관계사』, 혜안출판사, 1998年 참고.

고 있다. 이처럼 신라와 가야사이에 결혼동맹정책에 의해 보내진 伊
湌 比助夫의 여동생을 『日本書紀』에서는 「王女」로 기록하고 있는
사례도 있는 것이다.

　여기에 관련하여 迎日冷水里 新羅碑의 내용은 시사하는 바가 있
다. 이 비문의 내용분석에 의해 "王이 소속하는 喙部와 葛文王이 소
속하는 沙喙部"의 2부 지배의 정치체제－귀족연합적 성격이 지적되
고 있다.[17] 비문 가운데 보이는 「七王」이란 귀족층 가운데 유력세력
이 「王」이라고도 불렸던 것으로 해석할 수 있다.[18] 그리고 이러한
사례로부터 金泰廉은 국왕의 王子가 아니라, 신라귀족(호족)의 자제
로 來日했을 것을 추정할 수 있는 것이다.

제3절 「假王子」파견의 의미

　이상과 같이 사례를 통해서 金泰廉이라는 인물은 假王子이었을

---

16)『東國興地勝覽』高靈縣沿革條에 인용된 崔致遠의 釋順應傳에는 「大伽耶國
　月光太子 (略) 父母異腦王. 求婚于新羅. 迎夷餐比枝輩之女而生太子云々.」라
　하였다.

17) 武田幸男, 「新羅六部とその展開」『朝鮮史研究論文集』28, 1991 참조.

18) 深津行德에 의하면 「王」은 "지배층일반으로 존재하는 단계"를 명시한다(同
　氏, 「迎日冷水里新羅碑について」『韓』116號, 國書文獻센타, 1990 참조). 또
　I bn Khurdadbih(886年 사망)의 『Kitabal－masalikwa'l－mamalik』(『諸道路
　及び諸王國總覽』, Ced.M.J.de Goeje, Leiden, 1889)編을 보면 "신라는 산이
　많고, 다수의 통치자(王)에 의해 지배되고 있었다"고 하고 있다(李熙秀, 『韓
　イスラム交流史』, 文德社, 1991참조). 氏는 "다수의 王"이란 통일후의 신라가
　그 본토를 포함하여 백제 · 고구려의 古土를 九州로 나누어 惣管 혹은 都督
　(元聖王 이후)으로 하여금 지배케 한 상태를 설명한 것으로 보고 있다.

가능성이 상당히 높다는 점을 지적할 수 있었다. 이 견해를 더욱 진전시켜 본다면, 일본조정측도 假王子임－國王의 子가 아님－을 이미 알고 있었고, 그 위에서 '어떤 의미'를 부여하여 환영한 것이라 해석할 수 있다. 즉 8세기의 빈번한 사절파견 속에서 신라조정의 사정은 이미 일본측에도 알려져 있었을 것으로, 假王子인 것도 일본조정은 이미 알고 있었을 개연성이 높기 때문이다. 그리고 설령 假王子라고 하더라도 외교의 장에서는 어떤 특수한, 실질적 의미를 가지고 있었던 것이라 볼 수 있다. 그것은 위의 사료에 보이는 「新羅王女」의 경우에도 시사된 바가 있으나, 이 같은 예는 또한 중국에서도 보이는 것으로 당시 동아시아의 관례로서 이해할 수 있다.[19] 중국의 경우 그 한 예로 和蕃公主制가 있다. 天子의 딸로서 蕃의 君主에게 정략적으로 출가하게 되는 和蕃公主는, 역사적으로 중국의 대외정책에서 중요한 역할을 한 것으로 알려져 있다. 唐朝 중심의 국제관계 속에서 皇家와 인연을 만든다는 것은, 諸蕃 상호간의 국제지위의 향상에, 또한 군주권의 강화, 왕좌의 안정에 크게 기여하였다.[20] 그렇지만 和蕃公主는 사실 진짜공주가 아니라, 이름만을 빌린 가짜 공주였던 것이다. 게다가 蕃族側도 충분히 그것을 알고 받아들인 것으로, 그에 대해 특별한 저항감을 표시하지 않았다. 唐代를 통해 진짜 공주가 출가한 예는 군사적으로 커다란 영향력을 가지고 있었던 廻紇(위구르)에 한하였으며, 그 밖은 모두 假制公主였는데(『舊唐書』195 廻紇傳, 『冊封元龜』978 外臣部 和親門 開元13年條 참조), 그럼에도 불

---

19) 古代 동아시아諸國 사이에 이루어진 외교정책의 하나인 「혼인」정책에 관해서는 荒木敏夫, 「日本古代王權の婚姻－婚姻の國際比較の觀點から－」『古代王權と交流5, ヤマト王權と交流の諸相』所收, 名著出版, 1994 참조.

20) 日野開三郎, 「唐代の和蕃公主」『日野開三郎東洋史學論集』9, 三一書房, 1984, 堀敏一, 『中國と古代東アジア世界－中華的世界と諸民族－』, 岩波書店, 1993 참조.

구하고 和蕃公主制가 활용된 것은 확실한 외교적 효용이 있었기 때문이라 할 수 있다.21) 그렇다면 唐王朝의 이 같은 假制公主制가 신라와 일본 사이에서는 假王子의 형태로 모방된 것은 아닐까? 신라와 당 사이에서도 신라의 왕족이 외교사절로 파견되곤 하였다. 8세기를 통해서 확실한 사례는 8명 보이는데, 그러나 그들은 「王弟」 또는 「王姪」, 「王從弟」, 혹은 단지 「王族」이라 기록되고 있으며, 확실히 그 신분이 「王子」인 인물이 파견된 적은 唐의 경우에도 없었다.22)

신라−일본간에는 天平14(742)年 遣新羅使가 신라로부터 放却되어온 후(『三國史記』新羅本紀, 景德 王元年 冬10月條), 天平勝寶4(752)年 正月 25日 실로 10년 만에 견신라사를 임명하게 되었는데, 그 때의 견신라사 야마구치노 이미끼노 히또마로(山口忌寸人麻呂)는 養老2(718)年의 遣使(『續日本紀』同年 3月 20日 임명의 오노노 아손 우마까이(小野朝臣馬養)) 이래 그 예가 없던 正五位下였다.23) 그리고 同天平勝寶4年 閏3月 22日 신라로부터도 9년 만에(天平15(743)年 3月 6日의 金序貞 來日 이후) 이 같은 「王子」 파견이 이루어졌던 것이다. 이에는 단순한 "외교의 냉각화를 개선하기 위한" 이상의 의미가 포함되어 있었다고 할 수 있다.

이어 天平勝寶5(753)年 2月 9日에 임명된 견신라사 오노노 아손 다모리(小野朝臣田守)는 다시금 신라조정으로부터 放還되게 되는데(『三國史記』新羅本紀, 景德王12年 秋8月條), 『三國史記』는 이 「日本國

---

21) 『日本後紀』延曆24(805)年 6月 乙巳條 「吐蕃公主」 사례도 참조.

22) 동시기 신라의 대 당 외교는 宿衛를 파견하는 것이 통례였으나(『三國史記』新羅本紀, 文聖王2(840)年條 참조), 그러나 이 宿衛의 파견도 聖德王33(734)年~哀莊王7(806)年 사이에는 중단되어 있었다.

23) 8세기를 통해 正五位下의 견신라사가 파견된 예는 이 두 가지 사례밖에 없다. 그밖에 8세기의 견신라사 大使의 官位로는 從五位上(1例), 從五位下(6例), 外從五位下(1例), 正六位上(3例), 從六位下(1例), 正七位下(1例).

使」방환의 이유를 「오만하고 무례하였」기 때문으로 기록하고 있다. 이 기록은 「新羅王子」 파견 문제를 포함한 당대의 분위기를 상징적으로 시사하기도 한다. 같은 시기의 신라 景德王代(742~765)는 국토와 각종 기구의 정비가 두드러진 국력의 충실기였다.[24] 그처럼 국세를 팽창해 가는 자세가, 일본사절을 맞이해서는 위와 같이 「禮」의 태도를 문제삼아 방환하는 등의 형태로 나타났다고 할 수 있다.

그리고 이처럼 외교의 장에서 禮의 문제를 중시하는 것은, 신라-일본 양국에 공통으로 보이는 현상이기도 하다(『續日本紀』天平7(735)年 2月 癸丑條,『同』天平15(743)年 4月 甲午條에 의하면 신라사절의 무례를 일본조정측이 문제시하는 등). 즉 당시 양국은 서로 율령법의 정신에 기초하여 국가체제를 충실히 해 나가던 때이며, 그것이 직접적으로 외교교섭의 장에서 표현되고 있었던 것이다-오노노 아손 다모리(小野朝臣田守)의 「오만하고 무례」한 태도, 그리고 그를 문제시해서 방환하는 신라측의 태도, 752年의 「新羅王子」파견사건도, 이 같은 특성을 함유하고 있던 시대 속에서 이해하지 않으면 안 된다.

이상과 같이 禮的 관계가 강조되었던 시대 속에서 설령 假王子라 할지라도, 「王子」라 명명되는 신분을 파견하고, 또 이를 맞이해 들임으로써, 당시의 신라-일본이 기대하고 있던 외교형식이 충족된다고 하는 효과가 있었던 것이다. 즉 외교교섭의 장에 王子女 파견의 선례가 있었으며, 율령적인 이념이 중시되어 그 이상의 형식-禮-가 요구되었던 당시대에 통용되는 외교적 효용이 있었던 것이다. 그리고 그 같은 국제외교로부터 일본측이 기대하고 있었던 가장 중요한 효용이란, 실은 聖武 皇權의 전통적 정치적 권위의 기반을 견고히 하는 점에 있었다고 할 수 있다.

---

24) 통일신라의 전성시대의 前期(約681~780年間)로 평가된다(崔棟, 앞의 책『朝鮮上古民族史』참조).

당시의 일본 국내정세를 보면, 孝謙 덴노는 그 실권을 발휘 못하고, 太上天皇 聖武는 병약하였다. 그 가운데서 후지와라노 나까마로 (藤原仲麻呂)가 紫微令에 취임하여, 中衛府의 大將을 겸하며 그 병력을 私兵으로 이용하면서 서서히 실권자로서 그 세력을 펴 나가던 시기였다. 大佛齋會가 열리던 날 저녁, 孝謙 덴노의 仲麻呂邸(田村第)으로의 還御(『續日本紀』天平勝寶4(752)年 夏4月 乙酉條)란 바로 그 같은 정세를 암시하는 것이었다. 또 天平勝寶 초년의 聖武와 孝謙 덴노의 藥師寺로의 이동 등이 나타내는 바처럼, 皇位 계승과 정권쟁탈을 둘러싼 궁정·귀족과 승려간의 동요 등[25]의 불온한 정세 속에서, 덴노 권력은 상당히 불안정한 것이었다. 이러한 상황 속에서 「新羅王子」의 파견이 있었던 것이다. 즉 이미 동아시아 諸國間에, 또 신라-일본간에 있었던 선례를 모방하여, 외국의 「王子」를 맞이하는 것에 의해 皇位의 기반의 안정화를 기대할 수 있었던 것이다. 황실과 밀접한 관계를 가지고 있었던 大安寺[26]나, 聖武天皇의 발원으로 창건된 東大寺[27]에의 「新羅王子」의 禮佛 참가도 이 같은 의미

---

25) 岸俊男, 『藤原仲麻呂』, 吉川弘文館, 1988 참조.

26) 『新日本古典文學大系一三 續日本紀』二, 岩波書店, 1990, 460쪽 補注18, 『新日本古典文學體系一四 續日本紀』三, 岩波書店, 1992, 500쪽 補注57 참조.

27) 東大寺와 신라와의 관련성에 대해서는 田村円澄, 『古代朝鮮佛敎と日本佛敎』, 吉川弘文館, 1980 등 참조.
참고로 752年의 사절 내일을 大佛開眼과 관련지어 그 목적이 東大寺 大佛의 참배에 있었다고 추측하는 설도 있다(이병로, 「8세기 일본의 외교와 교역」 『日本歷史硏究』, 1996년 10월). 그러나 신라사절일행의 東大寺 참배는 단순한 禮佛 이상의 의미가 있었다고 생각된다. 신라국사의 명찰참배는 그밖에도 사례가 있다. 예를 들면 『慶州高仙寺誓幢和上塔碑文』(추정연대: 新羅 惠恭王代(765~780), 소재 국립중앙박물관, 1914年 5月. 慶尙北道 慶州郡 內東面 暗谷里 止淵에서 발견)에 의하면 「(略) 大曆之春 大師之孫翰林 字 仲業【 】使滄溟【 】【 】日本 彼國上宰 因【 】語諸人【 】【 】期淨刹 (略)」(【 】는 복원불가능한 문자를 의미함), 大曆年間(766~779) 어느 봄에 大師의 孫인 翰林 薛仲業이 國使로서 바다를 건너 일본에 가서, 그 나라

로 이해할 수 있다.[28]

또한 신라측도 일본조정이 요구하는 격식을 갖추어 대응하면서, 동시에 대거의 상인단을 수반하여 상업무역을 성사시켰다는 점에서,[29] 이 752년의 「王子」 파견은 그 소기의 목적을 달성했던 것으로 짐작할 수 있다.

결국 天平勝寶4(752)年 新羅王子의 내일 이후, 다시 신라-일본간의 사절파견은 잠시 중단되게 되었다(다음의 신라사는 天平寶字4(760)年에 來日하기까지, 견신라사의 경우는 天平寶字5(761)年 오노노 아손 다모리(小野朝臣田守)의 放還이후, 寶龜10(779)年에 재개되기 전까지 공백상태가 계속되었다). 외국의 「王子」, 즉 「新羅王子」의 파견은 일본 국내의 정치상황에 따라 그 효과를 기대하고 있었던 聖武 왕권의 정통성의 근거로는 제대로 구실하지 못했고, 곧바로 후지와라노 나까마로(藤原仲麻呂)라는 실권자의 세력과 그의 「新羅征討計畵」[30] 수립으로 이어지게 되고 만다.

의 上宰와 더불어 공동관심사를 이야기하고, 名刹을 참배하였다고 한다.

28) 延喜大藏省式 賜蕃客例條에는 신라의 王子가 入朝할 때를 상정해서 王子와 이를 따르는 諸使節에 대한 給法이 규정되어 있다. 그러나 그 사절의 구성면을 보면 다른 곳에는 보이지 않는 古職制(詳文師, 百濟通事 등)도 포함되어 있어, 이 규정은 8세기 이전의 왕자파견 사례를 참고로 기록된 것으로 보인다.

29) 신라사가 來日中이었던 同年 6月15日·同7月8日 등의 날짜로 제출된 「買新羅物解」(일본의 5위 이상의 귀족들이 신라의 물건을 사기 위해 소관의 官司에 제출한 문서)의 존재가 그것을 증명한다.

30) 淳仁 덴노(天平寶字)연간의 신라-일본 관계의 쟁점인 「新羅征討計畵」(『續日本紀』同3(759)年 6月 壬子條)에 대해서는 朴昔順 東京大學 修士學位論文 「新羅征討計畵と藤原仲麻呂」 참조.

맺음말

종래 일본의 학계에서는 8세기 고대일본의 대외관계, 그 중에서도 특히 신라와의 관계를 일본조정에 의한 율령이념의 관철 등, 주로 대외인식·대외관계 문제의 차원에서 설명하는 것이 일반적이었다. 그러나 이상에서 살펴본 바와 같이「新羅王子」파견에 대해서는 단순히 신라-일본간의 대외적 사건, 일본의 대외인식-"小中華意識" -의 차원에 한해 그 의미를 논할 수 없음이 분명해졌다. 즉 동아시아의 관례가 이미 있었고, 신라-일본 양국에는 모두 율령법적 이념이 있었다는 점, 그리고 무엇보다도 왕권의 기반과 관련된 일본국내의 정치상황 등이 복합적으로 작용해 일본의 대 신라외교에 영향을 준 것이었다. 또한 무엇보다도 당시의 일본 조정이 그 정책 기반과 관련해서, 당시의 왕권이 그 정당성을 주장하기 위해, 신라관계를 중히 여기고, 또한 이를 능동적으로 활용하려고 한 것과 깊게 관련되어 있었다는 점을 간과해서는 안될 것이다.

제2장 신라사절 「放還」과 일본의 왕권

머리말

신라는 고대일본의 율령세계 속에서 「蕃國」의 하나로 표현되고 있다.[1] 원래 중국적 견지에서의 「蕃國」이란 복속국을 의미한다. 이에 따라 일본학계에서는 이것이 곧 신라에 대한 적대의식 또는 우월감의 표현이라는 해석이 일반적이었다.[2] 『續日本紀』[3]에 보이는 신라와의 외교적 관계에 대해서도 이 같은 '율령적 인식'을 실제의 현상으로 강조하면서, 일본고대국가의 대외인식 차원에 중점을 두어 양국의 관계를 설명하였던 것이다.

그러나 필자가 이미 밝힌 바 있듯이,[4] 일본의 율령이나 正史의 기

---

1) 賦役令16 外蕃條의 穴記, 賦役令15 沒落外蕃條의 古記, 公式令1 詔書式條의 古記, 選敍令11散位條의 古記, 雜令29 蕃使往還條의 義解, 延喜慰勞詔書式, 延喜大藏省式 賜入蕃使條.
2) 石母田正, 「天皇と『諸蕃』-大寶令制定の意義に關連して-」『日本古代國家論』一, 岩波書店, 1973. 뒤에 『石母田正著作集』第4卷 所收, 1989 등, 8세기 신라와의 외교는 이러한 율령의 원칙에 따른 신라의 「蕃國」 觀의 관철로 파악하는 것이 일본학계의 일반적인 동향이었다.
3) 『續日本紀』는 697(文武)~791(桓武)년 간의 기록으로, 桓武 덴노(天皇)가 재위중인 797년에 완성되었다. 즉 여기에 실린 기록, 표기는 當代의 의식과 수준에 의한 것이라고 볼 수 있다.

록 속에 보이는 「蕃國」이란 단순한 「隣國」, 즉 대등한 옆 나라 그 이상의 의미를 내포하는 것은 아니었다. 일본고대국가의 대 신라외교를 규명하는 작업은, 단순한 개념의 규명—그것도 중국으로부터 도입된 단어를 그대로 일본의 대외인식으로 해석하는 것—에 머물러서는 안 되는 것인데도 불구하고, 사실 이것이 일본학계 선행연구의 가장 근본적인 문제점의 하나였음을 지적할 수 있다.

마찬가지로 본고에서 다루고자 하는 「放還」 또한, 그 語義에 한정되어서 역사적 의미가 해석되는 경향이 강하였다. 즉 일본학계의 선행연구에 있어 「放還」—구체적으로 『續日本紀』에 등장하는 신라사절에 대한 「放還」의 문제는, 일본과 신라 양국 간의 '외교적 마찰'의 상징하는 사건으로 해석되곤 하였다. 신라사절의 「放還」="추방"으로, "蕃國으로서의 禮에 따르지 않는 신라사절을 추방하는 小帝國의식의 표현",[5] 또는 "중화의식을 내포한 표현으로, 통상의 귀국의 경우와는 다른 한정적인 의미—불쾌한 느낌에서 사용되었다"[6]는 해석이 일본학계에서 통용되고 있다. 다시 말해 신라사절에 대한 「放還」은, 일본의 上國的 견지의 표명이며, 또한 8세기 신라—일본 관계의 긴장·냉각·불화의 현상으로 해석되는 것에 불과하였던 것이다.

이에 본고에서는 이 같은 신라사절 「放還」의 사례를 중심으로 하여 선행연구의 문제점을 지적하고, 당시의 일본조정이 그와 같은 대 신라외교를 펼쳤던 사정은 무엇인가 하는 점을 규명해 보고자 한다. 즉 8세기 일본조정이 펼친 대 신라외교 「放還」에 대하여 선행연구와 같이 단지 일본의 대외인식이나 대외관계문제의 차원에 한정시키지 않고, 그 같은 외교정책을 파생시킨 일본국내 정세와의 관련, 특히

---

4) 이 책 「일본고대율령국가의 외국(「蕃」)·외국인(「蕃人」) 인식」 참조.
5) 石母田正, 1973, 앞의 논문.
6) 石井正敏, 「第二次渤海遣日使に關する諸問題」 旗田巍先生 古稀記念會編 『朝鮮歷史論集』 上卷, 1979.

고대일본의 왕권과의 관련 속에서 보다 포괄적으로 살펴보고자 하
는 것이다.

제1절 외국사절 「放還」의 의미

1. 신라사절 「放還」기사

종래 중국적 개념을 그대로 투영하여 일본조정에 의한 복속국으
로서의 「蕃國」에 대한 의식의 표현이라고 해석되었던 신라사절 「放
還」의 사건들은 다음과 같이 『續日本紀』에 보이고 있다(( )은 필자
에 의함).

① 『續日本紀』養老5(721)年 12月 是月
　신라 貢調使 大使 一吉湌 金乾安과 副使 薩湌 金弼 등이 筑紫에 來
　朝하였으나, 太上天皇의 登遐(사망)로 인해 大宰로부터 放還하였다.

② 『同』天平7(735)年 2月 癸丑
　中納言 正三位 다지히노 마히또 아가따모리(多治比眞人懸守)를 兵部
　曹司로 보내 신라사가 入朝한 이유를 물었다. 그런데 신라국은 갑자
　기 本號를 고쳐서 王城國이라 불렀다. 이에 그 사절을 返却하였다.

③ 『同』天平10(738)年 6月 辛酉
　使者를 大宰로 보내 신라사 金想純 등에게 饗을 賜하고, 이에 곧 放
　還하였다.

④ 『同』天平14(742)年 2月 庚辰
　詔를 내리길, "新京의 草創으로 宮室이 아직 완성되지 않았다. 이에

右大辯 기노 아손 이마로(紀朝臣飯麻呂) 등을 시켜 金欽英등에게
大宰에서 饗을 베풀고 그로부터 放還하도록" 하였다.

⑤ 『同』天平15(743)年 4月 甲午

檢校新羅客使 다지히노 아손 하니즈꾸리(多治比眞人土作) 등이 보
고하길, "신라사가 調를 土毛라 고쳐 부르고, 書(문서)에 직접 物數
를 注記하였다. 이를 舊例에 살펴보니 크게 常禮를 범한 것이다"라
하였다. (이에) 太政官이 處分하길 "水手(船員)이상을 불러 失禮한
것을 고하고 즉시 放却하라"고 하였다.

⑥ 『同』天平寶字4(760)年 9月 癸卯

신라국이 級湌 金貞卷을 보내 朝貢하였다. (略) 貞卷이 말하길 "오
랫동안 조공하지 못하였으므로 이에 우리 국왕이 調를 貢進하고자
하였다. 또한 귀 조정의 풍속·언어를 아는 자가 없으므로 學語 두
사람을 바친다." (貞卷에게) 물어 말하길 "(略)신라는 이미 말에 진
실이 없고 예의에 어긋났다. (略) 또한 (신라) 왕자 泰廉이 입조하
였을 때(752년 6월) 말하길 '매사를 古迹에 따라 供奉 하겠다'고 하
였다. (그런데) 그 뒤 오노노 다모리(小野田守)를 파견했을 때(753
년 2월) 신라가 예의에 어긋났으므로 다모리(田守)는 사절의 소임
을 다하지 못하고 돌아왔다. 왕자조차 말에 신용이 없으니 하물며
또한 輕使는 이루 말할 것도 없을 것이다. 어찌 신용할 수 있으리
요." 貞卷이 말하길 "田守가 왔을 때 나는 外官이었다. 또한 신분이
낮았으므로 자세한 사항은 모른다"고 하였다. 이에 貞卷에게 말하길
"使人이 輕微하니 賓禮로 대우하기에 부족하다. 이에 따라 却廻하고
자 한다. 너의 본국에 전하여 專對(독단으로 자유롭게 응대) 할 만
한 사람으로, 忠信(성심을 다하고 거짓이 없음)의 禮를 갖추고, 舊
調(본래의 공물)를 가지고, 明驗(분명)한 말을 하는 등의 4가지 사
항을 구비하여 來朝하라"고 하였다.

⑦ 『同』天平寶字7(763)年 2月 癸未

신라국이 級湌 金體信 이하 211명을 보내 朝貢하였다. 左少辯 從五
位下 오하라노 마히또 이마끼(大原眞人今城), 讚岐介 外從五位下

이께하라노 기미 아와모리(池原公禾守) 등을 보내어 貞卷과 약속했던 바에 대해 물었다. 體信이 말하길 "國王의 말씀(敎)을 받들어 단지 調를 받치러 왔을 뿐이다. 그 밖의 일에 대해서는 감히 알 바 아니다"고 하였다. 이에 今城이 고하길 "乾政官이 處分하길 '이번 使人은 京都로 불러들여 언제나와 같이 대우하고자 하였다. 그런데 使等이 貞卷과 약속한 일에 대해 일찍이 보고하는 바 없고, 단지 이르길 언제나와 같은 공물을 가지고 입조하였을 뿐, 그 밖의 것은 아는 바 없다고 하였다. 이는 使人으로서 마땅히 할 말이 아니다. 금후로는 王子가 아니면 執政大夫 등으로 하여금 入朝하도록 하여라. 마땅히 이를 너의 왕에게 알려라'고 하였다."

⑧『同』寶龜元(770)年3月 丁卯

처음에 신라사가 온 연유를 물었을 때 金初正 등이 말하길 "在唐大使 후지와라 가세이(藤原河淸), 學生 초꼬(朝衡) 등이 (신라) 宿衛 王子 金隱居가 귀국하는 편에 (일본의) 鄕親에게 보내는 서신을 의탁해 왔다. 이에 (신라) 국왕은 初正 등을 파견해 가세이(河淸) 등의 서신을 전달하고, 또한 사절을 보내는 참에 더불어 土毛를 받치고자 하였다." (신라사에게) 묻기를 "신라의 貢調는 오래 전부터 행해져왔다. 土毛라 고쳐 부르는 뜻은 무엇인가?" (初正 등이) 대답하여 말하길 "임의로 더불어 받치는 것이므로 調라 칭하지 않았다"고 하였다. 이에 左大史 外從五位下 다떼베노 후히또 히또누시(堅部使主人主)를 파견해 初正 등에게 선고하여 말하길 "前使 貞卷이 귀국하는 날 명하였던 사항에 대해서도 아무런 보고가 없었고, 지금도 또한 괜히 사사로운 일을 가지고 왔다. 따라서 이번에는 賓禮로 대하지 않겠다. 금후로 이전에 명하였던 것처럼 (왕자나 집정대부 등이) 入朝한다면 본래와 같은 禮로 대접하겠다. 이러한 사정을 너의 국왕에게 고하여 알려라. 단지 唐國消息과 더불어 당에 있는 우리 사절 藤原朝臣河淸 등의 서신을 가져온 것은 그 수고를 가상히 여겨 大宰府에 명하여 安置하고 饗賜하겠다. 이를 잘 명심하여라"고 하고, (신라)국왕에게 祿으로 絁 25疋과 絲 100絇, 綿 250屯을, 大使

金初正 이하에게는 각각 차등 있게 지급하였다.

⑨ 『同』 寶龜5(774)年 3月 癸卯

신라국사 禮府卿 沙湌 金三玄 이하 235명이 大宰府에 도착하였다. (略) 三玄이 말하길 "우리 국왕의 말씀(敎)을 받들어 예전과 같은 修好를 맺고 항상 서로 聘問(예물을 갖추어 방문)하기를 청한다. 아울러 國信物 및 在唐大使 藤原河淸의 서신을 가지고 來朝하였다"고 하였다. (三玄에게) 물어 말하길 "무릇 예전과 같은 수호를 맺고 항상 서로 聘問하기를 청한다는 것은 곧 亢禮(대등하게 사귀는 禮)의 隣國을 의미한다. 이는 供職(공물을 받치는)의 나라가 아니다. 또한 貢調를 國信이라고 개칭하였다. 종래의 (조공국의) 태도를 바꾼 뜻은 무엇인가?" (三玄이) 대답해 말하길 "본국의 재상 金順貞 때에는 빈번히 공물을 받쳤다. 지금은 그의 손자 邕이 계승하여 집정하고 있는데, 조부의 사적을 본받아 供奉하고자 하였다. 이에 예전과 같이 수호를 맺고 항상 서로 聘問코자 청한 것이다. 또한 三玄(본인)은 본래 貢調使가 아니다. 본국이 (일본의) 사절을 돌려보내는 참에 얼마간의 土物을 받치는 것일 뿐이다. 따라서 調라 칭하지 않았다. 감히 사절의 뜻을 말하는 것이며, 그 밖의 것은 잘 모른다"고 하였다. 이에 問新羅入朝由使(신라가 입조한 뜻을 묻는 使) 등에게 勅을 내리길 "신라가 원래 臣이라 칭하며 調를 받친 것은 고금에 자명한 바다. 그런데 古例에 따르지 않고 감히 새로운 의미를 만들어 調를 信物이라 칭하고 朝(外臣으로서 조정에 오는 것)를 修好라 하였다. 선례에 비추어 보니 특히 禮儀가 없다. 마땅히 渡海料를 지급하여 신속히 放還하여라"고 하였다.

이상이 8세기에 있었던 신라-일본간의 "외교적 충돌" 또는 "갈등"을 말해주는 것으로 해석되었던, 이른바 신라사절 「放還」의 사례이다.

白村江의 싸움(663년)이후, 신라가 對日遣使를 재개한 668년은 평

양이남·舊百濟 영토를 둘러싸고 신라-唐 간의 이해대립이 첨예화
되어 가고 있던 시기였다. 그러나 703년경을 기점으로 신라-일본
양국의 사이는 다시금 급속히 진전된다.7) 한편 726년에 발해의 무
왕이 당과 통교한 흑수말갈을 치고, 732년에는 산동반도의 등주를
공격하자 발해와 당 사이에는 대립의 기운이 싹튼다. 또한 733년 당
은 신라로 하여금 발해의 남쪽 경계를 공격하게 하였고,8) 浿水(대동
강)이남의 땅을 신라에게 승인하는 등, 당과 신라의 연대가 한층 더
강화되었고, 이러한 정세가 발해의 일본 접근을 재촉하였다.9) 이와
같은 8세기 전기의 동아시아 국제정세 속에서 신라-일본 관계는 일
본 역사학계 안에서 주로 다음과 같이 설명되었다.

예컨대 이 같은 국제정세가 신라와 일본의 관계를 긴장시켜 신라
는 일본에 대해서 대등한 태도를 취하게 되었고, 天平期(729~748)
이래 양국관계에는 불화가 계속되었다는 것이다.10) 또한 8세기에
들어서의 일본의 대외관계는 신라·발해와의 교섭을 중심으로 전개
하면서, 일본의 附傭國으로부터의 이탈을 꾀하는 신라와, 어디까지
나 宗主國이려고 하는 일본 지배자 층의 이른바 "小中華思想"이 서
로 용인되지 않고, 양국 간에는 긴장상태가 양성되었다는 것이다.11)

위와 같은 이해 속에서『續日本紀』의 대 신라 외교에 빈출하는 신
라사절의「放還」기사에 대해서도 이는 신라사절에 대한 "추방"을
의미하는 것이며, 일본조정에 의한 "小帝國 의식의 표현", "중화의
식을 내포한 표현"이었던 것으로 해석되었던 것이다. 이같이 신라사

7)『三國史記』新羅本紀 참조.
8)『舊唐書』新羅傳·渤海靺鞨傳
9) 한규철,『渤海의 對外關係史』, 신서원, 1994 참조.
10) 鈴木靖民,『古代對外關係史の硏究』, 吉川弘文館, 1985, 同,「天平文化の背景」,
　　上田正昭編『日本史』(1), 有斐閣, 1977 등.
11) 酒寄雅志,「七·八世紀の大宰府-對外關係を中心として-」『國學院雜誌』80-
　　11, 1979.

절에 대한 「放還」을, 일본을 종주국으로 생각하는 일본조정측의 국
제의식을 반영하는 것으로, 또한 이것이 當時代의 신라-일본 관계
의 냉각된 외교의 실상이었던 것으로 판단하는 일본학계의 견해에
대한 문제점을 다음에서 구체적으로 지적해 보고자 한다.

2. 동아시아 諸國의 「放還」기사

무엇보다도 일본학계의 견해의 문제점으로 지적할 수 있는 점은
먼저, 사료상에 보이는 「放還」의 표현을 "추방"의 뜻으로 한정하여,
당시의 양국 관계의 양상을 긴장 등으로 설명하려는 점에 있다고 할
것이다. 그러나 예컨대 다음과 같은 사례가 있다. 『續日本後紀』承和
3(836)年 12月 丁酉條를 보면 신라 執事省이 일본 앞으로 보낸 牒가
인용되어 있다. 그 牒 속에서 신라측이 일본의 사절 기노 미쓰(紀三
津)에게 「過海의 程粮를 지급하여 본국에 돌려보내다」는 뜻으로 紀
三津을 「放還한다」고 기록하고 있는 점에 주목할 만하다. 즉 신라
쪽에서 일본의 사절을 돌려보내는 것을 마찬가지로 「放還」이라고
표현하고 있으며, 이를 일본조정 스스로도 "추방"의 뜻으로 받아들
이고 있지 않았다. 또한 이러한 「放還」의 사례는 일본의 대 발해 관
계 기사에도 자주 등장한다.

> 『續日本紀』天平寶字3(759)年 9月 辛亥條
> 迎藤原河淸使[12]判官(3等官) 구라노 이미끼 마따나리(內藏忌寸全成)가
> 발해로부터 却廻되었다. 그 (발해) 中臺牒에 이르길 "迎藤原河淸使 총
> 99명을 (略) (唐으로)放還하고자 하였지만 (亂에 휘말려)피해를 입을까
> 두렵다. 또한 억지로 (일본으로) 돌아가게 하는 것도 귀(일본) 조정의 뜻

---

12) 唐에 있는 일본사절 藤原河淸을 불러들이기 위한 使者.

에 反하는 것이 된다. 따라서 (발해사) 頭首 高元度等 11명을 파견(「放」)하여 大唐으로 보내 河淸을 데려오고, (또한) 이(발해) 사절을 파견해 그(일본) 判官 마따나리(全成)와 같이 고향(일본)으로 돌려보낸다(「放歸鄕」). (略)"고 하였다.

일본조정이 在唐의 후지와라 가세이(藤原河淸)를 불러들이기 위해 발해로 보낸 使者에 대해, 발해 측이 그들을 唐으로 보내면 安史의 난에 휘말릴 위험이 있으므로, 따라서 高元度 등 11명만을 唐으로 「放還」－즉 "보냈다"로 해석 가능한 것이다. 이처럼 「放還」에는 단순히 "(돌려)보냈다"는 의미가 있었다. 그밖에도 발해와의 우호적 관계 속에서 발해사절에게 「祿과 路粮을 사여하고 放還하였다」는 기사를 확인할 수 있다(寶龜4(773)年 6月 丙辰·戊辰條 등).

그리고 이같이 외교관계에 있는 상대국 사절을 돌려보내는 것을 「放還」이라고 기록하는 것은 일본의 사료에서만 보이는 것이 아니다. 예컨대 『三國史記』에서도 「唐文宗이 宿衛王子 金義琮을 돌려보냈다(唐文宗放還宿衛王子金義琮)」[13]라든지, 마찬가지로 『舊唐書』에서도 일본의 遣唐使 아와따노 마히또(粟田眞人)가 唐으로부터 귀국하는 것을 「放還」이라고 기록하고 있는 등[14] 이 때에도 「放還」이 "추방"의 뜻으로는 해석되지 않는 것이다.

日·羅·唐의 사료에 빈출하는 「放還」의 기사를 특히 일본의 대 신라관계에 있어서만이 「放還」="추방"으로 이해해, "외교의 냉각화", 또는 "긴장의 양성"이라는 식으로 설명하는 것은 위험한 일인 것이다. 즉 「放還」이란 단순히 '돌려보냄'을 의미하는 것으로서 한자를 공유하는 동아시아 諸國에서 보편적으로 사용하던 표현이었던 것이다.

---

13) 新羅本紀, 僖康王2年 4月條.
14) 卷199 日本傳 長安3(703)年. 또 「(開元27年)10月 乙亥. 발해가 遣使하였다. (略) 果毅를 수여하고 紫袍·銀帶를 賜하여 蕃(발해)에 放還하였다」(『冊府元龜』卷965 外臣部 褒異3)고 보이는 것도 "추방"의 의미는 아닌 것이다.

제2절 신라사절 「放還」과 일본의 內政

1. 「放還」내용의 분류

『續日本紀』가운데 보이는 신라사절 「放還」의 문제는 종래, 신라사
절이 入京했는가, 못했는가가 해석상의 초점이었다고 할 수 있다 그
러나 『延喜式』의 신라사 入京 규정 등이 『續日本紀』에 보이는 賓禮
의 의식과 깊은 관련성을 가진다고 볼 때에,[15] 신라사가 來日한 경우
에 대해서 다음과 같은 규정이 있었던 점에 주목할 필요가 있다.

> 『延喜式』玄蕃寮 新羅客入朝條
> 무릇 新羅客이 入朝하면 神酒를 지급할 것. 그 釀酒의 料稻는 大和國의
> 賀茂·意富·纏向·倭文의 4社, 河內國의 恩智 1社, 和泉國의 安那志 1社,
> 攝津國의 佳道·伊佐具 2社가 각각 25束, 합 200束을 佳道社로 보낼 것. 大
> 和國의 片岡 1社, 攝津國의 廣田·生田·長田의 3社는 각각 50束, 합 200
> 을 生田社로 보낼 것. (略) 佳道社에서 빚은 술은 難波館에서 (신라객에
> 게)지급할 것. 만일 筑紫로부터 돌아갈 때는 마땅히 酒·肴를 지급할 것.
> (略) 책망을 들어 돌아갈 때에는 지급하지 말 것(「被責還者不給」). (略)

위의 延喜玄蕃寮式 新羅客入朝條를 근거로 하여 살펴보면
　(1) 신라객이 入朝하는 경우,
　(2) 筑紫로부터 돌아가는 경우,
　(3) 책망을 들어 (筑紫로부터) 돌아가는 경우,

---

15) 中野高行,「延喜式玄蕃寮式に見える新羅使への給酒規定について」『ヒストリ
　ア』124, 1989 참조.

등을 각각 다른 대우로 취급함을 규정하고 있음을 알 수 있다. 즉 종래 신라사절에 대한 「放還」기사로서 특별한 주의 없이 일률적으로 취급했던 부분에 대해서는 적어도 (2)와 (3)의 두 경우가 분별되지 않으면 안 될 것이다. (2)와 (3)을 나누는 기준으로는 신라사가 「책망을 듣는」－즉 그것이 상당히 상징적인 명분에 입각한 것이었다 할지라도－'放還 당하는' 사유가 분명히 신라 또는 신라사절측에 있었던 경우에 한정된다고 할 수 있다.

이렇게 볼 때 사료 ①의 경우는, 元明 太上天皇의 사망으로 인해 大宰府로부터 放還되는 경우였으며, 이러한 예는 8세기 이전에는 상당히 발생하였다. 『日本書紀』持統元(687)年 9月 甲申條에 보이는 신라 王子 金霜林의 경우도 天武天皇의 喪中으로16) 入京하지 못하고, 도착했던 大宰府의 筑紫館에서 饗·物을 사여 받고 그대로 귀국하였다.17) 그리고 이 같은 경우는 唐使의 경우에서도 마찬가지로 발생하였으며 반드시 대 신라 관계 위에서만 보이는 현상은 아니었다. 天智 덴노가 사망했을 때 唐의 사절이 筑紫로부터 그대로 귀국하였던 것이다.18)

사료 ③에서는 당시 일본국내에 역병이 유행했던 탓으로 보이며,19) 大宰府에서 饗을 베풀고 放還하였는데, 延喜玄蕃寮式에서는 筑紫로부터 돌아가는 경우에도 「酒肴를 지급」한다는 규정이 있다. 즉 이처럼 신라사절이 大宰府(筑紫)에서 饗 또는 祿을 지급 받고 入朝하지는 않았던 경우는 이미 7세기 후반경 그 선례가 다수 존재

---

16) 朱雀元(686)年 9月 9日 사망.
17) 同2年 2月 己亥條. 또한 天武2(673)年 11月 壬辰條, 天武14(685)年 3月 己未條, 朱鳥元(686)年 正月 是月條, 朱鳥元年 5月 戊辰條 등도 참조.
18) 『日本書紀』天智10(671)年 11月 10日～天武元(672)年 5月 30日條 참조.
19) 『續日本紀』天平9(737)年 4月 癸亥條, 6月 甲辰條, 7月 壬午條·乙未條, 8月 甲寅條 참조.

하며,[20] 이 때 특별한 외교상의 충돌이 있었다는 근거는 찾아보기 어렵다.

사료 ④는 같은 날에 恭仁京으로부터 近江國 甲賀郡으로 가는 길이 만들어지고, 紫香樂京을 조영하는 등의 일본 국내적 상황이 있었다. 즉 이도 일본측의 사정에 의한 放還이었으며, 따라서 그 다음해 곧 다시 신라사가 來日하기도 하였다.

이상의 경우는 「放還」의 사유가 일본측에 있든지, 혹은 불명확한 경우이며, 어쨌든 신라사가 「책망을 듣는」 경우는 아니었다. 따라서 명실공히 「放還」의 문제로 취급할 수 있는 것은 사료의 ②와 ⑤이하의 경우라 할 수 있다. 즉 외교교섭 중에 무언가의 '충돌'이 발생했다고 판단되는 것은 聖武朝 이후의 사례부터이다. 따라서 聖武朝 이후의 관련기사를 검토해 봄으로서, 이 같은 「放還」문제의 본질에 접근해 볼 수 있을 것이라 생각한다.

2. 일본의 왕권과 신라사절의 「放還」

확실히 8세기에 신라사절이 일본조정에서 禮式을 치른 것은, 和銅 8(715)年 이후로 寶龜11(780)年까지 보이지 않는다. 이는 발해사절

---

20) 이 시기에 신라 등의 외국사절에 대한 향응 장소가 筑紫로 일정했다는 점에 관련해서, 외국사절 접대를 직무로 하는 중앙기구로서의 玄蕃寮가 미성립했을 것이 추측된다(田村圓澄, 「玄蕃寮成立考」『續日本紀研究』第10卷 4·5병합). 또한 新益京 및 難波京의 도성조영을 위해 儀式의 장이 확립되지 못했다는 점(仁藤敦史, 「倭京から藤原京へ」『國立歷史民族博物館研究報告』45), 고대일본의 외교권 소재의 변용이라는 시각에서, 大夫等이 파견되었던 難波館의 기능을 배제하고 텐노(天皇)의 외교권을 확립하여 했던 것이라는 지적(田島公, 「日本の律令國家の『賓禮』」『史林』68-3, 1985, 同, 「外交と賓禮」『日本の古代』七, 中央公論社, 1986, 森公章, 「古代難波における外交儀禮とその變遷」田中健夫編『前近代の日本と東アジア』, 吉川弘文館, 1995) 등이 있다.

이 神龜5(728)年 正月의 朝賀 참가 이후, 寶龜10(779)年 正月까지 7
차례나 일본조정의 正月拜賀의 禮에 참가하고 있는 것과는 대비된
다고 할 수 있을 것이다. 북방에서는 발해가 융성하는 가운데 신라
의 성덕왕 후기·효성왕·경덕왕 대에는 對唐 외교를 중시·추진하
였으나.21) 唐에 대해서와는 달리 일본에 대해서는 외교문서조차 지
참하지 않는 강고한 태도를 취하였던 것이다.22) 그러나 그 원인이
나 경유를 신라사절 「放還」기사로부터 분석하여 양국의 관계를 설
명하려 한다면, 먼저 당시의 정세에 대한 포괄적인 이해가 있지 않
으면 안 된다.

聖武朝(재위 724~749)의 외교관계를 이해하기 위해서는 다음과
같은 두 가지 점에 주의하지 않으면 안 될 것이다. 하나는 신라, 발
해의 활발한 對日 외교─또한 對唐 관계의 진전 속에 내재되어 있었
던 신라─발해간의 세력긴장관계 등, 국제정세 안에서 일본조정의
외교정책 방향을 이해하지 않으면 안 된다는 점이다. 또 하나는 聖
武朝가 펼친 활발한 대외활동의 움직임 속에는 당시의 일본국내의
복잡한 정치적 상황이 투영되어 있었다는 점이다.

전자, 즉 聖武朝에는 일본의 대외관계 위에 특기할 만한 변화─대
발해관계가 시작되었다는 점을 무시할 수 없으며,23) 이것이 또한 일
본조정의 대 신라외교 태도에도 적지 않은 영향을 끼쳤음이 분명하
다. 원래 聖武朝 초기의 대 신라 관계의 기본방침은 양국 간의 친밀
를 도모하는 것이었다고 보여지기 때문이다. 예컨대 공식사절도 아

---

21) 浜田耕作,「新羅聖德王代の政治と外交─通文博士と倭典をめぐって─」『朝鮮
   歷史論集』上, 龍溪書店, 1979 참조.
22) 700年代는 신라가 대 일본 외교에 대한 적극성을 상실한 시기였다고 평가된
   다(古畑徹「七世紀末から八世紀初にかけての新羅·唐關係─新羅外交史の一
   試論─」『朝鮮學報』107, 1983).
23) 발해사의 來日 2회, 일본의 遣渤海使 2회.

닌, 또한 국왕도 아닌 인물—신라의 신하 金順貞에 대해서 贐物을
보내는 등의 사례가 있었던 것24)도 그 점을 증명한다. 그러나 다음
해 神龜4(727)年부터 발해관계가 시작되고, 일본 조정은 그 사실에
중요한 의미를 부여하였다. 文武朝에 신라사가 가져온 선물에 대해
했던 것처럼, 聖武朝에는 발해사절이 가져온 선물을 선왕의 山陵 6
개소에 받치는 등,25) 발해관계의 시작에 커다란 의의를 표명하는 모
습을 볼 수 있다. 이 같은 대외관계 속에서 일본 국내적으로는 다음
과 같은 사정이 전개되고 있었다.

聖武朝는 일본조정 내에서 덴노를 중심으로 하여 귀족층 내부의
각종 정쟁이 격화되었던 시기이기도 하다. 후지와라노 후히또(藤原
不比等) 이후 藤原氏의 발전이 계속되는 가운데, 이에 대항한 나가야
오(長屋王)는 결국 자살하게 되었고,26) 皇親政治의 중핵을 이루는
知太政官事 도네리 신노(舍人親王)의 지보도 대폭 저하되었다. 그 뒤
不比等의 네 아들—무찌마로(武智麻呂)・후사사끼(房前)・우마까이
(宇合)・마로(麻呂)—은 藤原氏의 고묘시(光明子)의 立后를 달성하
여27) 정계의 중추부를 차지하였다. 그러나 藤原不比等의 네 아들이
유행하던 역병으로 사망하고28) 황족출신의 다찌바나노 모로에(橘諸
兄)가 정권을 장악하자, 후지와라노 히로쓰구(藤原廣嗣)가 藤原氏의
권위회복을 위해 거병했다가 실패하기도 하였다.29) 이처럼 聖武의
즉위 후의 왕권(皇權)은 상당히 불안정한 것이었으며, 이런 상황 속
에서 대외관계를 전개한 것이었다. 사료 ②의 경우, 神龜4(749)年 9

---

24) 『續日本紀』神龜3(726)年 秋7月 戊子條.
25) 天平2(730)年 8月 辛亥條, 同9月 丙子條, 同10月 庚戌條.
26) 天平元(729)年.
27) 天平元年 8月 10日條.
28) 天平9(737)年.
29) 天平12(740)年 9月 3日條.

月 21日 발해사가 來日하여 양국 국교가 성립된 이후, 天平3(731)年
4月 일본병선의 신라 습격사건이 있었으므로,[30) 표면적으로는 신라
-일본 관계의 위기상황으로도 볼 수 있다. 그러나 다음해 天平
4(732)年 正月 遣新羅使가 임명되고, 同20日에는 신라사가 入京하여
이들에게 饗宴·賜祿하는 등, 제대로 된 賓禮가 베풀어졌다. 그리고
節度使가 임명되기도 하였으나,[31) 天平6(734)年 4月에는 폐지된다.
天平7(735)年 2月 27日에「갑자기 本號를 王城國이라 고쳐 부른」경
우도(②), 신라사가 前年 12月 6日 도착한 후, 일단 2月 7日에 入京했
으며,「갑자기(輒)」-즉 "어디까지나 多治比眞人縣守와의 문답의 전
개과정에서 돌연 발생"[32)했을 가능성도 포함하면,[33) 天平初期에 일

---

30) 『三國史記』 聖德王 30年條. 이 기사에 대한 해석은 다양하나 자세히는 鈴木
靖民,「奈良朝における對外意識-『日本書紀』朝鮮關係記事の檢討」『古代對外
關係史の研究』, 1985, 申瑩植 『統一時代史研究』, 三知院, 1990 참조.

31) 節度使의 임명에 관련한 대외적 원인은 사료 상에서도 분명하지 않으나, 대
체로 다음과 같은 해석이 통용되고 있다. ① 신라-일본의 국교 악화에 대
한 대책(坂本太郎,「正倉院文書出雲國計會帳に見えた節度使と四度使」『日
本古代史の基礎的研究』下卷, 1964, 村尾次郎,「出雲國風土記の勘造と節度
使」『律令財政史の研究』, 1961, 早川庄八,「天平六年出雲計會帳の研究」坂
本太郎博士還曆記念會編『日本古代史論集』下卷, 1962) ② 마찬가지로 국
제긴장 관계를 중요시하면서도(鬼頭淸明,「敵·新羅·天皇制」『歷史學研
究』646, 1993), 唐과의 관계가 節度使 설치의 중요원인이었다고 보는 견해
(友寄隆史,「節度使設置について」『立正史學』45, 1979) ③ 節度使 설치의
직접계기는 발해의 登州 공격에 있었다고 보는 견해(酒寄雅志,「八世紀に
おける日本の外交と東アジアの情勢-渤海との關係を中心に-」『國史學』103
號, 1977) ④ 일본국내문제 해결을 위해 설치되었다고 보는 입장(大原良通,
「唐の節度使と日本の遣唐使」『史泉』77, 1993) ⑤ 국내의 기초적인 군사력
정비면에서 이해하고(奧田尙,「天平初期における日羅關係について」, 時野谷
勝教授退官記念會編『일본사론집』, 1975, 平川南,「鎭守府論Ⅰ-陸奧鎭所に
ついて-」『東北歷史資料館研究紀要』6, 1980) ⑥ 율령적 군비체제 강화면
에서 논하는 입장(北啓太,「天平四年の節度使」, 土田直鎭先生還曆記念會編
『奈良平安時代史論集』上卷, 1984) 등. 다시 말해 節度使의 설치의 원인에
대해서는 "신라-일본 관계의 악화"로만 보기 어려운 점이 있다.

본과 신라의 관계에는 긴장감이 증가하였다는 설명은 재고되지 않으면 안 된다.34) 天平9(737)年 2月 丙寅條에 보이는 「新羅征伐論」도 현실성을 동반한 것은 아니었으며,35) 天平9年 9月의 사키모리(防人)36)의 정지와 翌年5月의 곤데이(健兒)37)의 정지 등, 일본국내에는 일종의 무력체제 해체의 움직임마저 보인다.

또한 조정의 의식을 중지38)할 정도로 전국적인 역병이 돌았고, 아

---

32) 浜田耕作, 「新羅聖德王代の政治と外交 - 通文博士と倭典をめぐって -」.

33) 신라국이 本號를 「王城國」으로 고쳐 부른 것에 대해서는, "일본을 蕃國으로 위치 지으려는 신라 華夷思想의 표현"(酒寄雅志, 「華夷思想の諸相」) 등, 몇 가지 견해가 제시되어 있다. 그러나 필자의 견해로는 이것은 722(聖德王21, 일본의 養老6)年에 축성하기 시작한 「毛伐郡城」에 관련된 발언이었던 것으로 보인다. 이 「毛伐郡城」은 『三國史記』卷第8 신라본기 聖德王21年 冬10月條, 『同』卷第2 紀異第2 開元10年 10月條, 『同』卷第38 雜志第7 地理1 良州條 등에서 그 사실이 확인되며, 적어도 景德王代(742~765年)까지 그 존재가 인정된다. 따라서 대 일본관계를 의식하고 만들어진 이 城에 관련된 발언이 이 天平7(735)年의 신라사절의 말 가운데 표현되었을 가능성이 있다.

34) 이처럼 天平年間의 신라 - 일본 관계를 긴장 이외의 각도로 보는 견해로는 奥田尙, 「天平後期の일본と신라・渤海 - 橘諸兄政權期の外交」『續日本紀研究』185, 1976도 참고.

35) 聖武朝의 대 신라 관계를 긴장이나 불화라는 시점으로 이해하려는 일본의 선행연구에서는 737年에 일본조정에서 제기된 「新羅征伐論」(『續日本紀』天平9年 2月 己未條, 丙寅條 참조)을 중요한 근거로 제시한다. 그러나 이 737년의 신라에 대한 논의는, 『同』天平8(736)年 8月 庚午條, 同年 11月 戊寅條 등으로부터 알 수 있듯이 일본이 對唐 관계를 원활히 추진하고 있었던 영향이 컸던 것으로 파악된다. 또한 일본국내의 상황을 보아도 당시에는 격심한 정치적 동요가 있었던 점, 실지 신라정토를 위한 구체적인 계획이나 추진 없이 단지 '논의'에만 그치고 있다는 점 등은 모두, 이것이 본래 그 가능성・현실성이 없는, 명분론에 입각한 일본조정의 공론이었음을 말해준다.

36) 율령제 하에서 九州의 방비를 담당하던 병사를 말하며, 諸國의 正丁으로부터 징집되었던 병사의 일부가 3년 동안 교대제로 근무하였다.

37) 軍團의 兵士役이 과중한 부담이 되어 농민이 피폐해지자, 奥州・佐渡・大宰府의 管內諸國을 제외하고 諸國의 兵士를 폐지하고, 郡司 등의 유력자의 자제를 채용하여 健兒를 설치하였는데 792년부터 정규의 兵制로 되었다.

38) 天平9年 6月 甲辰條.

베 나이신노(阿倍內親王・孝謙天皇)를 황태자로 추대하는 가운데[39] 돌출 된 황위계승의 문제.[40] 天平12(740)年 9月 大宰府의 藤原廣嗣 의 난.[41] 그 후 계속되는 귀족정변 가운데서 紫香樂宮・恭仁京 등 으로 行幸을 반복하는 聖武의 모습으로부터 당시의 왕권이 얼마나 동요하였던가를 알 수 있다.[42] 또한 「처음에 平城大極殿 및 步廊이 무너져 恭仁宮으로 옮겨 지은 지 4年. 이에 그 공사가 겨우 끝났는 데 사용한 비용은 이루 말할 수도 없다. 그런데 다시 紫香樂宮을 만 들므로 恭仁宮의 造作을 정지하였다」[43]는 新宮 조영 사업과 또한 大佛造顯 사업[44] 등으로 인한 막중한 재정문제 등, 당시 일본조정 의 정책 중점은 국내의 제 문제를 선결로 하지 않을 수 없는 상황이 었다. 이러한 정세 속에서 天平15(743)年 4月의 신라사절 「放還」사 건(사료 ⑤)을 이해해 보아야 하는 것이다. 聖武朝에 보이는 대 신라

---

39) 天平10(738)年 1月.

40) 笹山晴生,「奈良朝政治の推移」『岩波講座日本歴史』古代 3, 1962, 同「天平期 の政治と文化」『日本古代史講義』, 東大出版會, 1977 참조.

41) 이 난의 결과 天平14(742)年 1月에는 大宰府가 폐지되었다.

42) 天平9年의 신라정벌논의는 흐지부지 되었고, 天平12(740)年에는 다시 遣新 羅大使를 임명하였고(3月 15日, 9月 12日 長門國 來泊, 10月 15日 귀국), 同 年 遣渤海使도 임명하였다(4月 20日, 10月 5日 귀국). 이처럼 遣新羅・遣渤 海使는 거의 동시기에 임명・출발하였고, 귀국했는데, 그 결과에 대한 보고 는 사료 상에 분명하지 않다. 이는 그 사이의 廣嗣의 거병(9月 3日, 11月 5 日 廣嗣 斬首 보고)이나 聖武의 伊勢 行幸(출발 10月 29日) 등, 혼란한 국 내 동향에 의한 영향일 것이라 생각된다. 聖武가 10月末에 關東으로 行幸 한 이후, 12月에는 恭仁鄕에서 造都를 발령하여, 天平13(741)年에는 恭仁 京에서 受朝(正月 1日)하고, 平城京의 병기도 甕原宮으로 운반하였다(閏3 月 9日). 天平14(742)年에는 廣嗣의 亂의 영향으로 大宰府도 폐지되는(正 月 4日) 등, 일본조정에는 혼란이 계속되었다. 따라서 同天平14(742)年 2 月 3日에 來日한 신라사(사료④)도 「新京의 미완성」을 이유로 大宰府로부 터 放還한 것이었다.

43) 天平15年 12月 辛卯條.

44) 天平15(743)年 10月 辛巳條, 天平15年 12月 己丑條.

자세는 설령 신라사절의 「실례」나 「무례」를 책하기는 하였어도, 그 「실례」나 「무례」에 대해 적극적인 군사행동을 취하지는 못했으며, 다음의 기사를 통해서도 알 수 있는 것처럼, 신라와의 관계에 문제가 생기는 것을 염려할 뿐이었던 것이다.

『續日本紀』 天平9(737)年 4月 乙巳朔
伊勢神宮・大神社・筑紫住吉・八幡二社 및 香椎宮에 使者를 파견하여 奉幣하고 신라의 무례함을 보고하였다.

다음으로 淳仁朝(재위 758~764)에 보이는 「放還」기사에 대해 검토하겠는데, 우선 淳仁朝의 외교방침을 이해해 보아야 한다. 淳仁朝의 대외관계추진 의욕은, 遣渤海使와 遣唐使 파견의 2대 사업에 집중되어 있는 점이 특징적이다. 예컨대 遣渤海使의 출발 시에 성대한 연회를 베풀고,[45] 遣渤海使가 귀국하자 이들에게 敍位하는 모습,[46] 또한 在唐中의 大使 藤原朝臣淸河에 대한 敍位,[47] 뿐만 아니라 遣唐使船[48]이나 遣渤海船[49]에 대해서도 특별히 敍位하는 등, 당시 淳仁朝의 조정은 적극적으로 대 당·대 발해 관계를 추진하였던 것을 확인할 수 있다. 이같이 淳仁朝의 대외관계의 중점은 대 당·대 발해 관계에 있었다고 할 수 있는데, 이들은 별개의 차원에서가 아니라 상호 연련 속에서 추진되었다는 점도 지적할 수 있다. 발해사가 來日해 있는 가운데 迎入唐大使使[50]를 임명하여,[51] 발해사와 더

---

45) 『萬葉集』 45-4, 天平寶字2(758)年 2月 10日.
46) 天平寶字4(760)年 11月 11日.
47) 天平寶字8(764)年 正月 7日.
48) 天平寶字2(758)年 3月 16日.
49) 天平寶字7(763)年 8月 12日.
50) 이 때 임명된 迎使 高元度는 그 이름으로 볼 때 고구려계 도래인일 것으로 추측된다(『新古典文學大系續日本紀』 三, 補注22-6, 542쪽 참조).
51) 天平寶字3(759)年 正月 30日.

불어 출발시키고 있다.52) 天平寶字3(759)年 2月 戊戌朔條의 賜高麗
王書를 보면 「(略) (이번의 발해사절은) 遣渤海使의 귀국에 수행되어
온 것이므로 귀국할 배가 없다. 따라서 單使를 파견하여 본국(발해)
으로 돌려보내고자 한다. 즉 그 곳(발해)으로부터 大唐에 도착하여
前年의 入唐大使 藤原朝臣河淸을 불러들이고자 한다. (略)」고 하였
으며, 마찬가지로 天平寶字5(761)年 10月 22日에도 遣唐使와 遣渤
海使를 동시에 임명하고 있다.

즉 일본 조정이 발해와의 관계를 이용해 唐과의 교통로를 열려고
했던 면에 주목하지 않을 수 없다. 다시 말해 「渤海路(道)」의 이용이
다.『續日本紀』天平11(739)年 11月 3日 辛卯條에도 헤구리노 아손
히로나리(平群朝臣廣成) 等이 拜朝하였다. (略) (唐의 天子에게) 渤海
路로 귀국하기를 청하였다. 天子가 허락하였다. (略)」고 보이는데,
또『同』天平寶字5(761)年 8月 12日 甲子條에도 「처음에 (高)元度가
사절로 파견되어 나가는 날, 渤海道을 이용해 (발해사) 賀正使 楊方
慶等을 따라 唐國에 갔다」는 기록이 보인다. 일본은 唐과의 교통에
불가피한 「渤海路(道)」의 이용을 위해 발해와의 관계를 우호적으로
추진하고 있었던 것이다. 즉 淳仁朝에 조정 賓禮 의식의 대상이 된
것은 신라와 적대관계에 있는 발해였던 것이다.53)

신라와의 관계는, 天平勝寶5(753)年 2月 9日에 임명되었던 遣新羅
使가 신라왕을 만나보지도 못하고 귀국한 이후에 신라사의 來日도
한동안 없었다. 天平寶字2(758)年의 발해사는, 신라-일본 관계가 이
러한 양상을 띠는 가운데 淳仁의 즉위를 계기로 來日한 것이었으며,
이후 淳仁朝의 조정에서의 賓禮의 의식은 발해사를 맞이하는 장으
로 성립하였던 것이다. 天平寶字7(763)年의 신라사에 대한 「放還」처

---

52) 同年 2月 16日.
53)『續日本紀』天平寶字2(758)年 12月 壬戌, 天平寶字3(759)年 正月 庚午, 또
    한 天平寶字3(759)年 正月 甲午, 天平寶字7(763)年 2月 丁丑條 참조.

분(사료 ⑦)도, 발해사가 前年 閏12月 19日 入京하여, 方物을 전하고 (正月 3日), 일본조정으로부터 敍位받고(同月 7日), 2月 4日에는 太師 (乾政官) 후지와라노 에미 아손 오시까쓰(藤原惠美朝臣押勝) 주체의 연회에 참석하는 등의, 발해사 접대가 한창인 가운데 내려진 처분이 었다.54) 이 같은 정치과정에서 대 신라관계의 의의도 저하된 것으로 평가할 수 있겠으나, 그러나 그렇다면 신라사절에 대한「放還」이란, 신라－일본간의 직접적인 충돌에 의한 것이라기 보다는, 주변의 국 제관계나, 이에 대한 일본조정의 대외정책 방향의 표현이라고 해야 할 것이다. 또한 당시 일본국내를 살펴보면, 天平寶字4(761)年 9月의 신라사절「放還」사건(사료 ⑥)이 일어났을 때는 淳仁 덴노의 小治田 宮 行幸55)의 시기에 해당한다. 淳仁 덴노와, 保良京 조영을 진행시 키고 있던 孝謙 太上天皇 사이에 정치적인 대립이 있었을 것으로 추 정되는 등,56) 일본조정의 정치 정세의 불안정이 보이는 시기이다. 同5(762)年 正月 1日 丁亥條에 의하면「新宮의 미완성으로 廢朝」되 었으며, 또한 淳仁이 平城宮으로 돌아갔어도「武部曹司를 御在所로 하」는 등, 당시 신라사절과의 정식의 외교교섭은 성립되기 어려운 상황이었던 것이다.

다음의 稱德朝(재위 764~770)의「放還」사건(사료 ⑧) 때에도 신라 와의 관계에 커다란 긴장감은 느껴지지 않는다. 예컨대 다음을 보아 도 그것을 알 수 있다.

『續日本紀』神護景雲2(768)年 10月 甲子
左·右大臣에게 大宰綿을 각 2萬屯, 大納言 이미나(諱)·유게노미끼요 아손 기요히또(弓削御淨朝臣淸人)에게 각 1萬屯, 從二位 훈야노 마히또

---

54) 同月 20日 발해사 귀국.
55) 天平寶字4年 8月 乙亥條~翌5(762)年 正月 丁酉에 平城宮으로 돌아감.
56) 池田源太,「小治田宮」『大和叢攷』所收 참조.

죠산(文室眞人淨三)에게 6千屯, 中務卿 從三位 훈야노 마히또 오호치(文室眞人大市)・式部卿 從三位 이소노가미 아손 야까쓰구(石上朝臣宅嗣)에게 4千屯, 正四位下 이오끼베노 오끼미(伊福部女王)에게 1千屯을 사여하여 신라의 交關物을 사게 하였다.

大宰府로부터의 貢綿을 매년 20만屯으로 배증한 769년의 前年, 즉 768年 10月 24日에 신라 交關物을 사기 위해 大宰綿 합 75000屯을 左右大臣을 비롯한 고위 관인에게 지급하였다. 즉 平城京에서 고위귀족과 신라인들 사이에서 교역이 이루어졌으며, 그 대가로 大宰의 綿이나 絲가 지불된 것으로 추측된다. 新羅物과의 交關에 대해서는 孝謙朝(재위 749~758)의 天平勝寶年間(749~756)에 보이는 買新羅物解[57]에 의해 그 실태가 확인된다. 이 기사도 그 연장선상에서 이해할 수 있는데, 이처럼 당시 新羅物을 사기 위해 고위 관인에게 大宰府의 綿을 조정에서 지급했다는 사실로부터도, 이 시기에 신라에 대한 특별한 긴장이 있었다고는 보기 어려운 것이다.

사료 ⑧은 이 같은 稱德朝의 유일한 외교사절 기록이다. 神護景雲 3(769)年 11月 12日 신라사절이 對馬에 도착했으므로 두 차례에 걸쳐 조정으로부터 使者를 파견하고,[58] 또한 신라사절이나 신라국왕

57) 孝謙朝에 신라인 金泰廉의 내일 기간(天平勝寶4(752)年 閏3月~6月)동안 교역이 이루어졌다는 것을 買新羅物解(『大日本古文書』3-578, 24-45, 松島順正編『正倉院寶物銘文集成』429號 참조)와 正倉院 소장의 鳥毛立女屛風 下貼文書와 같은 買新羅物使解(합계26점 복원), 買物申請帳 등을 통해 확인할 수 있다. 買物解란, 대개 5위 이상의 귀족층이 신라로부터의 교역품을 구입하기에 앞서, 품목・수량 및 가치(대가)를 보고한 것으로, 大藏省 또는 內藏寮에 제출한 구입허가 신청서이다(東野治之,「鳥毛立女屛風下貼文書의 硏究」『史林』57-6, 1977).

58) 이 때 파견된 津史主治麻呂는『新撰姓氏錄』右京諸蕃下,『續日本紀』天平寶字2(758)年 8月 27日 丙寅條를 참조하면「船, 葛井, 津, 본래 이는 한 조상에서 나뉘어져 三氏로 되었다」,「나뉘어져 처음으로 三姓으로 되었다. 각각 그 職에 따라 氏를 명명하였다. 葛井, 船, 津連 등이 즉 이것이다」고 한,

에게「安置饗賜」,「賜祿」등의 조치를 내리고 있다. 稱德朝는『大唐開元禮』를 전래한 기비노 마끼비(吉備眞備)가 정계의 중심이 되어 唐禮에 대한 이해를 심화한 시기이기도 하며,[59] 신라와의 외교교섭에 있어서도 唐의 例를 모방한 외교형식을 문제로 삼기도 하였다. 따라서 이러한 점으로부터도 이 시기의「放還」문제를 살펴볼 필요가 있다. 예컨대 寶龜元(770)年에는「土毛를 받치고+괜히 사사로운 일로 왔」으므로「賓禮로 대우하지 않」았으며, 또한 다음의 寶龜5(774)年 3月의 경우에도「調를 信物이라 칭하고+朝를 修好라 하」였으므로「특히 禮數 없다」고 하였던 것처럼,「禮」의 문제가 이 시기의 주된 관심사였음을 알 수 있다. 이를 집약적으로 말한다면, 天平寶字4(760)年 9月 기사에 보이는 것처럼「玉帛를 가지고 朝聘하는 것의 本(본래의 의의)」은「禮義」를 행하는 것이므로,「賓待하기에 족한 禮」—즉 형식이 필요·존중되었던 것이며, 이러한 禮—형식을 당시의 일본조정은 신라에 대해 계속적으로 요구하였음을 알 수 있다.[60] 『續日本紀』寶龜11(780)年 2月 庚戌條를 보면 사절을「例에 따라 국경으로부터

백제계 귀화인이었다. 또한 神護景雲3年 12月에는 同氏의 津連眞麻呂가 大宰에 파견되어 신라사 入朝의 이유를 심문하는 등, 대 신라교섭을 백제계 출신의 관료에게 수행시키고 있으며, 이러한 점으로부터도 대 신라관계에 임하는 일본조정의 자세를 확인할 수 있다. 즉 신라—일본간에 직접적인 대립이나 충돌이 있었다기 보다는, 신라관계의 추진에 대해 일본조정은 일정한 방침을 가지고 있었던 것이다.

또한 더불어 이러한 제사례를 포함하여 이 같은 '放還'사례가 빈출하는『續日本紀』의 사료적 성격에 대해서도 주의해 둘 점이 있다. 桓武朝의『續日本紀』撰者는 4사람 가운데 2 사람은 백제계 귀화인의 후예, 한 사람은 백제왕족을 인척으로 한, 친백제계 사람(坂本太郎,『六國史』, 日本歷史叢書, 吉川弘文館, 1970, 184쪽)이었다는 점도,『續日本紀』게재의 기사를 이해하는데 간과할 수 없는 사항인 것이다.

59) 古瀨奈津子,「儀式における唐禮の繼受—奈良末~平安初期の變化を中心に—」, 池田溫,『中日礼法と日本律令制』所收, 東方書店, 1992.
60) 이러한 儀禮 문제만이 양국 간의 관심의 전부였다고 할 수는 없지만,

放還」하는 이유로, 외교교섭시의 문서형식인「表」를 지참하지 않은 것(「不將表使」)을 내걸은 것을 보아도 이 점은 분명하다.61)

사료 ⑤·⑦·⑧ 속에서 문제시되고 있는「土物」이나「信物」에는, 토산물 또는 音信을 통하는 物62)이란 의미가 있었던 것에 불과하며,

---

61) 사료⑤에서도 그 때의 신라사가 별도의 色目(목록)을 첨부하지 않고 문서자체에 직접「物의數」를 주기한 것이 禮에 반한다고 책망하고 있다. 贈物에 대해서 별도의 色目을 첨부하는 것이 당시의 외교교섭시의 형식-禮였던 것이다(『日本後紀』延曆15(796)년 10月 2日己未「渤海王啓曰 (略) 土物를 받치는데 있어 자세하게는 別狀에 있음 (略)」, 그밖에도 延曆18年 4月 15日己丑·弘仁10(819)年 11月 20日甲午,『續日本後紀』承和9(842)年 4月 12日丙子, 嘉祥2(849)年 3月 14日戊辰條 등 참조).

또한 발해관계에 있어서도 8세기 중반 경부터 외교문서(국서)의「違例」를 이유로 한「방환」사례가 보이는데, 이 때 일본조정이 문제시하고 있는「違例」사항은 다음과 같은 것이었다.

「가져온 (발해왕)啓를 보니 臣名을 칭하지 않고 있다. (또한) 어째서 이번에도 上表가 없는 것이냐. 禮로서 행하는 것은 발해나 우리나 마찬가지다」(『續日本紀』天平勝寶5(753)年 6月 丁丑),「올린 表를 보니 어찌 例와 달리 무례한가」(寶龜3(772)年 正月 16日),「王啓를 살펴보니 首尾가 확실하지 않고 舊儀와 다르다」(『類聚國史』延曆15(796)年 5月 17日丁未),「啓를 고쳐서 狀이라 하였다. 舊例에 따르지 않았다」(『類聚國史』弘仁6(815)年 正月 22日甲午),「啓函의 修飾이 舊例에 따르지 않았다」(『續日本後紀』承和9(842)年 4月 12日丙子) 등과 같이 모두 서식이나 수식 등의 형식-禮의 문제였다. 또한 이 같은 국서는 조정에 이르기 전에 이미 한차례 개봉·검령되었고, 이것이 다시 조정의 의식 속에서 읽혀지는 것이었으므로(『類聚國史』貞觀14(872)年 4月 13日壬子條, 同5月 18日丁亥條), 사실상 국서의 내용이라는 면보다는, 그것이 의미하는 상징성의 차원-양국 사이에 정식외교를 성립시키기 위한 기본 禮·형식이라는 면으로부터 이해할 필요가 있다. 따라서,「(발해사)承英 등에게 말하길, "慕感德 등이 귀국하는 날에 勅書를 사여한 일이 없다. (그런데) 지금 (발해왕의)啓를 살펴보니 이르길 '삼가 (덴노가 보낸) 문서를 보니 (略)'라고 하였다. 이는 사실이 아니므로 이치로는 마땅히 (발해사를) 返却해야 한다. 단지 啓의 언사가 공경을 잃지 않고 있으므로 그 잘못을 용서하고 특별히 우대한다. (略)"」(『類聚國史』弘仁10(819)年 11月 20日甲午)고 한 것처럼, 전번 발해사의 국서 위조사건이 발각되었음에도 불구하고, 이번에 가져온 발해왕 啓의 문투가 공경을 잃지 않았음을 보다 중시해 덴노로부터 특별한 우대가 더해지는 일도 있을 수 있었던 것이다.

특별히 조공품이란 의미를 내포하지는 않았다. 「信物」 혹은 「國信物」 (『日本書紀』 古訓 「구니쓰까이노모노(クニツカヒノモノ)」)란 국가 간의 친교를 위해 보내는 物로, 唐日間 또는 발해로부터 일본조정으로 보내온 物에 대한 일반적인 표현이었다.[63] 延喜玄蕃寮式 諸蕃使人條를 보면 「諸蕃使人이 國信物을 가지고 入京한다면 (略) 무릇 그 在路에서 客과 交雜해서는 안 된다. (略)」라고 하여, 「國信物」에 관한 규정의 후반부에 「交關」에 관련해 규정하고 있음을 알 수 있다.

즉 이 후반부는 『唐律疏議』 衛禁律31 越度緣辺關塞條 疏議의 「交關」에 관한 규정─「準主客式. 蕃客來朝. 於在路不得與客交雜. (略) 即是國內官人百姓.不得與客交關.」─을 도입한 것이다. 일본의 법식에는 「조공(품)」에 관한 규정이 없다는 것,[64] 또한 주로 內藏寮와 大藏省이 관계하는 교역규정[65]이 존재한다는 사실[66] 등은, 비록 정치적 성향을 배제할 수 없다 할지라도, 외국사절을 통해 들어온 物

---

62) 東野治之, 「日·唐間における渤海の中繼貿易」 『日本歷史』 438, 1984, 青木和夫, 「大唐留學」 『日本の歷史』 3, 1973 참조.

63) 「國信」이란 대등관계에 있는 국가 상호간에 오고간 贈進物의 명칭이다(西嶋定生, 「七─八世紀の東アジアと日本」 『日本歷史の國際環境』, 東京大學出版會, 1985, 同, 「遣唐使と國書」 『遣唐使と史料』所收, 東海大學出版會, 1987). 한편 상하관계에 한정되지 않는 贈進物의 명칭일 뿐만 아니라, 上位에서 下位에게 내리는 하사품의 명칭으로도 「國信」 혹은 「信物」이 사용되었다는 견해도 있다(保科富士男, 「古代일본의 對外關係における 贈進物의 名稱─古代日本の對外意識に關連して」, 東海大學白山史學會編 『白山史學』 25號, 1988).
예컨대 신라에서도 당의 僖宗이 신라 憲德王에게 보낸 物을 「國信」(『藍浦聖住寺朗慧和尙白月葆光塔碑文』)이라 기록하고 있는 등, 당시 타국으로부터 보내온 物을 일반적으로 「(國)信物」으로 표현하였다는 것을 알 수 있다.

64) 唐의 鴻臚寺 卿은 「賓客」이외에도 「冊諸蕃」(『通典』 卷26 職官8, 『六典』 卷18 鴻臚寺典客令條)에 대해 관장하였으나, 이를 모방하여 성립한 일본의 중앙 외교담당기구 玄蕃寮에는 「朝貢」 등의 職掌이 없었다.

65) 養老職員令 內藏寮條, 延喜大藏省式 蕃客條.

66) 대외교역에 관계한 일본의 중앙 관사에 대해서는 古尾谷知浩, 「古代の內藏寮について」 『史學雜誌』 100─12, 1991 참조.

은 일본 내에서 교역품으로서의 의미가 컸다는 것을 알 수 있다.

　①~⑨의 사료 속에 동일하게 「신라사」라고 보이는 가운데에는, 어느 정도 개인적인 성향을 가진 「土物」[67]을 가져온 자도 있었으며, 「괜히 사사로운 일을 가지고 오거나」(⑧), 「감히 새로운 의미를 만들어」내는(⑨) 등, 일본측의 요구－「賓禮」로 대하기에 합당한 禮를 갖춘 공식사절과는 다른, 物을 주목적으로 한 사적 차원의 신라인도 포함되어 있었다고 생각된다. 즉 당시의 사료에 보이는 「신라사」에 대해서는 단순한 공식사절로 일괄할 수 없는 다양한 성격이 상정된다. 그렇지만 어쨌든 일본조정은 외국사절과의 교섭에 임하여서는 「禮」에 특별한 의미를 부여하기를 중시하였고, 또한 이를 요구하였다. 그리고 이같이 「禮」의 문제가 존중되었던 시대에, 사료 ⑧이나 ⑨의 경우에도 大宰府에서 「安置」「饗宴」「賜祿」하거나, 「渡海料를 지급」하고 있으며, 이는 延喜玄蕃寮式가 「아무 것도 지급하지 않는다」고 규정한, 「책망 받아 돌아가는」경우에는 해당하지 않았던 것이다. 養老職員令 大宰府條의 「蕃客·饗讌」職掌이나 延喜民部省式(上)과 延喜交替式의 大宰府 蕃客儲米條 등은 大宰府가 이러한 외교적 기능을 다 하도록 규정하고 있다. 사절의 入京 여하에 관계없이, 사료 ③·④에 보이는 大宰府에서의 「饗宴」, 사료 ⑧과 같은 사절에 대한 「安置·饗·賜祿」, 또한 「국왕에게 사여하는 祿」까지를 포함해, 大宰府의 「외국사절을 위한 준비(蕃客之儲)」는 상당히 비중 있는 것이었다고 판단된다. 외국사절을 맞이하는 大宰府의 職掌은, 8세기의 사례를 통해 살펴 볼 때 이같이 (1) 「供客」,[68] (2) 사절에게 직접 「饗宴」「賜祿」하는 것 이외에도, (3) 「來朝의 이유를 硏問」

---

67) 「國信物」과는 별도로 「土物」이란 주로 개인간에 오고 간 物을 말한다(예컨대 『入唐求法巡禮行記』 開成3(838)年 7月 14日, 同7月 30日, 同8月 9日條 등 참조).
68) 天平15(743)年 3月 乙巳條.

하는 것69)과 (4) 사절의 「表函을 책하고, 表가 있으면 案을 필사해 진상」하는 것(同條), 또한 때로는 (5) 牒도 발급하는 것(天平8(737) 年 신라 執事省 앞으로 보내는 牒의 예70))이었다. 즉 이는 令制의 大宰府 기능이 실지 외국사절(8세기에는 주로 신라사)의 왕래를 경험하는 가운데 더 한층 정비되었음을 의미한다. 이로부터 유추하여, 사절 「放還」에 관련 있는 (3)·(4)와 같은 기능 이외에도, 大宰府에는 (1)이나 (2), 또한 (5)의 기능도 발휘할 수 있도록, 즉 사절들이 入京하지 않고도 大宰府에서 賓禮를 치르고 귀국하는 루트가, 어느 정도 공식화 또한 방침화 되어 있었고, 준비되어 있었다고 할 수 있을 것이다. 延喜太政官式 蕃客條의 「(외국사절의) 入京時에는 存問使로 하여금 領客使를 겸하게 할 것」이라는 규정이 있는 것도, 「외국사절(蕃客)」이 入京하는지 아닌 지의 여부에 따라 「存問使의 領客使 겸임」이 결정되는 것이었음을 의미하며, 외국사절이 來日할 때마다 반드시 入京하도록 되어있는 것은 아니었음을 암시한다.

일본의 대외관계 위에 커다란 비중을 차지하고 있던 唐이 安史의 亂(755~763年)으로 혼란에 빠지고, 국내적으로는 8세기 중반이후로 藤原仲麻呂가 紫微內相이 되어 養老律令을 시행하였고,71) 翌2(758) 年 8月에 官名을 唐風化72)하는 등, 중국적·유교적인 율령의 이데올로기 강화 작업이 한창이었다. 동시기에 신라 또한 758年 4月 「律令博士」를 설치한다든지, 翌年正月에는 中央官號를 개정하였으며,73) 753年에는 일본사절의 「무례」를 책하여 돌려보냈다.74) 이러한 시대

---

69) 寶龜10(779)年 10月 乙巳條.
70) 이에 대해서는 朴昔順 「고대일본의 대외관계문서」 『東方學志』 112, 2001, 6月 참조.
71) 天平寶字元(757)年 5月.
72) 同申子條.
73) 『三國史記』 新羅本紀.
74) 『同』 新羅本紀 景德王12年 8月條.

상황은 사료 ⑨와 같은 사례가 발생한 光仁朝(재위770~781)의 대 신라 기사에도 잘 투영되어 있다.

『續日本紀』寶龜11(780)年 2月 庚戌
　신라사가 귀국하였다. (光仁 덴노가) 璽書를 사여하여 말하길 "天皇敬問新羅國王. (略) (신라)왕은 선조 이래로 항시 海服을 지켜 表를 올리고 調를 받친 지 오래다. (그런데) 근자에는 蕃禮를 어기고 오랫동안 朝하지 않았다. (略)"

　일본조정의 입장으로는 신라사가 몇 해 동안이나 오지 않았던 것, 그것 자체를 문제시하고 있음을 알 수 있다. 이 점은, 발해사가 年期를 지키지 않고 너무 빈번히 오는 것을 일본조정이 문제시했던 태도와는 커다란 차이를 보이는 것이라 할 수 있다. 결국, 신라-일본은 서로 자국중심의 중국적 율령법 정신의 영향 아래에서, 자국의 존엄에 걸린 외교형식의 존중을 요구하였으며, 또한 그러한 방침을 관철시키려 하였던 것이다.[75] 그렇지만 그 같은 「禮」문제가 외교의 전면에서 가장 강조되었다는 사실은, 전쟁이나 대립의 위기 등, 내정을 동요시킬만한 직접적인 대외관계의 문제는 사라진 시대임을 의미한다. 그리고 당시의 일본조정은 "내정상의 위기"[76]-즉 왕권의 기반에 관련된 제 문제를 안고 있었으며, 그 해결이 가장 시급한 과제였던 것이다. 따라서 이러한 시대에 일본조정이 펼쳤던 대 신라외교-신라사절 「放還」에는, 단순한 대외이념의 충돌, 그 이상의 의미가 내포되어 있었다고 할 수 있다. 즉 동아시아의 시대적 상황과, 일본국내의 내정에 대한 고려·이해 없이는 해명할 수 없는 문제였던 것이다.

---

75) 국제관계에 보이는 「禮」적 질서의 강조에 대해서는 西嶋定生, 「六-八世紀の東アジア」『岩波講座 日本歷史 古代 2』, 1962도 참조.
76) 이에 대해 자세히는 橫田健一, 「奈良朝における國家理念」, 井上薫敎授退官記念會編『日本古代の國家と宗敎』上 참조.

맺음말

일본의 학계에서는 종래 신라-일본 관계에 보이는 「放還」의 문제를 신라와의 관계악화를 전제로 하여 설명하곤 하였다. 그러나 신라사절의 「放還」이란 단지 신라사절을 '돌려보낸다'는 의미에 불과하였으며, 이는 동시기의 동아시아 여러 나라에서 일반적으로 사용된 표현이었던 것이다. 더불어 사료를 통해 밝힐 수 있는 것은 오히려 신라와의 관계가 순조롭지 못한 것을 염려한다든가, 또한 신라사가 來日하지 않는 것을 문제시하는 일본조정의 태도였다. 즉 당시의 신라-일본간에 대해서는 극단적인 긴장이나 불화가 있었다고 보기보다도, 서로 이상으로 생각하는 원칙, 율령적 이념을 외교의 전면에서 강조하고, 법적·禮的 위치부여를 실현하려고 하는 자세가 있었다고 할 수 있다. 그리고 일본조정은 국내사정에 따라 신라사절을 大宰府에서 대접하고 돌려보내는 것에 대해서도 규정하여 이를 공식화하고 있었으며, 그러한 상황을 대비하고 있었던 것이다.

이상과 같이 신라사절에 대한 「放還」사례를 단순히 양국 간의 불화 또는 일본조정에 의한 율령이념 "小帝國意識"의 실현이라는 차원에서 해석하는 일본학계의 문제점을 밝힐 수 있었다. 당시의 신라와 일본이 동일하게 영향을 받았던 율령법적 이념, 그리고 무엇보다도 그 기반에 관련하여 당시의 왕권이 표명한 정책적 요청이, 신라사절 「放還」의 문제에 깊게 관련되어 있었음을 염두에 두지 않으면 안 될 것이다.

결 장

　이 책은 8~9세기에 고대국가 '일본'이라는 공간에서 영위되었던 대외의 사람들과의 관계를, '왕권'과 '외교'라는 시점에서 고찰하여 본 것이다. 다음과 같은 몇 가지 점을 중심으로 하여 필자 나름의 정리를 해볼까 한다.

아시아 지역의 일 국으로서의 '일본'

　일본사 연구에서 국제적 계기로서의 '동아시아' 세계를 끌어들인 시점이 보인 지 약 50년에 가깝다. 이 같은 연구의 조류에 대해서는 "一國史에 대한 외적 계기의 구체 예의 제시와, 타국사와 비교하기 위한 장을 설정하는 것에 그칠 것이 아니라, 아시아 지역사 자체의 논리를 전개해 가는 방향으로 연결될 필요성이 있다"[1]는 지적도 보이지만, 일본사, 일본고대국가 자체의 내적 발전의 논리를 전개해 나갈 필요성 또한 함께 환기하여야 할 것이다.

　일본이 동아시아 세계 속에, 동쪽 끝 섬나라에 그 존재를 규정 당했다는 사실은, 일본의 역사 전개 상황에서는 하나의 '제약'이기도 하였으며, 또한 일본 나름의 하나의 '세계'를 형성하게 되는 디딤돌이 되기도 하였다. 일본사를 연구의 대상으로 선택한 필자로서는 일

---

1) 橋谷弘, 「日本史におけるアジア地域」 『歷史評論』, 1998, 3月.

본이라는 나라가 그러한 '제약' 속에서, 어떠한 '세계'를 의식하며, 지향하여 나갔는가 하는 점의 규명을 중요한 과제로 인식하지 않을 수 없었다. 따라서 본 연구의 목적에는 우선, '아시아 지역의 일 국으로서의 일본'을 이해해야만 하는 것이 있었던 것이며, 또한 그 이면이라고도 할 수 있는 것으로 '아시아지역 가운데에서의 일본의 고유성' -을 찾아내려는 면이 있었다.

어느 문화나 나라의 독자성을 규명하기 위해서는 어쩔 수 없이 타의 문화, 나라와의 비교·검토가 필수 불가결하다. 대립구조를 설정하여 논하는 연구방법은, 그 사이의 차이를 강조하기 위해서는 물론, 실은 고찰하려는 대상 그 자체를 보다 잘 이해하기 위해 사용되는 것이다. 일본의 고대사학계에 유행하는 중국 율령제와의 비교검토, 혹은 "小帝國" 등의 제국주의 국가론과 같은 연구의 움직임에 대해서도, 일본사 전개의 성격을 해명하기 위한 중요한 방법의 하나로 이해해 두지 않으면 안 된다. 그러나 반드시 주의해야 할 것은, 그 같은 비교대상(중국적 체제)의 성격과의 유사성의 추구-다시 말하자면 세계사적인 보편요소로서 상정된 구조 속에, 무비판적으로 민족·지역 특유의 특수상황을 함몰시키는 것-, 또 상이성의 검출-그 상이성이라는 것이 이미 설정된 비교기준대상의 성격과의 상이에 지나지 않는 점에 제한되어 버리는 것-등에서, 그 설명이 끝나서는 안 된다는 점이다. 그러한 의미에서 종래 일본의 대외관계, 또는 대외인식을 설명하는 위에 지대한 영향을 주어왔던 帝國論 등의 논의는 반드시 재검토되어야만 한다.

이 책에서는 고대의 일본이 행한 외교의 모습을 단순히 중국율령적 이념의 차원에서 논하고 있는 일본역사학계의 문제점을 하나씩, 구체적으로 지적함으로써 그 점을 분명히 하였다. 즉 중국적 개념을 그대로 일본고대국가의 인식체계를 나타내는 용어로 해석해서는 안 된다는 구체적인 근거를 제시하였고, 당시의 일본의 역사상을 제대로 설명할 수 있는 '일본적' 역사용어의 의미를 지적하였다. 일본고대국가에서 사용된 율령의 용어를 해명하는 문제는, 그 시대의 성격을 해명하는 문제뿐만 아니라, 나아가 일본사의 전환기-즉 시대구분을 논하는 위에도 기초가 되는 작업으로서, 그 중대함은 이루 말할 것도 없다.

또한 일본이 실제 전개한 외교관계에 대해서도 단순히 대외적 사건으로서나, 일본의 대외인식-"小中華意識"-의 실현의 차원에서 보아서는 안 되는 이유를 분명히 하였다. 당시 일본이 놓여져 있었던 동아시아의 정세, 관례, 중국율령법의 영향이라고 하는 상황을 이해하고, 또 일본조정이 그 정책기반에 관련하여, 당시의 왕권이 그 정당성을 주장한 위에 외교관계를 중요히, 그리고 능동적으로 활용해 가려고 했던 면이 깊게 관련되어 있었음을 밝혔다.

이상에 의해 "일 국(일본)의 개성적 발전"이라는 것은 언제나 "상호관계" 속에서 존립하였다는 역사적 사실에 기초하면서, 그 일국의 개성적인 역사발전 과정을 적극적으로 평가할 수 있었다고 생각한다.

일본고대국가의 '왕권'과 '민족'의 문제

일본고대국가에 실재하고 있었던 타지역 출신의 사람들-'異民族'-을 어떠한 각도에서 위치 지을 것인가 하는 문제가 있다. 그런데 이 문제를 해명하기 앞서 한가지 의문에 부딪히게 된다. 일본의 학계에서 강조해 온 "異民族에 의한 내적(內的)대립구조"라는 것을, 과연 일본고대국가가 그렇게 실질적으로 명확히 인식하고 있었던 것일까?

일본고대에는 적어도 중세와 같은 신분적인 내적 차별 구조는 아직 성립하지 않았다. 그렇다고 해서 일본고대국가의 신분구조가 '異民族'을 대칭으로 하는 구조를 이루고 있었는가 하면, 반드시 그렇다고 단언하기가 어려운 것이다. 이 책을 통해 명확해 졌지만, 일본고대국가에서의 차별이란 외래한 다른 민족에 대해서라기보다는, 고대국가의 영토-왕권, 지배자에게 있어서 의미가 있는 공간-의 확정 과정 가운데서 파생한 성격이 강하며, 그것은 오히려 지역적인 성격의 것이었던 것이다. 덴노의 직할지로서의 京·畿內와, 기타의 지역, 그리고 에미시(蝦夷) 등의 미정복 변방 민을 구별하는 인식이나 구조가 성립하였던 것 등은 그 점을 증명한다. 특정 지역을 중심으로 하여 중국적 四夷觀과 王化사상과 같은 이념화가 표명되는 한편, 보다 현실적인 차원에서는 그 같은 지역을 나타내는, 지역 명을 딴 姓을 덴노 고유의 권한으로 수여하는 등과 같은 점 또한 그러한 성격을 나타내고 있는 것이다.

일본학계에 있어 '異民族'의 문제는 주로 고대국가 정치외교사의 범주에서 취급되었다는 것, 이시모다 쇼(石母田正) 이래로 일본의 고대 국가론은 "內民과 異民族"이라는 대립구조를 의식하는 시점을 단절 없이 진행시켜 왔다는 점[2] 등이, 異民族의 문제를 보다 한층 "분별을 위한 논리"로서 폐쇄적으로 전개하게 한 원인이 되었던 것은 아닌가 한다.

그러나 일본고대국가의 異民族이란, 그 같은 이념화나, 정치권적 입장에서 나누는 외곽으로서만 그 의미를 지니고 있었던 것은 아니었다. 일본고대국가의 영토가 확정·개발되고, 국가의 신분이 형성 -'日本의 民'이 성립-되는 등의 갖가지 움직임의 내측에서, 왕(天

---

2) "化外의 3구분" 論에서부터, 최근의 연구경향의 하나인 "蝦夷의 內民化" 문제 등.

皇)권이 그 기반에 정통성을 부여해 가는 과정 한가운데 현재(顯在)
하고 있었던 것이다. 고대일본의 '異民族'에 대한 논리는, 분별의 논
리로서보다는 이제는, '일본고대국가의 民'의 개념을 설명하고, 그
범위를 확립하고, 또한 그 역할을 검토하는 과정에서 유효하게 쓸
수 있는 논리로 역할하지 않으면 안 될 것이다.

덴노와 외교권 · 외교기능에 관하여

古代史는 정치사와 밀착하는 시점에서 연구되는 경향이 컸던 것
처럼, 고대의 덴노가 가진 권력의 문제나, 특정권력자에 대한 연구는
참으로 방대하다. 그런데 설령 덴노 이외의 어느 '특정권력(자)'에
대한 연구라 할지라도, 그 '특정권력'의 성격은 반드시 왕권(天皇權)
과의 연관 위에서 해명되는 것이 일반적 현상이었음을 지적하지 않
을 수 없다. 즉 일본고대국가의 각종의 권력관계론은, 天皇權(혹은
天皇制)을 해명하는 문제의 울타리를 넘지 않는다, 혹은 넘지 못했다
고 할 수 있는 것이다. 고대일본의 외교, 또는 외교권 소재의 문제에
대해서도 그처럼 왕권(天皇權)을 해명하기 위한 소재의 하나가 되는
경향이 강했다.

그러나 이 책에서는 일본고대국가 덴노에 의한 외교관련의 조치
를 실질적인 덴노의 외교기능이라는 차원에서 파악하였으며, 또한
그 과정에서 일본고대국가의 외교대표권이란 구체적으로 어떠한 것
이었는지도 밝혀볼 수 있었다. 즉 일본고대국가의 덴노는 주로 덴노
명의의 국서를 발행하는 것에 의해 표명되는 대외 대표권자이며, 대
외에 遣使하고, 來日한 외국사절을 맞이하는 과정에서 외교의식을
집행하는 주체였을 뿐만 아니라, 그 밖의 외국인 개인이나 집단과
도 종종의 접점을 모색하였던 것으로 나타난다. 그리고 덴노의 외

교권에 대해서는 a 국서발급(공식외교교섭상의 대표자로 명시됨), b 賜與(사여의 주체로 표명됨), c 교역권(교역의 허가, 또는 그 권익의 분배권자로 나타남)으로 체현되고 있었다는 점도 지적할 수 있다. 덴노는 이 a·b·c를, 율령행정체제의 각 기구(太政官 이하의 治部玄蕃, 朝使의 파견 등)의 외교기능을 활용하여 운영하는 가운데서 덴노의 특별한 권한─「別勅」 등─으로 행사하였다.

특히 太政官 의정관(議政官) 등의 고급귀족들은 c 에 관련해서 덴노와 인격적 결합을 바탕으로 한 비기구적 성격의 특권을 향유하였다. 이에 덧붙여, 일본고대국가의 외교과정으로부터는, 공식외교장에 賓禮의 형식을 충족시키기 위한 貢獻의 物(선진문화를 포함)과, 賜與, 그리고 교역에 이용되는 物, 특권층의 독점적 이권에 기여하는 物 등, 物을 매개로 한 갖가지 효용이 실현되고 있었다는 점을 지적할 수 있었다. 널리 대외적 관계에 있었던 사람들을 통해 들어온 物에 의한 효용은, 8세기 전반(진기한 物에 대한 관심) 이후 쇠퇴함 없이 재생산되어, 그러한 사람들과 物의 이동을 주도하는 정점이었던 덴노의 외교권을 구현화 하고, 특권층의 특권을 보존·유지시키는 역할을 하였던 것이다.

이상, 왕권과 외교라는 문제를 중심으로 하여 일본고대국가에서 펼쳐진 역사의 한 면을 살펴보면서, 나름대로 독자적인 검토를 시도해 보았다. 최후로 덧붙이고 싶은 말은, 이 책의 내용은 8~9세기가 주된 고찰의 대상이므로, 그 이전시기 이후로 계승되어온 과거의 양식, 그리고 그 다음 시대로 이어져 간 양식과의 접점 가운데서 평가하지는 못하였다. 이를 금후의 과제로 남겨둔다. 또한 무엇보다도, 일본 正史의 기록 안에서는 남겨지지 못한, 行間의 역사를 읽어내는 작업이 앞으로의 중대한 과제가 될 것이다.

【初 出 誌】

· 「일본율령국가의 왕권과 대 신라외교」, 『한국고대사 연구』, 한국고대
  사학회, 25, 2002. 3.
· 「朝使파견체제로 본 고대일본조정의 외교기능」, 『일본학』, 동국대학교
  일본학연구소, 第20輯, 2001. 12.
· 「日本古代國家の對「蕃」認識」, 『日本歷史』, 日本歷史學會編, 吉川弘文
  館, 第637号, 2001. 6.
· 「8세기 일본고대국가의 對新羅外交의 現象」, 『東아시아古代學』, 東아
  시아古代學會, 第3輯, 2001. 6.
· 「일본고대국가 조정의 외교기능(1)」, 『日本歷史研究』, 日本史學會,
  第13輯, 2001. 4.
· 「「信物」에 관한 一考察」, 『東아시아古代學』, 東아시아古代學會, 第1輯,
  2000. 6.
· 「「玄蕃寮」의 外交機能에 관한 考察」, 『日本歷史研究』, 日本史學會,
  第9輯, 1999. 4.
· 「日本古代國家の「化」の概念−八世紀を中心に−」, 『東京大學 日本史學
  研究紀要』, 東京大學大學院 日本史學研究室, 第2号, 1998. 3.

◼ 박 석 순

연세대학교 사학과 졸업
도쿄대학 대학원 일본사학과
문학 석사・문학 박사(일본 고대사 전공)
현재 강원대학교 일본학과 전임강사

論 文

日本古代國家の代「番」認識
日本古代國家の代「化」の概念
고대일본의 대외관례문서 외 다수

일본고대국가의 왕권과 외교

인 쇄 : 2002년 10월 1일
초판발행 : 2002년 10월 10일
재판발행 : 2003년 10월 30일

저 자：朴 昔 順
발행인：韓 政 熙
발행처：景仁文化社
편 집：金 智 善
주소 : 서울시 마포구 마포동 324-3
전화 : 718-4831, FAX : 703-9711
E-mail : kyunginp@chollian.net
登錄番號 : 제10-18號(1973. 11. 8.)

인지
생략

ISBN 89-499-0156-0 93910   값 15,000원
*파본 및 훼손된 책은 교환해 드립니다.